수업 비평으로 여는 수업 이야기

수업, 비평을 만나다

수업, 비명을 만나다

2007년 2월 10일 1판 1쇄
2018년 6월 11일 1판 12쇄

지은이 · 이혁규, 이경화, 이선경, 정재찬, 강성우, 류태호, 안금희, 이경언
펴낸이 · 신명철
펴낸곳 · (주)우리교육
등록 · 제313-2001-52호
주소 · 03993 서울특별시 마포구 월드컵북로 6길 46
전화 · 02-3142-6770
팩스 · 02-3142-6772
홈페이지 · www.uriedu.co.kr

ⓒ 이혁규 외, 2007
ISBN 978-89-8040-631-9 93370

이 책의 국립중앙도서관 출판시도서목록(CIP)은
서지정보유통지원시스템 홈페이지(http://seoji.nl.go.kr)에서 이용할 수 있습니다.
(CIP제어번호:CIP 2007000326)

수업 비평으로 여는 수업 이야기

수업, 비평을 만나다

이혁규

이경화

이선경

정재찬

강성우

류태호

안금희

이경언

우리교육

수업에 대한 이야기는 많지만 우리는 여전히 수업 이야기에 목마르다. 제대로 된 수업 이야기가 없기 때문이리라! 이 목마름을 어떻게 해소할 수 있을까? 수업 공개를 꺼리는 현장의 문화는 어떻게 개선할 수 있을까? 수업을 둘러싼 형식적인 대화의 틀은 어떻게 극복할 수 있을까? 수업에 대한 이야기를 어떻게 생산적이고 소통 가능하게 만들 수 있을까? 한 교사의 의미 있는 실천을 어떻게 공유할 수 있을까?

　이 책은 우리의 목마름을 해소하기 위한 작지만 의미 있는 실천의 결과물이다. 역사는 우연의 산물이라고 누가 거창하게 지적하였듯이 이 프로젝트 또한 필자들과 〈우리교육〉의 우연한 만남에서 출발하였다. 2005년 3월부터 2년 동안, 월간지 《초등 우리교육》 지면에 〈다시 시작하는 수업 이야기〉라는 이름으로, 현장 선생님이 수업을 공개하면 필자들은 수업을 보고 이를 분석하여 수업 비평문을 연재했다. 그리고 매달 독자들의 애정 어린 관심과 비판도 있었다. 이와 함께 수업을 공개한 현장 선생님들과 필자들 간의 좌담회도 있었고, '수업 비평'에 대한 연수 프로그램도 간간이 진행되었다.

　우리는 이를 통해 수업을 둘러싼 우리의 만남이 따뜻하고 행복할 수 있음을 알게 되었다. 동시에 그것은 좋은 교육적 만남이었다. 좋은 교육적 만남이란 무엇인가? 서로의 만남을 통해 우리의 낡은 사고와 지식을 재확인하는 것이 아니라, 만남을 통해 교육적 배움과 소통이 왕성하게 일어나는 그런 만남이리라! 우리는 교사, 비평가, 독자 간의 만남이 어느 일방이 다른 사람을 가르치는 그런 만남이 아니라 서로가 서로를 통해서 배우는 그런 성찰적 만남이었음을 고백하지 않을 수 없다. 동시에 수업을 매개로 한 교사, 비평가, 독자와의 만남에 좀 더 많은 사람들이 초대된다면 이런 만남의 확대가 종국에는 관례화되고 화석화된 우리의 수업 현장과 수업 이야기를 바꿀 수 있을 것이라는 희망도 하나 품게 되었다. 이 책은 그 희망을 보다 많은 독자들과 나누기 위한 통로이다.

우리의 만남과 성장과 관련해 감사해야 할 분들이 많다. 먼저 수업을 공개해 주신 현장 선생님들께 마음에서 우러나는 깊은 감사를 드린다. 이분들이 없었으면 이 책은 세상의 빛을 보지 못했을 것이다. 우리의 행복한 만남을 매개하는 헤르메스의 역할을 해 준 〈우리교육〉의 여러 관계자들께도 감사를 드린다. 특히, 이진주 기자는 수업 공개 교사의 섭외에서 시작해 비평문이 나올 때까지 전 과정에 참여해 물심양면의 도움을 주었다. 언제나 꼼꼼하게 편집 작업을 도와준 엄귀영 선생님께도 감사의 마음을 전한다. 매달 연재되는 수업 비평에 대해서 애정과 관심을 기울여 준 많은 독자들께도 감사를 드린다.

우리는 이 책의 출판을 통해서 우리들의 작은 이야기가 한국 사회의 수업 문화를 바꾸는 큰 이야기로 진화되어 가기를 갈망한다. 각자의 교실에서 오늘도 고군분투하는 많은 선생님들과 새로운 수업 이야기를 함께 만들고 싶은 열망을 담아 이 땅의 모든 교사들에게 이 책을 드리고 싶다.

2007년 2월 저자들을 대신하여

이혁규

교육을 주제로 한 책들이 매년 발행되고 있지만 교실 수업을 다루는 책은 상대적으로 매우 드뭅니다. 학교에서 이루어지는 교육 활동의 대부분이 교실 수업을 통해서 이루어진다는 점을 고려할 때 교실 수업을 이해하고 개선하기 위한 담론들이 빈약한 것은 안타까운 일입니다.

교실 수업에 대한 연구가 잘 이루어지지 않는 이유는 무엇일까요? 여러 가지 원인이 있을 것입니다. 우선 교실에 접근하는 것 자체가 쉽지 않습니다. 다른 사람들이 자신의 교실에 들어오는 것을 즐겨하지 않는 선생님들이 적지 않은 것이 우리의 현실이지요. 여러 연구들이 한결같이 지적하고 있듯이 한국의 수업 문화는 개인적이고 고립적입니다. 또 다른 문제점은 교실을 들여다보고 그것을 이해해 보려는 사람들이 의외로 많지 않다는 점입니다. 사람들은 자신들이 한때 학생이었다는 사실만으로 교실 수업에 대해 이미 충분히 이해하고 있다고 착각하는 경향이 있습니다.

그러나 저는 우리가 한국의 교실 수업에 대해 모르는 것이 너무 많다고 생각합니다. 수업에서는 도대체 어떤 일이 일어나고 있는가? 교사는 무엇을 어떻게 가르치고 있으며, 그 교육적 의미는 무엇인가? 학생들이 수업에서 어떻게 반응하며, 무엇을 배우는가? 교사와 학생이 함께 만들어 가는 교실 상호 작용의 의미는 무엇인가? 입시 위주의 교육이란 구체적으로 무엇을 말하며, 그 의미는 무엇인가? 교실 수업에 대해 우리는 어떻게 대화하고 있으며, 대화의 방식은 바람직한가? 등등.

저는 이런 질문들에 관심을 갖고 일찍부터 교실 수업에 대한 연구를 해 왔습니다. 이를 통해 교실이라는 제도적 공간을 연구하는 방법론의 정립도 시도하였고, 한국 교실 수업의 상호 작용 방식과 교사들의 교수 행위를 집중적으로 관찰하여 이를 이론적으로 규명하기도 하였습니다. 이런 연구 경험을 바탕으로 기회가 있을 때마다 교실 수업에 대한 정확한 이해가 선행되지 않고는 어떤 교육개혁도 성공할 수 없다고 주장해 왔습니다. 한국의 교실 수업은 더 많은 관심과 이해의 손길을 기다리고 있는 미지의 땅입니다!

따라서 이 책은 저에게는 적지 않은 기쁨입니다. 무엇보다도 이 책이 교실 수업에 대해 진지한 대화와 소통을 시도하고자 한 점이 마음에 와닿습니다. 자신의 수업을 열고 대화를 시도한 현장 선생님들과 연구실에 안주하지 않고 현장을 이해하고자 노력한 비평가들이 풀어놓은 수업 이야기들은 재미있는 동시에 많은 생각할 거리를 던져 줍니다. 이 수업 이야기를 통해서 수업이 과학으로는 온전히 설명될 수 없는 예술적 차원의 행위임을 다시 한 번 확인할 수 있습니다.

'수업 비평'이라는 말은 아직은 많은 독자들에게 낯설게 들릴 것입니다. '수업 비평'이라는 말의 이론화 정도도 그다지 높지 않습니다. 그러나 이 책은 우리가 한국의 교실 수업을 이해하고, 그 이해한 바를 다른 사람과 나누는 데 있어서 '수업 비평'이 하나의 유용한 도구가 될 수 있음을 충분히 입증하고 있습니다. 수업의 예술적 차원을 드러내는 성찰적 비평문을 통해서 많은 사람들이 교실 수업에 더 가깝게 접근하고, 새로운 이해를 할 수 있을 것이라고 확신합니다.

조영달 _ 전 서울대학교 사범대학 학장

차 례

수업 비평,
수업을 보는 새로운 눈

이혁규 _ 청주교대 사회과교육과 교수

수업에 관한 이야기는 너무도 많다. 그러나 우리는 여전히 수업 이야기에 목마르다. 마치 망망한 바다 위에 표류하면서 물이 없어 갈증을 느끼는 상황과 유사하다고 할까! 우리 수업 이야기는 어디가 잘못되어 있으며 무엇을 개선해야 할까? 이런 문제 의식에서 기획된 것이 교육 전문 월간지 《우리교육》에서 연재한 〈다시 시작하는 수업 읽기〉이다. 이 기획을 통해서 우리가 새롭게 시도한 것은 수업을 비평적인 관점에서 읽는 일이었다. 우리 수업 문화의 문제는 무엇인가? 수업 비평은 무엇이며 그것은 우리 수업 문화를 어떻게 개선할 수 있을까?

우 리   수 업   문 화 의   현 주 소

　　　　　먼저 우리 수업 문화를 한번 진단해 보자. 이를 위해서
필자가 가상으로 만든 두 가지 에피소드를 제시해 보겠다.

<u>에피소드 1</u>　박영철은 경력 3년째인 교사이다. 다음 주에 동료 교사들 앞에서
연구수업을 해야 하기 때문에 마음이 분주하다. 연구수업은 젊은 교사들이 학
교를 옮길 때마다 감당해야 하는 일종의 통과의례이다. 박영철 교사는 처음 학
교에 나갔을 때 수업과 관련하여 고민도 많고, 의욕도 많았다. 그래서 학교에
있는 동료 교사들의 수업도 관찰하고 자기 수업도 개방하면서 서로 배우고 싶
었다. 그러나 학교 분위기는 전혀 그렇지 않았다. 선배 교사 중 누구도 자신의
수업을 보여 주려고 하지 않았다. 그래서 박영철 교사는 오랜 경험을 가진 경
력 교사들의 노하우를 배울 기회가 없었다. 게다가 연구수업도 젊은 교사 몫이
었다. 박 교사는 첫 학교의 이런 분위기에 좀 실망하기는 하였지만 그래도 자
신의 수업을 보여 주고 의미 있는 조언을 받을 것이라는 기대감으로 열심히 준

비해서 연구수업을 하였다. 그런데 강평 시간에 박 교사는 또다시 실망하였다. 참석한 다른 교사들은 수고했다는 덕담만 할 뿐 수업에 대한 실질적인 비평을 전혀 하지 않았다. 박 교사는 열심히 노력했으나 수업 개선과 관련된 조언을 하나도 듣지 못한 셈이다.

<u>에피소드 2</u> 박창석은 올해 3년째 장학사로 근무하고 있다. 그러나 박 장학사가 실제 담당하는 업무는 장학 업무라고 보기 어렵다. 그는 여러 가지 공문을 보내고 받아서 처리하는 행정적인 일에 시간을 많이 소모하고 있다. 그래도 가끔 학교 현장에 나가서 시범수업을 보고 이에 대한 비평을 할 때 본인이 장학사라는 것을 실감한다. 박 장학사는 장학사가 되어서 여러 학교를 방문하면서 비로소 매우 다양한 수업 유형이 존재한다는 것을 발견할 수 있었다. 동일한 내용이라 하더라도 교사에 따라서 수업하는 방식이 상당히 달랐다. 그리고 교과에 따라서도 수업은 매우 다양하였다.

박 장학사는 수업을 보고 배우는 것이 재미있지만 동시에 학교에 나가는 것이 부담스럽기도 하다. 왜냐하면 장학사로서 수업에 대한 비평을 해야 하기 때문이다. 처음에는 자신 있게 다른 교사가 미숙하다고 생각하는 점을 지적하기도 했지만 수업이 진행되면 될수록 조심스러워지기 시작했다. 자신이 하는 이야기가 전문성을 갖추고 있지 못하다는 생각이 계속 자신을 괴롭혔기 때문이다. 그래서 요즘 박 장학사는 틈틈이 수업 관찰과 비평에 관한 책을 보고 있다.

위의 두 에피소드는 우리 수업 문화를 형상화하기 위해서 필자가 구성한 허구이다. 그러나 대부분의 교사들은 이 에피소드가 허구라고 생각하지 않을 것이다. 필자는 수업 관찰에 대한 강의나 연수를 할 때마다 위의 에피소드를 읽어 주면서 교사들에게 '이 이야기가 사실인지 허구인지, 한국의 평균적인 학교의 모습을 반영하고 있다고 생각하는지 아닌지'를 물어보았다. 이에 대한 교사들의 반응은 한결같이 사실과 같다는 반응이었다. 단 한 번의 예외도 없이! 위 사례는 수업 및 장학과 관련된 한국의 평균적인 수업 문화를 거의 정확히 반영하고 있다고 생각한다.

거의 모든 교사들이 일상에서 경험하고 있듯이 우리 수업 문화는 지극히 폐쇄적이다. 교실 문을 열고 동료 교사들과 적극적으로 소통하는 문화가 정착되어 있는 학교를 찾기는 매우 어렵다. 에피소드에 나오는 박영철 교사와 같이 자신의 교실을 열고 동료들을 기꺼이 초청하는 기특한(!) 교사를 찾기는 쉽지 않다. 더 문제가 되는 것은 어떤 교사가 수업 개선에 대한 열망으로 자발적으로 교실을 연다고 하더라도 동료 교사들로부터 의미 있는 조언을 듣기가 쉽지 않다는 것이다. 연구수업에 대한 강평은 수고했다는 덕담 수준을 크게 넘어서지 않는다. 타인에게 상처 주는 말을 삼가는 것이 학교 사회의 예의이기 때문이다.

수업을 잘 개방하지 않고 수업을 공개한다고 하더라도 수업에 대한 진지한 대화가 별로 이루어지지 않는 문화가 일상화되다 보니, 수업 전문성이 성장하기 어렵고 수업 장학의 전문성도 성장하기 어렵다. 그래서 우리나라의 평균적인 장학사의 사정도 두 번째 에피소드에서 묘사한 장학사의 모습을 거의 벗어나지 않는다. 필자는 2004년 수업 장학 프로그램을 개발하는 연구에 참여한 적이 있다. 이 연구의 일부로 전국의 장학사 약 500명을 대상으로 수업 장학에 관한 설문조사를 하였는데, 그 결과를 몇 가지 인용해 보겠다. 장학사들의 86.7%가 '수업 활동에 대한 전문적 지원'이 교육 전문직이 수행해야 할 가장 중요한 활동으로 보고 있으나, '수업 개선을 위한 장학 업무'가 잘 수행되고 있다고 응답한 비율은 36%에 그치고 있다. 자신들의 수업 장학에 대해 현장 교사들이 보이는 반응에 대해서는 '형식적인 활동'이라고 응답한 비율이 55.6%, '거부감 내지 저항감을 보인다.'는 비율이 18.5%로 부정적인 응답이 거의 4분의 3에 달한다.

이런 상황을 종합해 보면 우리 교사 사회는 수업에 대한 집단적 전문성을 형성하기가 어려운 조건에 있다. 폐쇄적인 학교 풍토에서 평균적인 한국의 교사들은 초임 교사 시절부터 고립된 환경에서 혼자서 수업 전문성을 습득해야 하며, 경험과 시행착오를 통해 획득한 수업 지식의 타당성을 동료와 선배 교사의 조언을 통해서 확인받기가 어렵다. 이런 풍토 속에 성장한 교사들이 장학사가 되기 때문에 수업 장학의 질도 보장되지 않는다. 물론 많은 교사들이 열심히 노력하고 있고 교과모임을 통해서 자신의 전문성을 부단히 개선해 가고 있는 점을 부인하는 것은 아니다. 그러나 불행하게도 그것이 단위 학교의 문화 풍토를 바꾸는 데까지는 이어지지 못하고 있다. 교과모임을 비롯한 많은 노력들이 아직도 게토(ghetto)에서 고립되어 이루어지는 활동처럼 학교의 완고한 문화적 틀을 극복하지 못하고 있다.

이런 상황이 개선되려면 어떻게 해야 할까? 많은 사람들이 제도를 바꾸어야 한다고 생각한다. 교사 평가 제도를 도입하겠다는 시도가 있는가 하면 비본질적인 것을 평가하는 잘못된 승진 체계를 근본적으로 수정해야 한다는 주장도 있다. 이런 제도 개선에 관한 논의는 이 책의 범위를 뛰어넘는 것이므로 말을 아끼고자 한다. 다만, 한 가지 지적하고 싶은 것은 어떤 제도이건 간에 제도를 개선한다고 문제가 곧바로 해결되겠는가 하는 것이다. 예를 들어, 수업을 잘하는 교사가 현장에서 존중받고 우대받는 것을 목적으로 하는 제도가 다행스럽게도 도입되었다고 가정해 보자. 무엇이 좋은 수업이며 누가 좋은 실천을 하는 교사인지를 분별해 낼 수 있는 안목이 없다면 도입된 제도는 무용지물이 되고 말 것이다. 제도의 운용이 궁극적으로는 사람의 판단에 의존한다는 점을 고려할 때, 제도의 성공은 결국 구성원의 집단적 안목에 따라 결정될 수밖에 없다. 그렇다면 생산적이고 열린 대화를 통해서 수업을 보는 우리의 안목을 함께 성장시킬 수 있는 길은 없을까? 이와 관련하여 이 책의 저자들이 주목하는 개념이 수업 비평이다. 수업 비평이 무엇이며, 그것이 우리 수업 문화를 개선하는 데 어떻게 기여할 수 있을까?

수 업 을 보 는 기 존 접 근 법 의 한 계

사실 수업에 대한 이야기는 너무나 많다. 우리 일상을 보라. 매번 수업을 강조하는 교장 선생님, 쏟아지는 각종 수업 모형, 여러 곳에서 열리는 수업 대회, 정기적으로 실시되는 요청 장학……. 하지만 이 많은 수업 이야기 속에서 정작 들을 만한 이야기는 많지 않다. 여기에 수업 이야기의 역설이 있다. 우리가 수업을 이야기하는 방식을 고치지 않는다면 우리는 홍수 속의 목마름과 같은 이 역설로부터 헤어 나오지 못할 것이다.

수업을 보는 기존의 방식에 무슨 문제가 있는가? 이 문제에 답하기 위해 일상적으로 우리가 수업을 볼 때 많이 하는 질문들이 무엇인지를 생각해 보자. 체크리스트를 사용하든지 혹은 그렇지 않든지 간에 우리는 일반적으로 수업을 보는 몇 가지 관찰 포인트들을 상정하고 있다.

그리고 이런 기준들에 입각해서 수업을 판단하고 평가한다. 우리가 교실에서 많이 사용하는 이런 관찰 포인트들을 몇 가지 예시해 보면 다음과 같다.

'수업 목표는 명시적으로 제시했는가?', '동기 유발을 도입부에 적절히 했는가?', '학생들의 수준에 맞는 적절한 어휘를 사용하는가?', '학생의 질문이나 반응에 대해서 적절한 피드백을 제공하고 있는가?', '학생들에게 하는 질문은 학생들의 사고를 자극하는 확산적 질문인가?', '학생들에게 적절한 활동이나 과제를 부여하는가?', 'ICT 자료 등 학생의 수준에 맞는 다양한 자료를 사용하는가?', '수업 중 시간 배분은 적절하였는가?' 등등.

이 질문들은 모두 중요한 질문들이다. 그리고 수업에서 기본적으로 살펴보아야 할 표준적인 관찰 요소의 성격을 가지고 있다. 그런데 우리 수업 문화의 문제는 모든 수업을 이런 몇 가지 요소들을 중심으로 판단한다는 것이다. 다른 영역과 마찬가지로 수업 영역에서도 표준은 필요하고 그런 표준에 비추어서 수업의 질을 판단하는 것도 어느 정도 필요하다. 그러나 모든 수업을 이런 표준에 비추어 판단하는 것은 교과 내용, 교사, 학생, 수업 환경 등 다양한 요소에 의존하는 수업의 맥락성(脈絡性)을 고려하지 못하는 오류를 범한다. 예를 들어, 모든 수업이 학습 목표를 반드시 초반부에 명시적으로 제시해야 하는 것은 아니다. 또, 모든 수업이 학생들의 사고를 자극하는 확산적인 질문을 반드시 수반해야 하는 것도 아니다. 교과 내용에 따라서 교사가 처음부터 끝까지 강의를 진행하는 교사 중심의 수업이 필요한 경우도 있다. 또 ICT 자료를 사용하지 않고 간단한 몇몇 소품을 활용하여 좋은 수업을 진행하는 것도 충분히 가능하다. 이 같은 수업의 맥락성을 고려할 때 수업에 대한 판단은 표준화된 기준을 넘어서는 것임을 알 수 있다.

표준적 목록이나 요소 중심의 접근법이 가지는 또 다른 문제점은 부분만 보고 전체를 보지 못하는 '구성의 오류'를 범한다는 점이다. 예를 들어 어떤 수업은 명시적인 목표 제시도 없고 학생과의 긴밀한 언어적 상호 작용도 눈에 잘 관찰되지 않고 학습 내용을 요약하고 정리하는 작업이 없음에도 불구하고 전체적으로 훌륭한 수업일 수 있다. 반면에 도입부, 전개부, 정리부에서 요청하는 기능적인 활동을 명시적으로 수행함에도 불구하고 전체적으로 수업 내용이 좋지 않은 사례도 얼마든지 있을 수 있다.

이런 기존의 수업 관찰 방식의 문제점 때문에 최근 학계에서는 수업에 대한 질적 연구 방법을 많이 사용하고 있다. 교실 수업에 대한 질적 접근 방법들은 문화인류학적 전통에 강한 영향을 받았으며, 관찰자가 교실에 오랫동안 머물면서 교실에서 일어나는 일을 자세히 기록하고 그 의미를 해석하는 데 중점을 두고 있다. 이런 질적 연구 방법은 교실에서 일어나고 있는 일을 이해하는 데 많은 도움을 주었다. 그러나 문화인류학적 전통의 질적 연구는 교실을 이해하기 위해서 장기간의 관찰을 요구하며, 교사들이 교실에서 직면하는 실천적 문제를 해결하는 데 관심을 가지기보다는 교실 현상을 이해하고 해석하는 활동 자체에 보다 깊은 관심을 기울인다. 따라서 문화기술지적 접근은 물리적으로 많은 비용이 드는 데 비하여 수업 장면을 제공해 준 현장과 즉각적으로 소통하고 대화하는 데는 다소 느린 단점이 있다. 또 연구자가 관찰해서 발견한 사실을 다른 사람이 재확인하기도 쉽지 않다. 또 이해의 차원을 넘어서 현장 교사들의 수업 개선에도 직접적으로 기여하는 바가 적다는 지적도 있다.

그렇다면 수업 현상에 대한 이해를 추구하는 동시에 수업 개선을 위한 소통도 비교적 발 빠르게 할 수 있는 방법이 무엇일까? 여기서 이 책의 필자들은 수업에 대한 비평적인 접근의 필요성을 느끼게 되었다. 독자들에게 수업 비평이라는 말이 다소 생소하게 들릴지 모른다. 그리고 왜 비평적 접근이 필요한지 질문할 것이다. 이에 대해 필자는 인간의 지적 활동이 개입되는 삶의 거의 모든 영역에서 비평적 접근이 존재한다는 것을 먼저 환기하고자 한다. 영화 비평, 연극 비평, 미술 비평, 문학 비평, 문화 비평, 교재 비평, 번역 비평 등을 생각해 보라. 이들 많은 영역에서는 직업적인 비평가가 존재할 정도로 비평이 활성화되어 있다. 그렇다면 비평이 왜 필요한가 하는 데 답하기 이전에 수업 영역에서는 그동안 왜 비평이 존재하지 않거나 미미했는지를 먼저 물어야 할 것이다.

필자가 보기에 수업 비평의 부재는 수업 활동을 바라보는 전통적 관점 때문이다. 근대 공교육 체제는 한 국가 내의 모든 사람에게 일정한 기간 동안 보편적인 교육 내용을 차별 없이 제공하는 것을 이상으로 하고 있다. 여기에는 표준적인 교육과정, 표준적인 교과서, 표준적인 교사, 표준적인 교수-학습 상황과 표준적인 평가 등이 일반적으로 상정된다. 수업 활동의 질은 교육과정의 내용이 교사의 교수 행위를 통해서 학생의 머릿속으로 얼마나 효율적으로 이전되는지를 중심으로 판단된다. 이때 교사는 주어진 목표를 달성하기 위해서 효과적인 교수 전략을 따라야 하는 기능인으로 간주된다.

이런 전달의 패러다임 하에서 수업 활동은 비평적 관점이 아니라 평가적 관점의 대상이 된다. 필자는 평가적 관점이 수업을 이해하고 그 개선을 모색하는 데 기여하는 바가 전혀 없는 것은 아니지만 해악 또한 만만치 않다고 본다. 평가적 관점과 비평적 관점의 주요한 차이점은 교사의 수업 행위를 이해하는 방식의 차이이다. 평가적 관점은 교육과정과 교과서가 주어져 있고, 효율적인 교사의 수업 행동도 어느 정도 알려져 있다고 가정한 상태에서 교사가 얼마나 효율적으로 행동하는가를 판단하고자 한다. 따라서 수업 장학은 표준적인 기준을 적용한 양적이고 공학적이며 처방적인 성격을 가진 활동이 된다.

이에 비해 비평적 관점은 교사를 이와 같은 탈숙련화^(脫熟練化)된 존재로 보지 않는다. 교사는 소극적이든 적극적이든 교육과정과 교과서를 재구성하여 가르치는 존재이다. 이런 재구성 속에는 교사의 세계관과 인생관, 교육적 고민과 지향, 교과와 아동에 대한 이해 등이 반영되어 있다. 따라서 교육과정과 교과서를 표준화한다고 하더라도 어느 한 수업도 똑같이 진행되지 않는다. 오늘날 교육학 연구들은 교사들이 만들어 내는 교실 수업의 이런 차이들에 주목하여 교사의 전문성을 규정하려고 한다. 비평은 교사의 이런 측면에 주목한다. 교사는 주어진 설계도를 따라서 공사를 진행하는 공원^(工員)이 아니라 환경의 제약 속에서 나름의 자율성을 발휘하여 수업을 창조해 가는 존재이다. 그 점에서 교사는 나름의 작품 세계를 만들어 가는 예술가와 흡사하다고 할 수 있지 않을까? 우리가 기능인^(技能人) 혹은 공원^(工員)이라는 은유 대신에 예술가라는 은유를 받아들이는 순간 수업은 비평의 시선이 필요한 예술 텍스트의 성격을 가지게 된다.

사실 수업을 예술이나 예술 텍스트의 성격을 가지는 것으로 보고 비평적 시각이 필요하다고 언명한 것은 우리가 처음이 아니다. 이와 유사한 접근을 일반화시킨 사람은 미국의 교육학자 아이즈너(Eisner)이다. 예술교육을 전공하여 예술 비평의 전통에 익숙한 그는 '교육적 감식안'과 '교육 비평'이라는 용어를 구안하였다. 교육적 감식안은 교육 현상의 복잡하고 미묘한 특징을 섬세하게 구분할 수 있는 능력이며, 교육 비평이란 감식자(鑑識者)가 지각한 것을 다른 사람에게 이해 가능한 형식으로 표상하는 것이다. 아이즈너는 감식안은 평가의 예술이며 비평은 폭로의 예술로 볼 수 있다고 주장하기도 했다. 그러나 그는 교육 비평 일반에 대해서 이야기했을 뿐 수업 비평을 특정화하여 개념 정의하지는 않았다.

수업 비평을 개념화하려면 수업 활동이 다른 비평 활동의 대상과 어떻게 유사하고 어떻게 다른지를 생각해 보아야 한다. 우선 수업 비평은 다른 비평 활동이 가지는 일반성을 공유하고 있다. 대부분의 비평 작업이 구체적인 창작물이나 작품에 대한 질을 따지는 것처럼 수업 비평도 하나하나의 수업을 대상으로 해서 이루어지는 활동이다. 문학 비평가가 구체적인 문학 작품을 비평하고 영화 비평가가 구체적인 영화를 비평하며 미술 비평가 또한 그러한 것처럼 수업 비평 활동도 구체적인 수업을 대상으로 한다. 수업은 매우 구체적인 대상과 상황을 전제로 하며 교사는 자신이 처한 특수한 상황 속에서 기존의 형식과는 다른 새로운 형식을 창안하는 존재이기 때문이다. 예술가가 동일한 예술 재료를 가지고 동일한 주제에 대해서 전혀 다른 예술 세계를 만들어 내는 것처럼 교사도 유사한 수업 주제를 가지고 매우 다른 수업을 전개할 수 있다. 수업 비평은 그런 구체적 수업 실천을 관찰하여 해석하는 활동을 통해서 수업의 질을 평가하고 수업에 대한 상상적 지평을 넓혀 주는 활동을 한다.

그러나 이런 일반성을 넘어서서 수업 활동의 독특성을 생각해 볼 때 수업 비평은 다른 비평과 구별된다. 수업 활동은 공교육 제도의 특성 상 표준화의 구속을 많이 받고 과학적 효율성의 대상이 된다는 점에서 창의적 상상력이 더 자유롭게 허용되는 예술 활동과 구별된다. 또, 수업자의 의도에 의해서 완결되지 않고 교사와 학생들의 상호 작용에 의해서 즉시적으로 구성되어 가는 측면이 있다는 점에서 작가의 의도 분석만으로 충분한 많은 비평 활동의 대상과 구분된다. 즉, 수업 활동은 과학성과 예술성의 측면, 의도와 연행(連行)의 측면을 모두 가지고 있다. 또, 수업 활동을 비평하기 위해서는 사회적 맥락과 교과의 전통도 함께 고려해야 한다. 이런 점을 감안하여 수업 비평을 잠정적으로 정의하면 수업 비평은 교사와 학생들이 함께 구성해 가는 수업 현상을 하나의 분석 텍스트로 하여 수업 활동의 과학성과 예술성, 수업 참여자의 의도와 연행, 교과와 사회적 맥락 등을 종합적으로 고려하면서 수업을 기술, 분석, 해석, 평가하는 비판적이고 창조적인 글쓰기라고 정의할 수 있다.

　수업 활동의 특성을 고려할 때 수업 비평은 어떤 비평 장르와 가장 가까울까? 필자가 보기에 연극 비평이 비교적 수업 비평과 유사하지 않을까 싶다. 배우에게 희곡이 있듯이 교사에게는 교육과정과 교과서가 있다. 배우에게 같이 호흡해야 할 관객이 있듯이 교사에게는 성장을 도와주어야 할 학생들이 있다. 배우가 희곡을 꼭두각시처럼 연기하지 않고 자기의 고유한 호흡과 몸짓을 담아내듯이 교사 또한 교육과정과 교과서를 자기의 목소리로 연주한다. 연극이 직접성과 현장성이 강한 공연 예술로서 관객과 배우의 상호 작용 여하에 따라 매번 그 공연의 질이 달라지듯이 교실 수업도 교사와 학생의 상호 작용의 질에 따라서 매번 다른 빛깔을 띤다. 따라서 잠정적이긴 하지만 연극 비평적 전통을 참고하는 것이 수업 비평의 길을 개척하는 데 당분간은 도움이 되지 않을까 싶다.

수업을 비평적 관점에서 다룬다는 것은 우리 수업 문화에서 어떤 의미를 가지고 있을까? 우선 수업 비평 작업은 수업 공개를 전제로 한다. 고립과 폐쇄라는 학교 문화의 장벽을 넘어서 자신의 수업을 비평의 소재로 회부하는 교사들 없이는 수업 비평이란 존재할 수 없다. 이점과 관련하여 《우리교육》 지면을 통해서 〈다시 시작하는 수업 읽기〉를 제안한 것은 우리의 폐쇄적인 수업 문화를 바꾸어 보자는 의도가 담겨 있는 것이었다. 다시 한 번 자발적으로 수업을 공개해 주시고 많은 성원을 보내 주신 선생님들께 감사드린다.

그런데 수업 공개와 관련하여 또 하나 언급하고 싶은 것은 장학을 위한 수업 공개와 비평을 위한 수업 공개가 조금은 다른 의미를 가진다는 것이다. 장학 활동은 일반적으로 교사의 수업 활동에 대한 객관적인 정보를 제공하여 그 교사의 성장을 돕는 데 목적이 있다. 따라서 이때의 수업 공개는 개별 교사의 성장을 돕는 차원을 넘어서서 여타의 사람에게까지 공유될 필요성이 적다. 그러나 수업 비평은 한 교사의 수업 활동을 많은 교사들이 함께 음미하여야 할 공적인 텍스트로 전환시키는 성격이 강하다.

예술가가 창작 활동을 통해서 기존 문법을 넘어서는 새로운 세계를 창안하면 비평가는 그 작품의 의미를 밝혀내고 그 성과를 모두가 향유할 수 있는 공동의 자산으로 만들어 가듯이, 수업 비평은 음미할 만한 수업을 찾아내고 많은 사람들이 그 교육적 실천의 의미를 제대로 이해할 수 있도록 만들어 준다. 피카소의 작품을 미술 비평가들이 비평 작업을 통해서 인류의 지적 자산으로 정당하게 자리 매김하였듯이 수업 비평가도 하나의 수업을 많은 사람들이 함께 사유할 수 있는 지적 자산으로 전환시키는 작업을 한다.

수업 비평이 우리 문화에서 가지는 또 하나의 중요한 역할은 그것이 수업을 보는 우리의 안목을 고양시키는 기능을 한다는 점이다. 뜻있는 많은 사람들이 수업을 공개하려는 시도를 하지만 정작 수업을 공개하면 자기 수업에 대한 의미 있는 조언을 받지 못한다. 대부분 수고했다는 덕담 수준의 의견을 건네받거나 혹은 수업의 본질과는 별 관계없는 지엽말단적인 지적만을 받는다. 그리고 많은 교사들이 수업을 판단하는 자신의 고유한 관점을 드러내기보다는 몇 가지 표준적인 요소에 주로 의존하여 수업에 대해서 이야기한다. 수업 강평 시간에 수업을 보는 사람의 고유한 시선과 안목이 온전히 드러나는 경우는 거의 없다. 교사는 많은 경우 표준화된 평가 척도 뒤에 자신의 관점을 숨긴다. 따라서 이런 상황에서는 수업을 관찰하는 교사나 장학사들의 수업 안목을 판단하기가 어렵다. 그리고 어떤 수업이 좋은 수업이며 교사의 수업 활동을 어떻게 이해해야 하는지를 놓고 생산적인 대화를 나누기도 어렵다. 수업 비평은 이러한 상황을 개선하는 데 도움이 된다.

일반적으로 하나의 수업 비평문은 수업 장면에 대한 기술(記述)과 그 장면에 대한 비평(批評)이라는 두 가지 정보를 동시에 독자에게 제공한다. 따라서 독자는 수업 비평가가 수업의 어떤 장면에 대해서 어떻게 이야기하는지를 파악할 수 있다. 그리고 만약 수업 비평가의 견해가 자신과 다르다면 자신의 견해를 새롭게 제시할 수 있다. 이런 해석의 순환이 활발하게 이루어진다면 다른 비평 영역에서 볼 수 있듯이 수업 텍스트에 관해서도 다양한 비평적 논쟁이 전개되어 수업에 대한 논의가 풍부해질 수 있다. 다시 말하면 수업 비평가는 수업에 대한 객관적인 정보와 함께 그에 대한 비평적 안목을 동시에 드러냄으로써 비평문을 읽는 독자들이 비평가의 안목을 이해하는 동시에 그것을 넘어서는 계기를 제공해 줄 수 있다. 이런 수업 비평의 문화가 정착된다면 수업을 보는 문화의 평균적인 수준이 높아지지 않을까?

수 업 비 평 을 시 도 하 려 는 교 사 들 을 위 하 여

이제 수업 비평을 하고 싶은 교사들을 위해서 몇 가지 안내를 하고자 한다. 우선 수업 비평은 비평 전문가의 작업이 아니다. 물론, 영화 비평가나 문학 비평가처럼 창작 활동과 비평 활동이 기능적으로 분화될 수 있고, 각각의 영역을 맡는 직업적인 전문가들이 출현하듯이 수업 활동에 대해서도 비평을 전담하는 전문가가 출현할 수 있다. 그러나 여기서 필자들이 수업 비평을 전개하는 최종적인 목적은 학교에서 수업을 하는 교사 모두가 비평적인 안목을 가진 전문가가 되는 것이다. 만약 그렇게 될 수만 있다면 우리 수업 문화를 획기적으로 개선할 수 있지 않을까?

수업 비평의 첫 번째 작업은 비평할 수업을 찾아서 기술하는 것이다. 비평의 소재는 자기 수업일 수도, 다른 사람의 수업일 수도 있다. 평범한 일상적인 수업일 수도 있고 새로운 시도를 하는 논의거리가 많은 수업일 수도 있다. 어떤 수업이든 비평가의 해석을 기다리는 풍부한 질적 정보를 담고 있다. 수업 기술은 수업을 반복적으로 보면서 수업 장면을 독자들이 이해 가능한 형태로 형상화하는 것이다. 다른 비평 장르와 비교해 볼 때 수업에 대한 기술 활동은 매우 중요한 위치를 차지한다. 예를 들어 영화나 문학 작품의 경우 비평가와 독자가 텍스트를 공유할 가능성이 크다. 그러나 수업 활동은 많은 사람이 볼 수 없는 고립된 교실에서 진행된다.

그 점에서 내가 본 것을 사람들도 공유할 수 있도록 하는 '수업 쓰기'의 위치는 수업 비평에서 매우 중요한 것이다. 물론 비디오와 같은 기록 장치의 발달로 수업을 촬영하여 인터넷과 같은 특정한 공간에 올려놓고 관심을 가진 사람들이 수업 텍스트를 공유할 수 있다. 그러나 이 경우에도 접근 가능성과 공유 가능성은 다른 비평 장르에 비해서 제한적이며 더구나 그 많은 수업 중에서 시간을 할애하여 살펴볼 가치가 있는 수업을 독자가 찾아내도록 마냥 맡겨 놓을 수도 없다는 점에서 '수업 쓰기' 작업은 중요한 역할을 한다.

비평가가 수업을 글로 형상화하는 방식에는 여러 가지가 있다. 우선 생각할 수 있는 것은 수업 시간에 일어나는 일을 가능한 객관적으로 기술하는 것이다. 그러나 필자들의 경험에 의하면 수업에서 일어나는 모든 일을 기술하는 것은 사실상 불가능하다. 한 시간 동안 교사가 20~30명의 학생을 대상으로 한 수업을 기술하는 것은 일반적으로 생각하는 것보다 훨씬 복잡하다. 30명의 구성원이 있는 교실에는 30개의 다른 사태가 전개된다. 이것을 어떻게 모두 기술할 수 있겠는가? 그런 점에서 수업 기술은 수업 사태에 대한 수업 비평가의 선택적 주시(注視)일 수밖에 없다. 따라서 수업 비평가는 수업 기술의 이런 측면을 스스로 잘 이해할 필요가 있다.

구체적인 수업 기술과 관련하여서는 다양한 글쓰기 방식이 있다. 예를 들어 질적 글쓰기의 유형을 구분한 초기 학자인 반 마넨(Van Mannen)은 객관적 글쓰기, 인상적 글쓰기, 고백적 글쓰기 등의 상이한 글쓰기 방식을 제시하였다. 이 밖에도 수업 상황을 기술하는 다양한 방법이 있을 것이다.

수업 비평가는 다양한 수업 기술 방식을 익히고 그 가운데 적합한 방식을 택하여 수업 상황을 기술하면 된다. 한 가지 언급할 점은 어떤 기술 방식을 택하든 수업 기술의 최소한의 임무는 독자들도 이해할 수 있도록 수업 장면에 관한 충분한 정보를 가지고 있어야 한다는 점이다. 동시에 전체 비평문 중 수업 기술 부분은 비평적 시선보다는 객관성을 유지하는 것이 바람직하다. 필자들의 경험에 비추어 보면 수업을 반복해서 보고 듣고 기술하는 활동은 비평가가 수업을 이해하는 데 필요한 매우 중요한 학습 과정이다.

수업 기술이 끝나면 수업에 대한 비평을 해야 한다. 비평은 수업 장면에 대한 분석, 해석, 평가 등이 망라되어 있는 활동이다. 현재 수업 비평에 관한 방법론이 이론으로 정립되어 있지는 않다. 이론이 비평에 선행하는 것이 아니라 구체적인 비평 작업을 통해서 비평의 역사와 비평의 이론이 정립되어 갔던 것처럼 수업 비평도 그렇게 발전해 갈 것이다. 필자들은 구체적인 비평 작업을 통해서 수업 비평에 대한 이론적 모색을 해 가는 단계에 있다. 따라서 여기서는 필자들의 경험을 바탕으로 해서 독자들을 위해서 비평의 초점을 몇 가지 제시하는 정도에서 그치고자 한다.

수업 비평을 시도하려는 교사들에게, 먼저 수업 비평은 양적 분석을 배제하지 않는다는 점을 이야기하고 싶다. 양적 분석을 위한 다양한 체크리스트도 수업 이해를 위해 활용할 수 있다. 그러나 양적 분석에서 그치면 좋은 수업 비평이라고 볼 수 없다. 양적 정보와 질적 정보를 종합하여 분석적인 동시에 종합적인 이야기를 하는 것이 수업 비평이다. 특히 하나의 수업을 전체적으로 관통하는 주제의식을 가지고 독자들을 위해서 일관성 있는 이야기(narrative)를 구성하는 것이 필요하다. 이를 위해서는 수업에서 파악한 여러 정보들의 경중을 따지고 그것을 이야기를 위해서 배치하는 작업이 필요하다.

수업 비평의 초점은 다양하게 존재할 수 있다. 수업을 의도와 연행으로 구분할 때, 의도에 초점을 맞춘 수업 비평과 연행에 초점을 맞춘 수업 비평이 가능하다. 또 수업을 수업의 맥락, 교과 내용, 행위자로 구분할 때, 수업의 맥락에 초점을 맞춘 비평, 교과 내용에 초점을 맞춘 비평, 행위자에 초점을 맞춘 비평이 있을 수 있다. 행위자에 초점을 맞추는 비평의 경우는 다시 교사 중심의 비평, 학생 중심의 비평, 혹은 교사와 학생의 상호 작용을 중심으로 하는 비평 등이 가능하다. 비평의 초점은 여기에 한정되지 않는다. 수업이 일어나는 공간을 분석하는 공간 비평이나 수업이 전개되는 시간의 특질을 분석하는 시간 비평도 가능할 것이다. 또, 수업 비평에 대한 독자의 반응을 분석하는 수용자 비평도 생각해 볼 수 있다.

현재 이 책에 실려 있는 수업 비평문들은 위에서 언급하고 있는 여러 요소들을 나름대로 포함하고 있다. 그러나 아직은 수업 비평의 역사가 일천하여 이런 수업 비평문을 서로 구분되는 별도의 장르로 분류하기는 쉽지 않다. 후속 작업을 통해서 수업 비평의 영역들을 계속해서 개척해야 할 것이다. 수업 비평을 시도하는 교사들도 이런 사정을 감안하여 여러 개의 초점을 정하여 하나의 수업을 다양하게 비평해 보는 시도를 해 보기를 권한다.

수 업 비 평 의 순 기 능 을 위 한 몇 가 지 제 언

　　　　　　수업 문화를 개선하고 교사의 수업 전문성을 신장할 수 있는 다양한 길이 있을 것이다. 수업 비평은 그 수많은 길 중에 한 길에 불과하다. 그러나 필자는 이 길이 닫힌 교실을 열고 그 속에서 일어나는 수업 실천의 의미를 드러낼 수 있는 길이라고 생각한다. 수업 비평은 현장에서 의미 있는 실천을 하는 주옥 같은 교사들을 찾아내어서 그들이 자신의 능력에 맞는 역할을 수행할 수 있도록 하며, 개인주의적 교사 문화를 넘어서서 수업을 보는 집단적 안목이 형성되는 것을 도와줄 것이다.

　　필자의 경험을 바탕으로 수업 비평이 우리 문화 속에서 순기능을 하기 위한 몇 가지 제언을 하는 것으로 글을 맺고자 한다.

　　우선은 수업 비평이 자발적 문화 운동의 차원에서 전개되기를 갈망한다. 타율적 간섭이 성공한 예를 교육개혁의 역사에서 찾아보기가 어렵다. 비평 작업은 수업을 공개하고 그 경험을 나누기를 원하는 교사들에서부터 시작하여 자연스럽게 확산되어야 한다.

　　둘째로 수업 비평이 한 교사의 잘잘못을 평가하는 것으로 오해되어서는 안 된다. 평가가 한 교사의 고유한 잘못을 찾아내고, 수업 장학이 개별 교사를 위한 컨설팅의 성격을 가진다면, 수업 비평은 한 교사를 통해서 동일하거나 유사한 내용을 가르치는 한국 교사들의 보편적 문제를 읽어 내는 것이며, 하나의 수업의 의미를 한국 교육의 문화적 지평 속에서 바라보는 작업이다.

　　셋째, 수업 비평의 가능성과 함께 한계에 대한 인식도 필요하다. 필자의 경험으로 볼 때 교실 수업에서 가장 파악하기 힘든 것은 학습자의 경험이다. 학습자의 경험과 성장에 대한 이해가 결여된 수업 비평은 논리적이거나 분석적 비평에 머물 가능성이 많으며, 그런 비평은 탈맥락적 추상성에 바탕하여 교사와 학생의 구체적 실천을 함부로 재단할 위험성을 내포하고 있다. 그런 점에서 비평가는 자신이 말할 수 있는 것과 말할 수 없는 지점을 구별할 줄 아는 식견을 갖추어야 할 것이다.

마지막으로 필자는 수업 비평은 이중의 '경이 체험'을 제공해 줄 수 있다고 생각한다. 첫 번째는 다양한 수업이 존재한다는 것에 대한 경이이다. 이 책의 저자들은 수업을 보면서 동일한 교육과정과 교과서들이 다른 문제의식을 가진 교사들에 의해서 다르게 변주되는 것을 체험했다. 저 영역에서 저런 수업을 할 수 있다니! 동일한 소재를 활용하여 전혀 다른 예술 작품을 만들어 내는 예술가들처럼 교사들이 만들어 내는 수업 활동의 세계는 넓고도 다양하다. 두 번째 경이 체험은 수업을 보는 눈의 다양성에 대한 체험이다. 즉, 비평적 접근은 다양한 방식의 수업 읽기를 활성화한다. 그리고 이를 접하는 독자들은 '아! 수업을 저렇게도 볼 수 있구나.' 하는 경이 체험을 하게 된다. 그리고 이 이중의 경이 체험을 통해서 수업자도 수업 비평가도 수업을 보는 새롭고 풍부한 눈을 갖게 되는 공동 성장의 경험을 한다. 수업 비평이 지향하는 목적지는 그런 것이다.

독자들이 이 책에 실린 수업 비평문을 단순히 읽는 것을 넘어서서 스스로 수업 비평가가 되어 수업 비평의 넓고 깊은 세계를 경험할 수 있기를 소망해 본다.

01

우리들의
일그러진 텍스트

정재찬 _ 청주교대 국어교육과 교수

이 글은 안찬원 교사(서울 누원초)가 2005년 4월 초에 했던 5학년 1학기 《읽기》 수업을 대상으로
했다. 안 교사는 〈우리들의 일그러진 영웅〉을 소재로 한 수업을 총 10차시로 배정할 정도로 크게 의
미를 부여하고 있다.
이 비평문은 그 가운데서 고작 두 차시 수업을 촬영하고 관찰해서 쓴 것이기 때문에 실제 수업의 전
면모를 드러내기에는 여러 가지로 부족함이 많다. 이 글은 주로 중등 문학교육과의 비교를 염두에
두면서 초등 국어교육에서 문학교육의 특성을 바라보는 데 주력했다.

이문열의 선택

　　6차 교육과정기 초등학교 6학년 교과서에 〈우리들의 일그러진 영웅〉을 수록하는 문제를 두고 당시에 적잖은 논란이 벌어졌던 것으로 기억한다. 한마디로 기대 반 우려 반의 시선이 지배적인 분위기였다. 그러던 것이 7차 교육과정기 초등학교 5학년 교과서에 다시 수록된 것을 보면 현장의 반응이 긍정적인 쪽으로 나타났음을 짐작하게 된다.

　중등 국어 교과서와 달리 초등 국어 교과서에서 두 교육과정 동안 연속해서 동일한 제재가 실리는 일은 흔한 일이 아니다. 무슨 이유에서 그런지는 모르겠으나, 교육과정평가원에서는 '초등 국어 교과서 집필 지침'을 통해 가급적 지난 교육과정 교과서에 실린 제재는 교체할 것을 요구한다. 반면에 고등학교 교과서를 보면 교육과정이 여러 차례 바뀌어도 〈관동별곡〉, 〈기미독립선언문〉 등 꿈쩍 않고 계속 등장하는 제재가 한둘이 아니다.

사정이 이러한데, 〈우리들의 일그러진 영웅〉은 초등 교과서에서 보기 힘든 본격 문학 작품일 뿐만 아니라 두 번 연속 교과서에 수록되었다는 점에서도 주목하지 않으면 안 된다. 엄밀히 말해 이 소설은 어린이문학으로 보기가 힘든 것이 사실인데 말이다. 하지만 성인문학으로 출발해 어린이문학으로 자리 잡은 작품도 많고 그 역도 참인 경우가 허다하다.

특히, 〈삼국지〉나 〈어린 왕자〉 같은 고전의 반열에 오른 작품들은 동일한 것을 평생에 걸쳐 읽게도 된다. 읽을 때마다 느껴지는 향기가 달라질 뿐이다. 이렇게 본다면, 〈우리들의 일그러진 영웅〉은 어린이 독자가 읽을 수는 있되 어린이의 배경 지식과 눈높이에 따른 이해와 감상을 한다고 보아야 한다. 교사를 비롯한 성인들의 눈과는 다를 수 있다는 것이다. 언제나 해당하는 당연한 말인 것 같지만 〈우리들의 일그러진 영웅〉을 두고 말하게 될 때는 사정이 좀 각별해진다. 왜냐하면 그것은 특정한 시대를 배경으로 만들어진 우화이기 때문이다.

문학 비평계에서 바라보고 평가하는 〈우리들의 일그러진 영웅〉과 초등학교 교실의 그것 사이에는 굴절이 있을 수밖에 없다. 하지만 만일 이 작품을 중·고등학교에서 가르친다면 그 굴절의 각도가 별로 크지 않을 듯하다. 같은 텍스트를 놓고서도 초등학교와 중등학교 수업은 현저히 다르게 전개될 가능성이 크다. 학생의 발달 차이 때문만이 아니라 수업 상황과 맥락에 대한 정의 자체가 현격히 다르기 때문이다.

관행적으로 볼 때 고등학교의 경우라면 아마 교사는 작가 이문열에 대해서도 가르칠 것이고, 시대적 배경은 물론 상징성과 우화성과 관련된 문학적 장치에 대해서도 세세하게 분석하고 설명할 것이다. 여기에는 입시 문제도 한몫을 하지만, 중등 문학교육이 문학계의 직접적인 영향과 지배

를 받는 관습과 역사로부터 여전히 자유롭지 않은 형편이라는 점도 고려
할 필요가 있다.

　초등학교에서 모처럼 만나는 본격적인 문학 작품, 하지만 텍스트만
동일할 뿐 텍스트를 둘러싼 맥락이 달라진 상황에서 교사는 이 작품을
어떻게 가르쳐야 할 것인가? 수용미학의 편에 서서 학생 독자들의 굴
절과 변형을 기꺼이 용인할 것인가, 작가를 대변해 학생들의 부족한
배경 지식을 채워 주면서 작가와 독자 사이의 소통을 도모할 것인가?
작품(작가 – 문학)을 따르자니 독자(학생 – 교육)가 울고, 그 역도 참인
듯한 이 상황에서 '문학'과 '교육'은 어떻게 만나야 하는가?

　초등 국어교육에서 이문열을 선택할 때는 적어도 이런 선택의 문제
들이 근본에 깔려 있다. 그래서 나는 안찬원 선생님이 어떤 선택을 할
지 궁금했다. 이제 그 수업을 살짝 들여다보자.

안 찬 원　선 생 님 의　선 택

　　　　쉬는 시간에도 안찬원 선생님은 쉬질 못했다. 전 시간에
〈강아지 똥〉을 읽고 나서 아이들이 쓴 편지를 교실 게시판에 하나하나
붙여야 했기 때문이다. 시작종이 쳤지만 그 편지를 이내 보고 싶어 하
는 아이들로 교실 뒤가 여전히 북적거린다.

　안 선생님은 결국, "앞을 보세요. 차렷, 열중쉬어!"를 반복한다. 하
지만 소리를 높이지는 않는다. 그의 톤은 높지 않고 정확한 발음에 깔
끔한 어조를 구사하지만 듣다 보면 차분하고 정겨운 느낌마저 든다.

　"3월 동안 〈우리들의 일그러진 영웅〉 다 읽었죠?"

아이들은 일제히 자신 있게 "네!"라고 답한다.

　수업 계획이란 것이 단기, 중기, 장기로 이루어지면 좋겠지만, 말이 그렇지 어디 준비해야 할 것이 한두 교과도 아니고, 하루 벌어 하루 먹고 살기도 바쁜데 4월 수업을 위해 3월에 미리 소설 전편을 읽어 보게 하는 배려가 생각만큼 쉬운 일은 아니다. 물론 다른 선생님들도 이 단원은 미리 원작을 읽히는 경우가 적지 않다. 하지만 안 선생님이 이번 수업에 얼마나 의의를 부여하고 있는지는 두고 보면 알 것이다.

　다만 여기서 쟁점 한 가지는 짚고 넘어가야겠다. 교과서에 일부가 실린 소설의 경우 반드시 원작 전체를 읽혀야 하느냐 하는 문제이다. 중등의 경우, 단편은 가능하면 전작을 게재할 수 있는 분량의 작품을 선택해 수록하고, 중·장편은 해당 단원의 학습 목표를 구현하는 데 가장 적합한 부분을 발췌 수록하는 것이 일반적이다. 그리고 교사는 전편을 읽도록 권장은 하되 수업은 교과서 중심으로 진행하는 것이 일반적이다. 반면에 초등은 할당된 면수에 들어가도록 작품 자체를 적절히 손보기도 하고, 중·장편은 거의 싣지 않는 것이 일반적이다. 예외가 있다면 바로 〈우리들의 일그러진 영웅〉 같은 경우이다. 이때, 만일 그것도 여타 교과서 단원처럼 학습 목표에 도달하기 위한 제재에 불과하다고 간주한다면 굳이 전편을 읽도록 할 필요는 없을 것이다.

　다음에 보게 되겠지만, 안 선생님은 교과서, 소설, 영화 자료를 모두 수업에 끌어들인다. 하지만 교육과정에는 다다익선의 논리가 성립되지 않는다. 교육과정이란 시·공간적으로 한정된 것이어서 선택은 배제를 수반하게 마련이기 때문이다. 따라서 교사는 교육과정 재구성을 통해 얻는 것과 잃는 것을 잘 따져 보지 않으면 안 된다.

　안 선생님은 교탁 옆의 TV를 켠다. 그러자 화면에 영화 〈우리들의

일그러진 영웅〉을 배경 삼아 성우가 줄거리를 낭독하는 영상이 흐른
다. 독서 토론이나 TV 문학관 같은 프로그램의 일부를 갈무리한 것으
로 보인다. 하루아침에 준비한 수업이 아님을 쉽게 알 수 있다. 어느
덧 교실이 조용해진다. 영화를 배경 장면으로 실감나게 줄거리를 요약
해 내는 TV의 위력! 그렇게 아이들이 화면 속으로 빠져 든 동안, 선생
님은 돌아다니며 독서 감상문 읽기 자료와 학습지를 나누어 준다.

읽기 자료에는 모두 다섯 가지 장면이 들어 있다. [장면 1]은 교과서
에 수록된 부분으로 '엄석대와 한병태의 첫 만남', [장면 2]는 '점심
시간에 엄석대에게 먹을 것을 바치는 학급 아이들', [장면 3]은 '물 떠
다 주기를 거절하는 한병태', [장면 4]는 '유리창 닦기 사건', [장면 5]
는 '우등생과 시험지를 바꾸는 엄석대'라고 제목이 붙어 있다.

왜 이 장면들이 선택되었을까? 서사적 전개를 이해하고 인물의 관계
를 파악하는 데 핵심적인 에피소드들로 구성된 것이 눈에 띈다. 하지
만 이 장면들은 모두 소설의 전반부에만 한정되어 있다. 그렇다면 소
설 전체의 이해에 초점이 놓인 것은 아님이 분명하다.

해답은 의외로 단순할 수 있다. 교과서를 보라. "이야기를 읽고, 인
물의 성격과 사건의 전개는 어떤 관계가 있는지 알아봅시다."라고 수
업 목표가 나와 있다. 그렇다. 교육과정은 인물의 성격을 아는 것이
이 수업의 목표라고, 〈우리들의 일그러진 영웅〉은 그 목표에 도달하기
위한 제재일 따름이라고 말하고 있지 않은가? 그러니 굳이 전편을 분
석할 필요가 없다. 전체 내용은 이미 읽어서 안다.

그렇다면 적어도 여기까지 안 선생님은 '교과서'와 '교사용 지도서'는
넘어서고 있지만 '교육과정'은 넘지 않고 있는 것이다. 일단은 교육과정
에 충실한 모습이라고 할 수도 있다. 좀 더 정확히 말하자면, 안 선생님

은 교과서나 교사용 지도서를 무시하거나 곧바로 대안적 교육과정을 실천하는 것이 아니라 기존의 교육과정을 감싸고 넘어가는, 이른바 포월^{(包越} : 포함(包含)과 초월(超越)의 합성어로 철학자 김진석이 쓴 말)의 전략을 구사하는 것으로 보인다.

자료 화면이 끝나자 선생님은 먼저 [장면 1]을 읽으란다. 다 읽고 나자 질문이 시작된다. 물론 질문은 주로 인물과 사건에 대한 이해에 집중된다.

> 오늘은 내용을 이해하는 거야. …… 이 소설을 보면 서울과 달라. 어떻게 다르지? …… 그래, 반장이 모든 것을 지배해. …… 그걸 어떻게 알았지? …… 맞아, 엄석대가 부르면 애들이 와.

선생님은 이를 좀 더 극적으로 설명하고 싶어졌다. 그래서 그는 소설 속 상황을 현실과 대비해 보도록 함으로써 소설의 낯선 면을 부각시키고자 한다.

> 교　사　현수가 우리 반 회장이잖아. 그런데 지영이가 전학을 왔어. 그런데 현수가 "지영이, 이리 와 봐!" 그럼 어떻게 할래?
>
> 지　영　…….
>
> 학생들　네가 와! (웃음)
>
> 교　사　회장은 회장이지만 친구지. 친구에게 명령하는 것은 있을 수 없어. …… 그런데 이 시골 학교 아이들은 현수가 아니라 지영이가 이상하대. 이상하지?

아이들은 정말 이상하다는 표정들이다. 하지만 이렇게 됨으로써 이

제 이 소설은 지금 이곳의 현실을 반영하는 것과는 거리가 멀어지게
된 셈이다. 이 소설을 읽을 때 우리 세대와 아이들 세대의 긴장과 동
일시 정도는 천양지차다. 우리는 소설과 현실의 상동성에 긴장하고 아
이들은 이질성에 긴장한다. 그렇다면 이제 이 소설의 우화적 교훈은
어떻게 되는가 하는 것이 문제로 남는다. 조금만 더 지켜보자. 다시
질문이 시작된다.

> **교 사** 엄석대는 이 학급에서 어떤 존재지?
>
> **학생들** 대통령 같은 존재. 선생님 같은 존재. 총사령관 같은 존재. 일제시대
> 때 일본 사람 같은 존재.

다양한 답이 나온다. 그 어느 쪽이든 지금 이곳에선 엄석대는 도대
체 있을 수 없는 존재가 되어 버렸다. 그에 동조하는 시골 학교 아이
들도 도대체 이해가 안 가는 존재들인 것이다. 하지만 아이들의 이해
력은 매우 높은 편이다. 인물의 행동으로부터 의도를 추리하는 상당히
수준 높은 질문에 대한 아이들의 답을 들어 보라.

> **교 사** 병태가 석대에 반하는 행동을 하니깐 애들은 난린데, 정작 석대는 잘
> 난 척하고 싶어 하는 병태에게 기회를 주며 잘해 줘. 왜 그랬을까?
>
> **학생들** 뭘 잘하는지 알아서 시험지를 바꾸려고요.
>
> **교 사** 아, 그래! 나중에 시험지 바꾸는 게 나오지. 그럴 수 있겠다. 병태를
> 자기편으로 끌어들이기 위해서…….

그렇다면 이 소설을 이해·감상하는 데 발생하는 문제는 아이들의

인지나 이해력 수준에 있는 것이 아니라 소설 속 현실과 지금 이곳의 현실 사이에 공유되는 맥락이 부재한 데 기인하는 것이 아니겠는가?

[장면 2]로 넘어가서도 주로 학급 상황에 유추하는 전략을 많이 쓴다.

> 너희들이 뭘 주면 선생님도 고마워하는데, 석대는 당연하다는 듯이 해. 그렇다
> 면 석대는 이 교실에서?

이것은 [장면 1]에서도 나왔던 질문이다. 아이들의 대답이 조금 달라진다. 조직의 우두머리란 답도 나왔다. '조폭'을 연상하며 교사와 아이들 모두 즐겁게 웃었다. 아마도 조폭 영화 탓이리라. 아이들에게는 엄석대보다 조폭 문화가 더 이해 가능한 것이 되어 버렸다. 그뿐이 아니다. 드디어 "권력을 이용한 지배자"라는 썩 훌륭한 답마저 나왔다. 그런데 한 아이가 이렇게 답했다. "종교처럼……, 예수그리스도 같은 그런 사람인 것 같습니다." 아이들이 이 답을 듣고 크게 비웃는다. 답을 한 아이 얼굴이 편치 않다. 엄석대가 예수그리스도라니? 아마 아이들은 그래서 웃었을 게다. 하지만 그 대답을 받아 선생님이 곧바로 "신 같은 존재?"라고 하자 이내 숙연해지고 만다. 그리고 이 답이 최종 결론이 된다.

[장면 3]과 [장면 4]도 이러한 식으로 진행되었다. 사실 난 개인적으로 [장면 4]를 읽을 때 가장 가슴이 아팠던 기억이 있다. 유리창 닦기 검사를 통해 엄석대가 병태에게 권력의 위세를 여실히 과시하는 장면이다.

이 소설이 발표된 것은 6월 항쟁이 벌어졌던 1987년이다. 그때 이 소설을 읽은 이들은 누구나 이 디테일한 장면에서 울컥거리지 않을 수

없었다. 새파란 나이의 어린 짭새(?)한테도 꼼짝 못하고 비굴하게 살던 그 시절, 그때 난 이십대 중반을 넘어서고 있었다. 이런 폭력과 권력의 아픔을 체험해 본 세대, 그러니까 나와 당신 같은 교사들은 그래서 이 작품에 애정을 갖고 있는지도 모른다.

그러나 지금 이곳은 2005년, 그것도 여남은 살 아이들의 교실이다. 이 소설의 우화성은 더 이상 발현되지 않는다. 말하자면, 이문열은 1960년대 배경의 초등학교 교실로 1980년대 대한민국을 알레고리하고자 했지만, 1960년대도 1980년대도 모르는 이 아이들에게는 그런 게 먹히지 않는 것이다.

시대, 곧 시간의 알레고리는 교실에서 전혀 발견되지 않는다. 따라서 이 소설은 이솝우화처럼 초시간적이고 초월적인 보편적 우화이거나 공간적 우화가 되고 만다. 뒤에 가서 다시 보겠지만 많은 아이들에게 이 이야기는 시험 부정과 같은 나쁜 일을 해서는 안 된다거나, '서울'이 아닌 '시골' 학교에서나 벌어진, 말도 안되는 하나의 사건으로 각인되어 있다. 여기에는 선생님도 한몫을 한다. 수업 첫 머리에 "이 소설을 보면 서울과 달라. 어떻게 다르지?"라고 시작했던 것을 기억할 수 있다. 아니, 어쩌면 선생님은 시대적 알레고리를 가르치는 것이 이 아이들에게 별 의미가 없거나 불가능한 일로 판단해 의도적으로 그리한 것인지도 모른다. 이를 두고 '문학'하는 양반들과 '교육'하는 양반들의 반응은 달라질 수 있으리라. 교육적으로는 현명한 판단이 문학적으로는 아쉬울 수도 있으니까.

그러니 아이들이 [장면 4]보다 [장면 5]에서 더 흥분하는 것은 이해가 가고 남는다. 선생님이 "석대가 자기 실력으로 전교 1등 한 거야?"라고 묻자 아이들은 지나치게 강한 반응이다 싶을 정도로 "아니오!"라고 외친다. 반장이 유리창 닦기를 검사하는 것과 달리 시험 문제와 성적 문제는 2005년에도 현재형으로 존재하고 있기 때문이다. 우화의 교훈성은 이처럼 자기의 이해관계를 떠나서 설명할 수 없다.

시간이 어느 정도 남았을까? 하마터면 그냥 지나칠 뻔했다. 아까는 시간이 부족하다 싶어 못 들은 척 넘어가려 했을 게다. [장면 5]에서 한 아이가 지나가는 듯한 말투로 물어본 게 있었다. "이거 실화예요?" 이 질문을 한 아이의 심정은 얼마나 긴장되었을까? 따지고 보면 이것은 모든 소설에 해당하는 가장 본질적인 질문이라 할 수 있다.

> 음, 실화냐고 물어봤지? 실화일 수도 있고 아닐 수도 있는데……. 음, 실제로
> 는 실화가 아니예요. 소설가 중에 이문열 씨라고 들어 봤지?

설마 이 아이들이 이문열을 알까? 알아봤자 이번에 이 책 읽으면서 처음 들어 봤겠지 싶었다. 그러나 아니었다. 이문열을 모르는 아이는 없었다. 아이들에게 이문열은 《이문열의 삼국지》의 그 이문열이었던 것이다. 이 점에서도 나와 아이들이 알고 있는 '이문열'은 다르다.

이제 수업은 종반을 치닫는다. [장면 5]까지 쭉 섭렵하고 나서 선생님은 드디어 교육과정의 이번 차시 수업 목표를 멋지게 해결한다.

> 교 사 엄석대는 어떤 성격?
> 학생들 비겁, 거만, 야비…….
> 교 사 그럼 병태는 어떤 사람?
> 학생들 이기적이다. 자존심이 세다. 승부욕이 강하다. 너무 힘들면 포기한다.
> 교 사 그래, 그래. 자존심은 강하지만 끝까지는 못 가는…….

끝까지 선생님은 아이들의 반응을 종합해 정리해 준다. 이번 시간에 소외된 아이는 거의 없어 보인다. 아이들의 흥분도 아직 채 가라앉지 않았다.

이제 그 다음 시간을 살짝 엿보기로 하자. 선생님은 전 시간에 읽은 다섯 개의 장면을 이번엔 비디오로 보여 주고자 한다. 영화는 왜 보여 주는 걸까? 아마 다른 교육과정 목표와 관련되거나 상급 학교의 경우라면 소설을 극본으로 해서 영화처럼 모둠 공연을 한다든가, 소설과 영화의 차이 등을 비교해 보는 과업을 제시해 봄 직하다. 그러나 선생님의 의도는 전혀 다른 데 있다.

비디오를 보여 주는 것은 재미있으라고가 아니라, 화면을 보면서 기자가 되어서 그 장면을 목격했다고 가상해 보라는 거야. 기자는 그 사건을 보고서 어떻게 해야 해? 그 엄청난 일을 목격하고 어떻게 해야 해? 신문 기자가 되어 보자. 작은 거 하나라도 놓치지 않고……. 객관적이라야지. 느낌은 한두 줄 들어갈 수 있어.

무슨 뜻일까? 기사문 쓰기를 가르치려는 걸까? 그건 아닌 것 같다. 그건 이미 배웠다. 허구를 보고 왜 객관적인 글을 쓰라는 걸까? 이것이 소설에나 나오는 한갓된 이야기에 지나지 않는 것이 아니라 우리 주변에서 언제든지 일어날 수 있는, 개연성 있는 허구임을 가르치려는 것이 아닐까? 혹은 우리를 둘러싼 세계에 대한 경계의식, 곧 반영론적 관점과 더불어, 이러한 교육을 통해 우리 아이들이 어떻게 성장해야 할지에 대한 효용론적 관점이 발휘되고 있는 대목이 아닐까?

아이들이 이 우화를 어떻게 받아들였는지 상기해 보라. 그들의 맥락

속에서 우화의 가치는 변형된다. 아니, 새롭게 탄생한다. 그들의 현재적 맥락에서 이 소설은 폭력이 어떻게 학습되고 권력이 어떻게 동의되는지에 대해서가 아니라 전혀 다른 교훈을 알레고리로 담고 있다. 엄석대만이 아니라 엄석대를 그렇게 만든 학교와 사회의 구조, 뿐만 아니라 학급의 아이들처럼 그에 동의한 민중들 또한 풍자의 대상으로 읽혔던 코드는 우리 아이들에게 존재하지 않는다.

[장면 5]에 흥분했던 아이들의 모습을 떠올려 보라. 그리고 나서, 나중에 완성해 제출한 한 아이의 다음 기사문을 눈여겨보라.

★ 앗! 이런 부정행위를! ★

엄석대, 부정행위를 하다

시골 초등학교에서 한병태 군은 모범을 보여야 할 반장 엄석대가 부정행위를 치르는 것을 목격하였다. 지난 총괄평가를 치른 날 한 모 군은 우등생 박 모 군이 자기 이름을 지우고 엄석대의 이름으로 고치는 것을 보았다고 한다.

박 모 군에 의하면 엄석대 군은 매 시험마다 다른 우등생과 시험지의 이름을 바꿔 써 냈다고 한다.

지난 대학 수능시험 때도 핸드폰으로 부정행위를 해서 사회에 큰 충격을 주었는데, 초등학교에서도 시험 때 부정행위를 한다 하니 더 충격을 안겨 주고 있다.

김○○기자 abcd@efg.co.kr

'우리들'의 일그러진 영웅은 이렇게 거듭났다. 오늘날에도 '엄석대'는 존재한다. 하지만 전혀 다르게 존재한다. 그것은 '엄석대'가 변해서가 아니라 바로 '우리들'이 변했기 때문이다. 우리 아이들은 〈우리

들의 일그러진 영웅〉이 발표되던 당시의 내포 독자 '우리들'이 아닌 것이다.

그러니 칭찬을 했으면 했지, 이 일그러진 텍스트에 대해 누가 비난할 것인가? 원작을 중심으로, 작품 중심의 관점에서 일그러짐이라 했을 때는 왜곡과 훼손을 의미했다면, 텍스트 중심의 관점에서 일그러짐은 이해관계의 반영이요, 굴절이요, 창조가 아닐까?

문득 선생님은 신문 기사 쓰기를 멈추게 하고 수업의 초점을 바꾼다. 아마도 촬영 마지막 날이었기 때문에 더 많은 걸 보여 주고자 하는 마음에서였으리라.

교 사 우리 교실에 엄석대가 있다고 가정해 보자. 여러분이 병태라면? 병태라면 어떻게 하겠어요?

학생들 싸워요!

교 사 싸워요? 그 다음엔? 중학생과 싸워도 이기는 아이인데?

아이들은 그 말에 움찔해하며 다양한 대책들을 강구한다. 각 대책마다 반론과 재반론이 이어진다. 이쯤에서 선생님의 결정적인 여론조사가 시작된다.

엄석대처럼 되고 싶은 사람? (아무도 없다.)

병태처럼 꿋꿋이 맞선다? (다수가 손을 든다.)

일반 아이들처럼 석대에게 붙었다 병태에게 붙었다 한다? (몇몇이 손을 든다.)

나 혼자만 싸우지도 않고 그냥 죽어 지내겠다? (듣고 보니 그럴 듯한가 보다. 이게 낫겠다며 아까 든 손을 취소하고 적잖은 수가 동조한다.)

확실히 지난 시간과 달리 이번 시간은 교육과정이나 교과서, 교사용 지도서와 전혀 무관해 보이는 자리의 문제를 다루고 있다. 그렇다면 혹시 선생님은 '국어'가 아니라 '윤리'나 '정치' 이런 걸 가르치게 된 셈이 아닐까? 이것이 국어교육이란 말인가?

이러한 생각은 이른바 형식교과로서 국어과 교육을 바라보는 관점과 밀접한 관련을 맺는다. 지난날 국어교육이 목표와 수단을 혼동함으로써 혼란을 초래했던 것은 사실이다. 가령, 〈파브르 곤충기〉를 읽으면서 설명문의 특성을 가르치기보다, 그래서 학생들에게 그릇으로서의 형식을 다루는 능력을 주기보다, 자료의 내용을 이해시키고 생물학적 사실을 전수하는 데 바빴던 사례를 들 수 있을 것이다. 국어과 교육의 본령이 내용교과일 수 없다는 점에서 이러한 지적은 매우 타당하다.

하지만 형식은 내용 없이 존재할 수가 없다. 따라서 형식교과라는 뜻은 내용을 배제하라는 뜻도 아니며 원천적으로 그럴 수도 없는 것이다. 나아가 형식을 지도해야 하는 교과적 목표도 중요하지만, 그렇다고 해서 굳이 학습자가 경험해야 할 내용적 가치를 버릴 필요는 없고 버려서도 안 된다.

비유해서 말하면 이렇다. 홍차를 마시는 경우를 생각해 보자. 우리는 홍차 티백을 물에 우려내어 그 물을 마신다. 엄밀히 말해 우리는 홍차를 마시는 것이 아니라 홍차를 우려낸 물로서의 홍차를 마시는 것이다. 말하자면 국어를 가르치는 과정에서 우러나오는 향기라든가 덕성이라든가 하는 것을 우리는 배제할 필요도, 그럴 수도 없는 것이다. 행여 국어과 교육의 정체성을 지킨다는 각오에서 홍차 티백을 빨아 먹는 우를 범해서는 안 될 것이다.

그런고로 〈우리들의 일그러진 영웅〉을 놓고 인물의 성격을 알아보자는 교육과정상의 목표만 추구하는 수업이 좋은 수업이라고 말할 수는 없다고 본다. 다만 그것은 어디까지나 동경험 다목표의 원칙에 따라 국어교육을 올바르게 실천한 결과로 얻어져야 하는 것이지 교과 외적인 목표에 국어교육이 종속되어야 한다는 것은 아니다.

이렇게 본다면 전 시간에는 교육과정의 틀 속에서, 이번 시간에는 교육과정을 넘어서서 대화를 통해 윤리적 사고를 이끌어 낸 선생님의 선택은 국어교육의 관점에서 옳고, 특히 초등교육의 관점에서 타당한 것이라 할 수 있겠다. 그걸 하나로 통합할 수 있다면 그것이 바로 초등 국어교육의 이상이 될까나?

〈아마겟돈〉과 〈딥 임팩트〉의 선택

예전에 영화 두 편을 보면서 조금 엉뚱한 고민에 빠진 적이 있다. 〈아마겟돈〉과 〈딥 임팩트〉가 그것이다. 지구와 혜성의 충돌을 피하기 위해 혜성을 폭파해야 하는 문제 상황 설정은 두 영화가 동일하다. 그런데 전자는 굴착 폭파 전문가가 우주 비행을 배우고, 후자는 우주 조종사가 폭파 기술을 익힌다. 과연 어느 쪽이 전문가를 양성하는 올바른 선택인가?

초등 국어교육을 국어과 교육, 즉 교과교육으로서 국어교육 가운데 한 단계적 범주로 다룰 것인가, 아니면 초등교육의 여러 면모 가운데 한 교과적 범주로 다룰 것인가 하는 문제는 간단한 문제가 아니다. 즉 초등 국어교육을 바라볼 때 교과교육의 관점에서 초등 국어교육으로 접근해야 할 것인가, 초등교육 일반에서 초등 국어교육으로 접근해야 할 것인가 하는 문제인 것이다.

　물론 이 둘은 궁극적으로 둘이 아니라 하나로 통합되어야 할 것이지만 현실이 그러한 당위와 일치하는 것은 아니기 때문이다. 다만 국민공통기본교육과정의 설계에서 보듯 초등교육 자체에 관한 본질적이고 철학적인 탐구가 결여된 채 초등 국어교육을 중등교육과의 연장선상에서, 그것도 교과교육의 측면에서만 접근해 온 것은 잘못이라고 본다. 중등 문학교육의 현장과는 사뭇 다르지만 오히려 바로 그런 점에서 나는 안찬원 선생님의 선택을 존중하는 편에 서 있다. 하지만 그것이 '문학'을 가르치는 문학교육인가 하는 질문 앞에서는 여전히 망설여진다.

　종이 치고 수업이 끝났다. 이제 당신이 선택할 차례이다.

수업 목표 세우기의 어려움

안찬원 _ 서울 누원초 교사

낯섦음에 대한 설렘과 새로움에 대한 의욕으로 교단에 섰던 초임 시절, 동료 선배 교사에게 수업을 공개한 후 듣고 싶은 이야기가 많았다. 학습 목표에 적절한 수업 방식인지, 교육과정과 일관된 차시 수업으로 구성되었는지, 이보다 더 좋은 수업 방법은 없는지, 고쳐야 할 교사의 개인적인 버릇은 없는지……. 그러나 공개수업 후 들은 이야기는 단지 "수고했어요.", "좋은 수업이었어요.", "교실 환경이 깨끗하네요." 등 형식적인 말들뿐이었다. 시간이 지난 후에야 수업에 대한 개선점을 이야기하는 행위는 수업을 공개한 교사를 비난하는 행위로 비추어진다는 사실을 알게 되었다. 그 이후로는 수업협의회에서 머릿수만 채우는 교사가 되었고, 시간이 갈수록 독선적인 교사의 모습으로 스스로의 늪에 빠져 있는 나 자신을 발견하게 되었다.

교사로서의 주체성을 잃어 가던 시기, 일 년 전에 《우리교육》에 기고했던 학습 주제로 수업을 공개해 보지 않겠느냐는 제의를 받았다. 짧은 시간 동안 여러 가지 생각이 내 마음을 흔들었다. 평소 수업을 있는 그대로 보여 준다는 것, 수업 전문가가 나의 수업을 비평해 준다는 것, 수업 과정을 녹화하여 자기 평가에 활용할 수 있다는 점에 욕심이 생겼지만, 멋지고 훌륭한 수업을 하는 다른 교사들에 비해 나의 수업은 지극히 평범한 것이기에 공개하기가 부끄러웠고 또한 다른 이들에게 미안했다. 그러나 나의 개인적인 욕심은 뻔뻔하게도 부끄러움과 미안함을 밀어냈다. '나'라는 늪에서 빠져 나오기 위한 욕심으로, 수업에 자신이 없으면서도 아무런 준비도 없이 사흘 뒤에 공개해야 할 수업을 선뜻 허락해 버리고 말았다.

수업을 공개한 뒤, 개인적으로 얻은 선물이 많다. 교사로서 현재 나의 모습을 되돌아보며 반성할 수 있었을 뿐만 아니라, 초등학생에게 어울리는 문학다운 문학교육을 찾아 좀 더 공부를 해야겠다는 자극을 받았다. 또한 초등 국어교육을 바라보는 관점에 대한 고민을 하게 된 계기가 되기도 했다.

솔직히 이번 수업은 '교우관계'에 초점을 두고, 〈우리들의 일그러진 영웅〉이라는 소설 자체에는 의미를 두지 않았다. 초등학생은 자신의 주변에서 일어나는 현상에 대해 관심이 많기 때문에 자신과 자주 만나는 사람들과의 관계를 명확히 할 필요가 있다고 생각했기 때문이다. 어느 시골 초등학교에서 일어나는 말도 안되는 사건이 우리 교실에서도 다른 형태로 나타나며, 소설에 등장하는 엄석대, 한병태, 그 반 아이들이 어쩌면 우리들의 자화상일지도 모른다는 것을 알려 주고 싶었다.

시대적 배경은 다루고 싶지 않았다. 초등학생은 아직 사회나 국가를 종합적으로 이해할 수 있는 단계가 아니라 여기기 때문이다. 나는 초등학생들에게는 세상을 밝게 보는 법을 가르치는 것이 중요하다는 입장이다. 세상에는 무수히 많은 아름다운 사람들이 존재하며, 소리 없이 작은 사랑을 실천하는 평범한 이들이 세상을 밝게 만든다고 생각한다. 내가, 그리고 나를 만나고 있는 아이들이 작은 사랑을 실천하는 사람이 되길 바란다. 이러한 이유로 이 소설의 암울했던 시대적 배경을 다루기가 망설여졌다. 세상의 어두운 면을 알아갈수록 국가나 사회에 대한 부정적인 인식이 생기지나 않을까, 그것으로 인해 사람을 사랑하는 데 방해를 받지 않을까 하는 노파심이다. 어쩌면, 아이들의 올바른 판단력을 믿지 못해서라기보다는 나의 전달 능력을 믿지 못한다는 것이 솔직한 심정일 것이다. 사회에 대한 비판적 인식은 상급 학교에서, 또는 이 분야에 자신 있는 다른 교사에게 맡기고 싶다.

한 가지 아쉬운 점은 수업에 욕심을 너무 많이 내는 버릇을 아직도 고치지 못했다는 것이다. 〈우리들의 일그러진 영웅〉에 관한 수업을 하면서 가장 중요하게 다루고 싶었던 인물은 엄석대와 한병태가 아닌 그 반 '아이들'이었다. 우리 반에는 권력을 가진 자(엄석대)나 권력에 대항하는 자(한병태)보다는 권력에 소리 없이 동조하는 아이들이 많아 보였기 때문이다. 불의를 보고도 말할 줄 모르다가, 권력이 사라진 뒤 비난하는 비겁한 모습을 반성하고 싶었다. 따지고 보면 현재 나의 모습이 그러하기 때문일 것이다. 그러나 교과서와 교육과정에 제시된 목표, 도덕성과 교우관계 등을 모두 다루려는 욕심 때문에 정작 수업은 엄석대와 한병태에게서 벗어나지 못한 것 같다.

02
국어 시간에 생각하는
'침묵의 소리'

정재찬 _ 청주교대 국어교육과 교수

이 글은 조성실 교사(서울 누원초)가 2005년 11월 말에 했던 6학년 2학기 《읽기》 수업을 대상으로 했다. 〈마지막 줄타기〉와 〈통일 할아버지〉를 소재로 한 총 4차시의 수업을 촬영한 것 중에서 〈마지막 줄타기〉와 관련된 두 차시의 수업을 보고 썼다. 이 두 시간의 수업은 인물이 추구하는 삶을 이해하기 위해서 글을 읽는 것을 목적으로 한다.

필자가 보기에 인물이 추구하는 '가치'를 생각해 보기 위해서 도입된 교과서의 글은 다소 난해하고 모호하다. 필자는 이 모호한 텍스트를 사이에 두고 교사와 학생 간에 이루어지는 대화의 방식을 주목해서 살펴보면서 진정한 의미의 대화를 위해 역설적으로 요청되는 침묵의 필요성에 대해서 언급해 보고자 한다.

카 페 뮐 러

《우리교육》에서 선생님의 수업을 담은 비디오를 보내 주
었어요. 그러니까 선생님은 영화 속의 주인공처럼 제게 다가온 셈이지
요. 탄력 있고 활기 넘치는 목소리와 발성, 흥분한 듯하면서도 정확하
고 깔끔하게 말을 이어 가는 언어 구사력, 거기에 활달한 손동작과 종
횡무진 무대를 오가는 동선에 이르기까지, 선생님은 뛰어난 배우, 굳
이 구분하자면 영화보다 연극에 더 어울리는 정열적인 배우임에 틀림
없어 보였습니다. 직접 관객과 마주한 무대에서 혼신을 다해 땀 흘리
고 기꺼이 기진맥진하고자 하는, 거기에서 삶의 기쁨을 느끼고자 하는
라이브 기질이 엿보였기 때문입니다. 어디 배우뿐이겠습니까? 이 땅의
모든 선생님들처럼 선생님 역시 연출, 각본, 소품, 무대감독까지 혼자
감당해 내는 '종합 예술인'이십니다.

아니나 다를까, 지난 2006년 2월호 《우리교육》에 '수학 수업을 창
조하는 수업 예술가'로 소개된 분이 바로 선생님이었음을 뒤늦게 알고

나서, 저는 내심 '그럼 그렇지.' 하고 흐뭇해했더랍니다. 거기서 그러셨죠? "어느 순간부터 수업이 창조라는 생각이 들어요. …… 교사는 정말 예술가 같아요. 너무 재미있고 늘 도전하는 것 같은 생각도 들어요."라고요. 정말 반가운 말이었습니다.

거칠게 말해 예술가는 형식을 찾고 형식을 만드는 사람입니다. 바로 지금 여기의 이 내용을 담기 위한 최적의 그릇을 찾아내야 하는 것이지요. 그러기 위해서 그는 기존의 예술 형식에 정통해 있어야 합니다. 그와 동시에 그는 그 형식의 갑갑함과 타성에서 벗어나 새로운 형식을 찾기 위해 절망하고 분투해야 합니다. 교사가 예술가라면 이 운명에서 자유로울 수 없을 테죠. 실제로 우리 주변에는 수업에 관한 형식주의적 고정관념이 대단히 넓게 유포되어 있음을 봅니다. 물론 수업에 관한 표준이나 규범은 매우 필요한 일입니다. 하지만 동기 유발이 필요하다는 것과 동기 유발을 꼭 해야 한다는 것은 전혀 다른 이야기입니다.

수업이 어떤 표준적 형식으로만 환원될 때 그것은 상투적이고 형식주의적이어서 생명력을 잃기 쉽습니다. 표준적 형식을 바탕으로 다양한 형식들을 개발하고 창조해 내야 하는 것이죠. 그러나 그것이 선생님처럼 '재미' 있고 '도전' 을 불러일으킨다고 여기는 사람이 그리 많지는 않습니다. 대부분의 사람들에게 예술은 버거울 따름이고, 어제 살았던 것처럼 오늘을 사는 것만큼 지혜로운 일도 없기 때문입니다. 반면에 이미 수학 수업의 전문가로 정평이 난 선생님이 이번에는 또 국어에 도전을 하십니다 그려. 저는 그것이 자부심의 표현이 아니라 자기 점검과 성찰을 위한 겸허함과 성실함의 반영이라 확신하고 있습니다.

그러기에 원래 이 글은 선생님에 대한 팬레터로 족할 것인데, 문제는 선생님의 사명이 예술가의 그것인 것처럼 지금 저에게 주어진 임무 역시 비평가의 그것이란 데 있습니다. 저는 마치 시사회에 초대되어 남들보다 먼저 영화를 본 평론가의 신세와 같습니다. 저는 이 글을 통해 선생님의 수업 비디오를 소개하는 동시에, 비평가로서의 제 안목을 드러내야 하는 것은 물론, 비평 또한 예술의 일종이므로 저 역시 새로운 형식을 찾아내야 하기도 합니다. 하오니 이런 제 사정도 좀 양해해 주시기 바랍니다.

이제부터 저는 선생님이 어떤 형식을 어떻게 구현해 내고 있는가를 중심으로 선생님과 저, 그리고 독자들과 소통을 시작할 예정입니다. 그런데 그러기 위해서는 먼저 수업 비디오를 못 보신 독자들을 위해 이를 수업 텍스트로 옮기는 일부터 해야 할 듯싶습니다. 이 과정에서 교육공학적 분석은 삼가려 합니다. 예술가에게 공원(工員), 공정(工程), 공산품(工産品) 같은 연상을 불러일으키는 것은 결례일 것이기 때문입니다. 다만 기술(記述)과 평가(評價)를 동시에 진행하기 위해 편의상 이제부터 잠시 동안 경어를 사용하지 않게 됨을 이해해 주시기 바랍니다. 그리고 이 편지를 엿보는 독자 여러분께서는 다음에 이어지는 글을 읽을 때, 저의 해설적 내러티브가 가미된 일종의 다큐멘터리 필름으로 보아 주셨으면 합니다.

그나저나 왜 제목이 '카페 뮐러'인지, 어디에 있는 카페인지 궁금하지 않으신가요? 다음 제목들도 마찬가지이고요. 아직은 안 밝히렵니다. 저는 선생님을 이해하기 위해 네 편의 비디오를 봤는데 선생님도 그 정도의 인내심은 발휘해야 소통상의 형평이 맞지 않겠습니까?

애 들 이   커 졌 어 요

  1교시 종이 울렸건만 몹시 어수선하다. 댓 명의 아이들이 아직 학교에 오지 않았다. 수업을 촬영하는 날이라 긴장할 만도 한데 조성실 선생님은 태연하다. 아이들은 선생님께 친구들이 올 때까지 노래를 듣자고 한다. 하지만 정작 화면을 통해 노래가 흘러나오자 대부분 듣는 둥 마는 둥 한다. 아이들이 즐겨하는 것 같지 않자 선생님은 아이들에게 평소같이 하라고 한다. 그래도 여전히 선생님만 신나게 따라서 노래를 부른다. 〈검정 고무신〉의 빠르고 즐거운 리듬에 몇몇 아이들이 반응을 보이지만 그래도 조금 썰렁한데 도대체 선생님은 뭐가 저렇게 즐거운 걸까? 한데 아이들은 전혀 어색해하지 않는다. 선생님이 저러시는 건 어제오늘의 일이 아님이 분명하다.

  더 기다릴 수는 없는 노릇이다. 수업이 시작된다. 국어 읽기 수업. 선생님의 첫 질문. "오늘 읽기 수업의 주제는 무엇일 거 같아요?" 조금 황당하다 싶었다. 선생님 마음이지, 그걸 무슨 수로 아나? 칠판 중앙에는 학습 목표라 적힌 카드만 붙어 있고 아무것도 쓰여 있지 않다. 그런데 한 아이가 틀린 답을 하자 이내 다른 아이가 칠판에서 답을 찾아낸다. "인물을 중심으로 소설을 읽을 수 있다." 비디오 화면으로는 잘 안 잡혔는데, 선생님이 칠판 구석 어딘가에 써 둔 것을 찾아내 읽은 모양이다. 이런 일은 자주 일어나는 이 교실만의 익살스런 관례로 보이는데 별 의미가 없어 보이는 것도 사실이다.

  중요한 것은 그게 아니다. 교과서에 이 단원의 목표는 "인물이 추구하는 삶이나 반영된 문화를 이해하며 이야기를 읽을 수 있다."라고 밝혀져 있고, 오늘 수업에서 다루게 될 제재 〈마지막 줄타기〉에는 "인물이 추구하는 삶을 이해하며 이야기를 읽어 봅시다."라고 나와 있다. 그런데 선생님이 제시한 것은 이것과는 미묘하지만 분명한 차이가 있다. 어찌된 일일까?

인물과 관련해 글을 읽는 활동을 학생들은 이미 지겹게(?) 해 온 셈이다. 교육과정을 살펴보자. 1학년 때는 "작품에 나오는 인물의 모습이나 성격을 상상"하고, 2학년 때는 "이야기를 듣고 인물의 행동을 안다." 그런가 하면 3학년은 "작품에 나오는 인물이 되어 본다." 4학년에 와서 "작품에 나타난 인물의 삶의 모습을 이해"하고 "작품에 나오는 인물의 사고방식을 이해"하기에 이르며, 5학년 때는 "작품에 나오는 인물의 다양한 삶을 이해"하게 되는 것이다. 여기서 이러한 반복과 위계가 옳은가 하는 문제는 구체적으로 다룰 겨를이 없다. 그저 문학에서 '인물'만큼 중요한 것도 드물고 중요한 것은 반복할 가치가 있으며, 그 위계의 방향도 다양할 수 있음에 기꺼이 동의하면 그만이다. 여하튼 정상적인 교육과정을 마친 6학년이라면 아이들은 이미 인물의 삶과 사고방식, 그리고 그 다양함마저 이해하고 있다고 보아야 한다. 그런데 또 인물을 중심으로 읽는 것을 배운다니 이게 무슨 말인가? 또한 가지 흥미로운 사실은 교육과정상에는 6학년의 경우 인물에 관한 진술이 발견되지 않는다는 점이다. 그렇다면 교과서가 잘못된 것일까?

여기서 우리는 6학년 교육과정을 다시 주목해야 한다. 거기에 이런 내용이 있다. "작품에서 사건의 전개와 배경의 관계를 파악한다." "작품에 반영된 가치나 문화를 이해한다." 교과서는 이를 인물로 풀어 표현한 것이다. 즉, 인물을 통해 작품에 반영된 가치를 이해하고, 작품의 시대상을 통해 작품에 반영된 문화를 이해하자는 것이다. 그러니까 오늘 수업의 초점은 '인물'이 아니라 '가치'에 초점이 놓여야 하는 것이다.

이후 수업의 과정을 보면 선생님은 그 차이를 분명히 인지한 가운데 인물이 추구하는 삶에 초점을 두고 있음이 드러난다. 어쩌면 괜히 말을 어렵게 하느니 '인물을 중심으로'라는 말로 교육과정상 목표를 (재구성이라기보다는) 재진술하는 것이 아이들의 눈높이에 맞는 처사라고 판단했을지도 모른다. 하지만 이로 인해 이 단계까지 아이들은 학습 목표를 정확히 알지 못하고 또 흥미를 느끼기도 힘들었을 것으로 보인다.

조성실 선생님은 본격적인 도입을 시도한다. "지금부터 어떤 사람을 소개하려 합니다. 저한테 질문을 해서 먼저 그 사람의 직업을 맞혀 보세요." 스무고개 놀이처럼 질문을 하라 했건만, 아이들은 남보다 먼저 답을 맞히는 데 관심이 더 큰가 보다. 곧바로 "학생이요."라는 아이가 있는가 하면, 교실 뒤를 바라보면서 "카메라맨이요."라고 답하는 눈치 빠른 아이도 있다. 하지만 둘 다 답이 아니다. 질문을 통해 추론하라는 요구에 드디어 한 아이가 요즘 직업인지 옛날 직업인지를 묻자 선생님은 요즘에도 아주 간혹 있기는 하다면서 가게를 하는 직업이라고 힌트를 준다. 그러자 곧장 또 "쌀가게?" 하는 답이 튀어나온다. 의식주와 관계 있는 직업이긴 하다고 또 힌트를 주자 정답에 근접해 가기 시작했다.

"옷과 관련 있나요?" "네." "옛날 옷, 한복인가요?" "아닙니다." "그렇다면……, 양복점?" 그러자 선생님은 기절하고 싶다며 너무 빨리 맞혔노라고 호들갑을 떠신다. 하지만 그것도 잠시, 선생님은 이번에는 매우 차분한 어조로 우리 시대의 양복장이를 소개한다. 이후에도 줄곧 드러나겠지만, 조성실 선생님은 수렴적 활동과 확산적 활동을 번갈아 가며 수업을 진행하는데, 그 리듬감과 타이밍이 절묘하다.

선생님은 자부심이 강한 한 양복점 주인의 이야기를 들려준다. 고객한 사람에게 딱 맞는 옷 한 벌을 만들면서 얻는 자부심. 그러나 그는 폐휴지를 주어 내다 파는 일도 하며 산다. 이제 양복 짓는 일만으로는 살 수 없다. 대기업과 대형 할인점에서는 근사한 모델을 앞세워 선전까지 하며 옷을 팔고 있기 때문이다. 20년 전까지만 해도 이렇지 않았는데. 주변 사람들은 직업을 바꾸라고들 하지만 돈이 안되더라도 그는 이 일을 계속 하고 싶어 한다. 여러분들은 이런 삶에 대해 어떻게 생각하는가?

감동적인가? 아이들이 조용해졌다. 선생님은 서사에 특히 능하다. 이야기꾼이다. 처음에 나는 이런 이야기라면 그냥 텔레비전 다큐멘터리 같은 것을 보여 주는 것이 더 낫지 않겠는가 생각도 했지만 이내 그런 생각을 접었다. 물론 그런 방식이 뭔가 좀 있어 보이기도 하고 또 공학적 측면에서 갖는 장점도 있겠지만, 구수한 이야기를 듣는 구술문화의 선택이야말로 국어 시간다운 선택이 아니겠는가.

다만 우리는 여기서 아주 어려운 문제에 봉착하게 되는데 그것은 곧 예화교육이 갖는 양면적 가치와 관련된 것이다. 세상살이 마음먹기 달렸다는 말은 참 커다란 위안을 주는 진실을 담고 있지만 동시에 현실의 허구를 덮는 허위를 내포한다. 대개 이런 이야기들은 아름답다. 아름다움은 대개 선하기도 하므로 우리는 이런 이야기를 즐겨 전할 필요가 있다. 하지만 아름다움이 곧 선은 아니다. 따라서 우리가 올바른 가치(right value)를 강조하다 보면 우익의 가치(the right's value)를 전파하기 쉽다는 지적에도 한번쯤은 귀 기울여 봄 직하다.

이런 상황에서 "여러분들은 이런 삶에 대해 어떻게 생각하는가?"라는 질문은 순정한 의문문이라기보다는 설의법으로 작동한다고 봄이 타당할 것이다. 요컨대 선생님의 이 예화는 학생들로 하여금 스키마를 좁히는 쪽으로 기능했을 것이다. 스키마는 우리말로 '도식'이다. 스키마가 좁아지면 도식적 사고를 하게 되는 것. 그렇다면 선생님은 이미 이런 삶이 아름답고 가치 있는 삶이라고 암시한 셈이 아닐까?

이쯤에서 선생님은 전환을 시도한다. "오늘 수업에서 다룰 본문에도 이런 일을 하는 분이 나온다. 줄타기 광대 노인. 이 분이 오늘 소설의 인물이다. 자, 그렇다면 과연 어떤 일이 벌어질 것 같은지 마음대로 상상해서 이야기해 볼 사람?" 이것이 스키마 활성화에 해당함은 말할 것도 없다. 예측하기는 글에 대한 능동적인 자세와 동기 유발, 스키마의 활성화를 돕는 데 매우 효과적인 활동으로 알려져 있거니와, 선생님은 소설의 인물을 예측 단서로 활용하고 있는 것이다. 물론 선생님이 요구하는 예측은 논리적 추리가 아니라 자유연상에 가깝다. 이로써 선생님은 다시금 확산적 사고를 유도하는 셈이라 하겠는데, 이러한 유연함은 계산된 것이라기보다는 거의 본능적 감각에서 비롯된 것으로 보인다.

먼저 한 아이가 답한다. 돈 못 벌어도 끝까지 줄을 타겠노라고. 이런 반응은 양복점 주인 이야기로부터 이미 예상된 고정적 반응에 해당한다. 하지만 그 이후 여러 답들이 이어진다. "할아버지가 그만 줄에서 떨어져 다쳐요." 이것은 '줄타기'란 데서 발산된 것이다. '노인', 곧 할아버지라는 속성에 주목한 아이는 다른 반응을 보인다. '손자'가 등장하는 것이다. 요약하면, 할아버지의 손자가 할아버지를 따라 줄을 타는데 걔가 신동이라서 텔레비전에도 소개되고 집안에 경사가 생긴다는 것. 그러자 속편이 금세 만들어진다. 손자가 따라 하다가 높은 줄에서 떨어져 죽자 할아버지가 줄타기를 그만둔다는, 아, 참으로 비극적인 이야기다. 이러니 수업의 주인공은 결국 아이들일 수밖에 없다.

이만하면 되겠다 싶은지 선생님은 본격적인 읽기 수업으로 들어간다. 먼저 소설을 두 가지 방식으로 읽겠다고 안내한다. 두 가지 방식이란, 처음에는 모르는 낱말 등을 따져 가며 분석적으로 읽고, 그런 다음 인물에 빠져 보는 감상 활동이 이어질 것이라는 의미로 받아들이면 된다. 달리 말하면, 부분과 전체, 수렴과 확산, 일반적 읽기와 목표 지향 읽기, 따지며 읽기와 빠지며 읽기 등등의 의미로 이해해도 좋다.

분석적 독해는 지명해서 읽게 하다가 중간중간 선생님이 어려운 낱말이나 구절을 풀이하는 방식으로 전개되었다. 처음에는 혹시 중등학교 국어 시간처럼 독본 분석을 하는 것은 아닐지 지레 걱정을 하기도 했지만 그것은 기우였다. '쥘부채'가 나오자 선생님은 실물을 직접 보여 주기도 하고, '개마고원'이 나오자 화면을 통해 지도로 그 위치를 확인해 보았다. 지식만 다룬 것도 아니다. '조붓한 어깨'에서는 '조붓하다'라는 순수 우리말의 맛을 느껴 보기도 했다. 한 아이가 "아하! 어좁이!"라며 아는 척을 한다. '어깨가 좁은 이'란 뜻의 신종 유행어인가 보다. 그런가 하면 교과서 지문 부분부분마다 그 상징적 의미와 특정한 표현 속에 함축된 인물의 심리를 추론하기도 했다.

이 과정에서 선생님은 일방적으로 설명만 하는 것이 아니라 아이들에게 생각을 해 보도록 지도했다. 하지만 모르는 어휘는 어쩔 수 없다. 더욱이 이 글은 고학년답게 어휘의 수준이 사뭇 높다. 교과서 하단에 나온 낱말만 해도, '쥘부채', '불밤송이', '건사하기', '외돌토리', '조붓한', '희붐하게', '샅', '가부좌', '지천' 등 곳곳에 만만치 않은 어휘들이 깔려 있는 것이다. 이뿐만이 아니라 정말 하나하나 따지기 시작하면 아이들이 제대로 알고 있지 못한 어휘들(사뭇, 땟국, 버거운지, 겸연쩍은, 아스라이, 징병, 재담, 해진, 비뚝거리다, 머쓱해진, 사금파리, 수런대다, 삼삼오오, 성화, 적삼, 뚱기다, 옹어리, 왁자자함 등등)이 수두룩하다. 그렇다면, 지난날처럼 숙제가 전과나 베끼고 형식적으로 흘러 아이들을 괴롭히는 것으로 끝나면 문제겠지만, 그래도 사전이나 인터넷 등을 뒤져 낱말의 뜻과 쓰임 등을 알아보는 것은 필요하지 않을까? 그것이 지겹고 재미없는 일이라 생각된다면, 우리 교실에서도 한번 '올드 앤 뉴'를 만들어 보는 것은 어떨까?

선생님은 교과서 하단의 단어들만 다룬 것이 아니다. 실로 내가 감탄한 대목은 바로 이 소설의 첫 줄에 관한 것이었다. 소설은 이렇게 시작한다. "노인과 소년이 마을에 흘러든 것은 저녁 어스름이었다." 첫 줄을 읽자마자 선생님이 멈추게 하기에 아마도 '어스름'을 언급하려나 보다 했다. 하지만 선생님이 주목한 것은 '흘러들다'였다. 바람도, 물도 아니고 사람이 어떻게 흘러들까? 이것은 무엇을 말할까? 이런 발문을 생각한 것은 매우 탁월한 문학적 소양과 감각을 과시하는 것이 아닐 수 없다. 그런데도 선생님이 질문을 하자 아이들이 생각을 해낸다. 모어 화자의 감각과 추론적 사고를 일깨우면 이 정도는 얼마든지 추측이 가능하기 때문이다.

그런데도 사실 이 텍스트는 6학년이 소화하기에는 너무 난해하다는 것이 나의 판단이다. 미처 이동렬 원작의 소설을 읽지 못해 이 글만 보고 지적하긴 대단히 송구스런 일이지만, 교과서에 실린 이 글은 어렵다기보다는 생략과 비약, 암시가 많아 모호하고, 인물의 심리도 제대로 파악하기가 힘들다. 노인과 소년의 관계, 소년과 소녀의 관계, 현실과 환상의 오버랩 등등 문학을 전공한 나도 깔끔하게 해설하기가 까다로운 텍스트이다. 노인의 삶도 과연 분명한 가치를 추구한 것인지 알 수가 없다. 노인의 말대로라면 그는 징병을 피해 고향 마을을 뛰쳐나와 줄타기를 배웠을 뿐이다. 방방곡곡 떠돌이 생활을 하면서 박수를 받던 지난날을 추억하는가 하면, 그렇게 사느라 결혼 같은 것도 생각할 겨를이 없었고, 그래서 소년에게 줄타기를 가르쳐 주지 않는 듯한데, 그러다가 죽음을 앞두고 환몽 중에 응어리가 녹아 내리면서 줄타기를 가르쳐야겠다는 생각을 하다니, 성인을 대상으로 한 영화 〈왕의 남자〉의 마지막 줄타기가 아이들에게도 정녕 이것보다는 더 분명하리라.

사실 우리에겐 어린이문학에 대한 비평의 풍성함은커녕, 교과서 제재에 대한 비평적 해설조차 변변한 것이 없다. 이로 인해 이 글에 대해서는 교사용 지도서의 내용이 부실한 것은 물론이려니와, 인터넷을 검색해도 그냥 '감동적'이라는 말로 쉽게 포장되어 나타날 따름이다. 솔직히 말해 감동적인 것 같기는 한데 구체적으로 어떻게 어떤 점이 감동적인지 나로서는 잘 설명할 자신이 없다. 아니, 그 감동이란 것도 혹시 어른들의 감동은 아닌지 의심스러울 정도다. 실제로 인터넷을 통해 아이들의 반응을 찾아보면 노인처럼 끝까지 최선을 다하고 싶다는 반응 정도면 괜찮은 편이고, 어떤 어린이는 노인의 환상 장면을 사실로 오인해, "그 할아버지께서 힘없는 손으로 줄타기를 소년에게 가르쳐 준 부분이 무척 감동적이었다."라고 한다. 그리고 때로 아이들은 어른들이 원하는 반응에 맞추어 반응하고 그것이 진짜 자신의 느낌이라고 여기기까지 한다.

도대체 노인이 추구한 삶은 무엇이란 말인가? 교사용 지도서는 이렇게 답한다. 사라져 가는 우리의 전통문화를 사랑하는 삶이라고. 그래서 이 글을 읽고 난 후의 생각이나 느낌은 "누가 알아주지 않아도 사라져 가는 전통문화를 지키기 위해 열심인 할아버지의 삶을 본받고 싶다."라고 해야 한다는 것이다. 도무지 동의하기가 힘들다. 이 글만으로는 평생 밥이라도 빌어먹기 위해 줄을 탔는지조차 불분명하기 때문이다. 나아가 그것이 올바른 교훈이라면 나는 앞서 양복점 주인 이야기의 딜레마처럼 이런 글을 통해 삶의 가치를 논하는 일은 피하는 길을 택할 것이다. 자명하고 논쟁이 없는 선택이란 없다. 덕목교육을 위해 주입식으로 옛이야기를 가르쳤던 지난날의 도덕교육을 비판하는 논리와 마찬가지로, 특정한 삶의 가치를 강요하기 위해 글을 읽을 필요는 없는 것이다. 지금 내가 주장하고 있는 것은 적당히 열린 텍스트여야 한다는 것이지, 선명할 정도로 해석이 분명한 닫힌 텍스트여야 한다는 것이 전혀 아니다. 삶의 가치를 다루는 이런 단원에서는 열린 텍스트, 즉 쓸 수 있는 텍스트(writerly text)가 닫힌 텍스트보다는 낫다고 생각하지만, 열린 텍스트가 곧 모호한 텍스트를 의미하는 것은 아니라는 말이다.

이런 형편에 과연 선생님의 두 번째 과업이 제대로 전개될 수 있을까? 분석적 읽기가 다 끝나자 일단 선생님은 등장하는 인물에 따라 아이들에게 역할을 나누어 맡기고 실감나게 읽을 것을 권한다. 따지면서 읽었으니까 이번엔 빠지면서 읽자는 취지일 것이다. 하지만 아이들은 별로 실감나게 읽지는 못했다. 여하튼 이로써 본문을 두 번은 읽게 된 셈이다. 두 번째 본문 읽기가 다 끝나자 선생님은 이렇게 말한다.

자, 이번에는 여러분들이 독자의 입장에서 노인의 입장으로 돌아가겠습니다. 자 손에 무엇이 쥐어지면? 딩동댕. 손에 쥘부채를 쥐는 순간 여러분들은 노인이 되는 것입니다. 책에 있는 내용을 실감나게 말씀하셔도 되고요, 아니면 자기가 상상해서 노인이 어떤 장소에 어떤 장면에 어떤 말을 할지를 상상해서 이야기하셔도 됩니다. 준비할 시간은 1분만 드리면 되겠죠?

실제는 1분도 주어지지 않았다. 하지만 여기서 놀라운 마술이 일어난다. 선생님이 아이들을 지명해서 그에게 부채를 쥐어 주면 마치 신이 내리기라도 한 듯 아이들은 노인의 말을 만들어 내는 것이다. 그것도 30여 명이 넘는 학생 모두가 말이다. 정말이지 선생님은 고집스럽게도 모두 다 발표시켰다. 저 정력은 대체 어디서 오나. 다음은 아이들의 반응을 몇 개 정리해 본 것이다.

내가 지금 이렇게 늙어도 밧줄을 놓을 수 없다. / 이게 내 마지막 줄타기구나. / 진작 줄타기를 가르쳐 줄걸. 소년아, 미안하다. / 부채야, 너도 날 닮아 늙었구나. / 이 부채를 팔아서 조금이라도 소년을 위해 뭔가 해 주고 싶다. / 부채와 함께한 마지막 줄타기는 잊혀지지 않겠지. / 내가 죽으면 소년아 이 부채를 네가 가지렴. / 부채가 바람을 일으키듯 웃음을 일으켜야지. / 하늘나라에 가서도 이 부채와 함께 하루하루를 보내고 싶다.

실로 놀랍지 않은가? 이제 왜 수업의 주인공이 우리 아이들이라 했는지 이해했으리라 믿는다. 하지만 이게 거저 되었으리라 볼 수는 없다. 마법 부채가 아닌 이상, 이것은 그동안 선생님과 이 반 아이들이 함께 만들어 온 역사의 산물이라고 봄이 옳다. 그 실체는 현재로선 정확히 밝힐 수 없다.

이 정도의 반응만으로도 나는 교사용 지도서의 수준은 넘어섰다고 생각했다. 그러나 이런 반응은 지나치게 순발력에 의존하는 것이어서 충분한 사유나 내면화를 거쳤다고 보기는 힘들다. 여러 사람의 생각을

들어 보았으니 이제야말로 진정한 자기 생각을 정리할 때이다. 선생님
은 이번에도 나의 기대를 어기지 않는다. 확산했으니 다시 수렴해야
하지 않겠는가? 선생님은 이번 수업이 수렴으로 조용히 정리되길 기대
한 듯하다. 지친 아이들의 원성이 들려오는데도 선생님은 글쓰기 공책
에 자신의 느낌을 8줄 정도로 쓰라고 한다.

조용히 시간이 흐른다. 이윽고 대략 여남은 명의 아이들 발표가 이
어진다. 조금 전보다 훨씬 진지하고 종합적인 느낌이 표현된다. 대개
의 내용은, "노인은 사실 줄타기를 즐겼을 것임. 소년은 계속 줄타기
를 할 것임. 고향을 떠난 것은 후회스럽지만 나머지 인생은 나쁘지 않
았을 것임. 소년은 어떤 일을 하든 노인을 따라 최선의 삶을 살 것임.
소년을 만나 아름답게 죽기까지 많은 시련을 겪었지만 죽을 때만큼은

부끄럽지 않은 삶을 살았음." 같은 긍정적 진술이 주류를 이룬다. 그런가 하면 어떤 아이는 노인이 이승에서 소년에게 보내는 편지 형식으로 글을 쓰기도 하고, 어떤 아이는 "줄 위에서 태어나고 줄 밑에서 죽었다." 같은 시적 성취를 얻어 내기도 한다. 하지만 한 아이는 이런 식으로 비판한다. "줄타기를 왜 해야 하나? 목숨 걸 필요는 없지 않은가? 살기 위해서라면 소년이 밥을 빌면 되는데 말이다." 또 다른 아이는 요즘 민속촌 같은 곳에 가면 돈도 많이 벌 수 있는데 대우 좋은 곳에 가서 공연하지 생고생이라고, 노인이 불쌍하다며 안타까워하기도 한다. 이 아이에 대해서는 선생님이 이 소설의 시대 배경을 설명해 오류를 고쳐 주기도 했다. 한데 이 아이의 생각은 사실 다음 시간의 주제와 매우 밀접한 연관을 갖는 것이었다. 즉 시간적·공간적 배경이 달라지면 문화가 달라지고, 그래서 소설 속에 반영된 문화를 이해하는 것이 다음 시간의 주제인데 좋은 고리를 놓친 셈이다. 아니, 이번 수업의 주제와도 무관하지가 않다. 인물이 추구한 삶의 가치를 이해하려면 그 문화를 이해하지 않으면 안 되기 때문이다.

　여기에 이르기까지 사실은 엄청난 양의 교사 활동이 있었다. 아이들만 발표한 것이 아니라 아이들 하나하나가 발표할 때마다 선생님은 쉬지 않고 피드백을 했다. 그 양상도 다양했다. 특정 학생의 특정한 표현을 반복하는 '인정하기', 아이의 말을 교사의 말로 재진술하는 '수정하기', 개념화나 다른 사례에 학생의 생각을 이용하는 '적용하기', 전에 표현한 것이나 다른 학생의 표현과 비교하는 '비교하기', 산만하게 이어진 학생의 말을 명료화하는 '요약하기' 전략 등, 조 선생님의 말하기 전략은 풍성하고 능력은 뛰어나다. 훌륭한 언어 사용자는 그 자체만으로도 훌륭한 국어 선생님이 되기 위한 필요조건을 갖춘 것이라 할 수 있다.

　수업은, 아니 영화는 이렇게 끝이 난다. 독자 여러분, 아니 관객 여러분! 상영 시간이 얼마나 될 것 같은가? 이 수업 비디오의 분량은 대략 85분. 두 시간을 연이어서 수업했고, 아이들은 이제 20분을 쉬게 된다. 그런데도 선생님이 가르치고자 한 내용을 담기에는 이 형식도, 이 시간도 모자란 것 같다. 게다가 선생님은 아직도 별로 지쳐 보이지가 않으니 큰일이다.

쿠 쿠 루 쿠 쿠　팔 로 마

　　　　《효과적인 수업 관찰》(Gary D. Borich, 아카데미프레스)이란 책이 제시하고 있는 여덟 가지 기준, 곧 학습 분위기, 학급경영, 수업의 명료성, 교수 방법의 다양성, 과제 안내, 학습 과정에 학생 참여, 학생의 학업 성취, 고등사고 과정과 수행의 결과라는 기준에서 보면, 이 수업은 대체로 만족할 만한 수준을 성취했음에 틀림없다.

　그 가운데서도 특히 학생이 감정과 의견을 표현할 수 있는 정도, 학생 반응이 활용되고 확장되는 빈도, 학습자 간의 상호 작용과 공유 분량이란 면에서 볼 때 학습 분위기 측면에서 매우 높은 성취를 보이며, 이 글에서는 자세히 보여 주지 못했으나 사전에 설정된 학급 규칙의 활용, 수업 관례의 활용, 유인과 결과의 시스템이란 점에서 학급경영의 측면도 탁월했다. 또한 앞서 말했듯이 목소리, 억양, 신체 움직임 및 눈맞춤의 변화에 이르기까지 배우로서의 역량은 물론 다양한 학습 양식을 동원함으로써 교수 방법의 다양성도 만족시키고 있으며, 학습

과정에서 학생의 참여도나 학업 성취면도 마찬가지로 긍정적인 평가를 내릴 수 있을 것이다. 다만 수업의 명료성과 고등사고 과정 및 수행의 결과란 점에서는 다소 생각해 볼 거리가 있다.

앞에서도 지적했듯이 '인물을 중심으로'라는 말은 명료한 표현이 아니다. 그것은 사건이나 배경보다 상대적으로 인물에 초점을 두어 읽으라는 뜻일 때 한해 명료한 의미를 지니게 된다. 이번 수업은 역시 인물이 추구한 가치가 초점이어야 하고, 이를 둘러싸고 아이들 사이에 활발한 대화를 끌어내야 한다. 텍스트가 다소 불명료했지만 아이들은 그런 대로 초점을 잘 이끌어 냈는데, 문제는 그 다양한 견해들이 나열에 그치고 말았다는 데서 발생한다. 따라서 많은 활동과 발표가 있었지만 선생님에 의해 개별 발표들이 이어졌을 뿐, 그 사이에 적극적인 의미의 대화는 발현되지 않았던 것이다. 대화는 긴장을 낳고 긴장은 사고를 낳는다. 깊은 사고를 동반하지 않는, 순발력에 의존한 사례가 많았고, 이로 인해 설령 수행상으로는 좋은 결과물이 나왔다 하더라도 그것이 이번 교육의 산물인지 자신 있게 말하기는 힘들다.

사실 이 점은 국어교육에서 매우 맹점인 부분이기도 하다. 수학은 단위 수업에서 얻은 지식의 결과를 그 시간에 확인할 수 있지만 국어에서 얻은 능력은 평생을 통해 얻은 것의 극히 일부에 지나지 않기 때문에 가시적인 확인이 힘들다. 따라서 국어 교사는 이런 질문을 두려워한다. '이번 시간에 나는 무엇을 가르쳤나?' '아이들은 내게서 무엇을 배웠나?' '이번 시간을 통해 아이들은 어떤 지식, 어떤 능력을 갖게 되었나?' 뭔가 활동은 많이 한 것 같은데, 예전의 지식 중심 교육 때보다 이런 질문에 답하기가 힘든 듯한 느낌이 들지 않는가. 국어교육의 효과는 장기적인 측면에서 봐야 하지만 그것이 곧 이런 질문들에 대한 면죄부가 되는 것은 아니란 점에 유념할 필요가 있겠다.

　가령, 나는 이번 수업에서 아이들이 보여 준 수행 결과물의 수준은 지금까지 이 선생님이 행해 온 교육의 결과를 반영하는 것이라고 믿는다. 물론 그것은 장기적인 관찰을 요하는 일이기는 하지만, 여하한 방식으로든 선생님은 분명 아이들의 잠재적 가능성을 이끌어 내는 데에는 성공했다고 보아야 한다. 이렇게 읽어라, 이렇게 써라, 직접적으로 가르치지는 않았으니 그것이 이번 시간에 특별히 배운 것은 아니고, 순발력 혹은 이미 학생 자신이 갖고 있는 능력의 재현일 따름이라고 비판한다 하더라도, 그러한 능력의 가능성을 지속적으로 계발하는 것 자체가 교육이라 변론하는 것이 가능하기 때문이다. 하지만 그렇다고 해서 오늘 내가 과연 무엇을 아이들에게 가르쳤고 그래서 우리 아이들이 어떻게 얼마나 변화했는지에 대한 반성적 질문 앞에 자유로울 수는 없다는 말이다.

　그런데도 종종 우리 선생님들은 활동 그 자체를 교육으로 간주하거나 그렇게 속는 경향이 있다. 사실, 이번에 다루지는 못했으나 조 선생님의 두 시간에 걸친 또 다른 수업은 다소 실망스러웠다. 학생 모두가 모둠 활동으로 연극을 만들고, 선생님은 시종일관 종횡무진하며 땀을 쏟을 정도로 온갖 활동으로 가득 찬 수업이었지만, 정작 수업의 초점인 '문화'라는 주제는 증발하고 '사랑'이란 소재로 일탈해 가더니 연극을 하는 아이나 보는 아이나 이내 시들해지고 선생님만 고군분투하며 아이들에게 감탄하고 찬사를 보내는 수업이 되고 말았다. 수많은 말이 오고갔지만 거기에도 소음만 가득하고 대화는 없었다.

　대화는 너와 나의 다름에서 비롯한다. 그리고 대화는 역설적으로 침묵에서 출발한다. 유태인 교육을 다룬 마에지마 마코토의 《유태인 최고의 지혜》란 책에 보면 대략 이런 말이 나온다.

"상식의 끝자락에 침묵이 있다. 상식은 언제나 자못 그럴듯한 설명의 형식을 취한다. 상식이 내포하는 위험성은 쉽게 고정화되는 것, 특히 다수에 의존해 절대화되는 것에 있다. 이것을 피하려면 상식과 또 다른 상식이 충돌해야 한다. 이럴 때 공백이 발생한다. 이 공백이야말로 침묵의 장소이다."

이를 우리 식으로 번역하면 대화를 통해 성찰을 하고, 이런 경우야말로 언어와 사고의 성장을 가져온다는 뜻이 될 터이다. 말이 많다고 꼭 좋은 국어 수업은 아니다.

침묵이 금이라는 것은 국어교육에서는 좋은 격언이 아니지만, 소음 또한 침묵만 못하다. 국어 시간에도 침묵은 필요하다. 그런데 선생님의 수업에는 연속 두 시간을 했어도 별로 쉴 시간, 침잠할 시간이 없어 보인다. 선생님 수업만이 아니라 초등학교에서 벌어지는 많은 수업들이 그러하다. 활동은 있고 언어는 난무하는데 정작 어떤 능력을 새롭게 얻었는지 말하기 힘든 현상. 그렇다면 귀를 닫고 입을 닫는 것, 그것도 국어 수업의 일부이며, 그런 과정을 통해 진정으로 귀를 열고 입을 여는 것이 국어 수업이어야 하지 않을까. 다시 말해 우리 국어 수업의 문제는 언어나 활동의 부재에 있는 것이 아니라 오히려 침묵의 부재에 있는 것이 아닐까. 침묵도 소리이다. 아니, 침묵이 있어야 소리가 있는 법이다. 국어 시간에 침묵을 달라.

이제 여기에 사이먼과 가펑클이 노래한 〈사운드 오브 사일런스(Sound of Silence)〉의 일부를 옮겨 본다. 특히 밑줄 친 부분을 눈여겨봐 주었으면 한다. 혹시나 우리 국어 교실을 말하고 있는 것은 아닐까.

And in the naked light I saw 적나라한 불빛 속에서 난 보았네.

ten thousand people maybe more, 만 명, 어쩌면 더 많은 사람들을.

People talking without speaking 지껄이기는 하지만 말하지는 않고

People hearing without listening 듣기는 하지만 귀 기울이지 않고

People writing songs that 소리 내어 함께 부를 수 없는

Voices never share 곡을 쓰는 사람들,

No one dare 아무도 감히

disturb the sound of silence 그 침묵의 소리를 깨뜨리지 못하지

그 녀 에 게

경이로운 수업을 공개해서 보여 주신 점 깊이 감사드립니다. 하지만 요즘 전 수업 공개란 말을 쓰기가 싫습니다. 그 단어는 뭔가 비밀스럽거나 떳떳하지 못한 듯한 혐의를 느끼게 합니다. 혹은 대단한 용기를 요구하는 듯한 느낌을 주기도 하고요. 많은 선생님들이 수업 공개를 기피하는 것도 무리가 아닙니다. 그러니 이제 말을 바꿉시다. '수업 공유'라고 말이지요.

이로써 저는 선생님과 수업을 매우 긴밀하게 공유한 사이가 되었습니다. 그러니 선생님에 대한 비평은 제 자신에 대한 비평이기도 합니다. 그래서 이번 기회에 감히 저는 선생님께 천천히 하는 국어 수업, 침잠하는 국어 수업을 제안해 봅니다. 연극 하나를 하더라도 한 번 오랫동안 심사숙고해서 제대로 만드는 것이 순발력에 의존해 여러 번 하는 것보다 낫지 않을까요? 그런 것을 피하고 수업을 제대로 하기 위해

두 시간 연속 수업을 설계했지만, 이번 읽기 수업도 마찬가지입니다. 아이들이 본문을 두 번이나 읽었지만 정말 깊이 있게 읽었을까요? 저는 읽어도 읽어도 모르겠던데 말이지요. 학습자 중심 또는 활동 중심 국어 수업을 강조하게 되면서 언제부턴가 우리 교실이 활기를 띠게 된 것은 사실이지만, 그로 인해 본디 언어와 사고를 위해 존재해야 하는 활동이 도리어 주인 노릇을 하게 됨으로써 국어 수업의 정체성이 혼동되는 일은 없었는지 반성도 해 보게 됩니다. 그것은 마치 수평, 곧 넓이가 확장되면서 수직, 곧 깊이는 상실한 듯한 느낌과도 흡사합니다. 국어 수업의 정체성이 모호하다는 선생님들의 불평도 충분한 이유가 있는 것이지요.

선생님은 수업의 프로이면서 동시에 아마추어로 보입니다. 이때 아마추어란 결코 미숙련자를 의미하는 것이 아니라 원뜻 그대로 애호가를 뜻합니다. 말하자면 선생님은 수업의 프로가 되었어도 열정은 그대로 간직하고 있다는 말씀입니다. 혹시 선생님이야말로 신나게 줄을 타는 광대가 되고 싶은 것이 아닌지요. 하지만 침잠하는 국어 수업을 하려면, 선생님 같은 분은 오히려 열정을 조금 줄이셔야 할 것 같습니다. 열정은 과잉을 동반하게 마련인데, 정작 예술 작품의 성취는 예술가의 의욕과 비례하지 않는다는 말이 있답니다.

이제 마지막으로 궁금증을 풀어 드릴 차례입니다. 사실 이 마지막 제목이 앞의 모든 제목에 대한 힌트랍니다. 아, 눈치 채셨군요! 네, 이 글의 제목들은 페드로 알모도바르 감독의 스페인 영화 〈그녀에게(Talk to her / Hable Con Ella)〉에 등장한 것들입니다. 아시다시피 그 영화는 관계와 소통의 소중함, 특히 언어의 중요함을 새삼 일깨우는 영화가 아니겠습니까? 그런데 거기에는 세 가지 비언어적 의사소통 행위가 상징적으로 등장하지요. 먼저 영화 첫 장면에 등장한, 현대무용의 거장 피나 바우쉬의 〈카페 뮐러(Cafe Müller)〉라는 무용극, 다음으로 영화 속의 또 하나의 영화 작품으로 삽입된 〈애인이 줄었어요〉라는 흑백 무성 영화, 끝으로 이 노래를 듣는 것만으로도 영화 값을 한다는 브라질 음악가 카에타노 벨로소의 〈쿠쿠루쿠쿠 팔로마(Cucurrucucu paloma)〉가 그것이지요. 아마도 언어에 절망한 자들이 그런 예술들을 찾고 그 역도 참일 것입니다. 그런 점에서 절망은 기교와 희망을 낳기도 합니다. 마치 인간끼리의 소통이 그러하듯이 말이지요. 말하자면, 저의 이 글은 〈그녀에게〉에 대한 저 나름대로의 오마주 형식이었음을 고백합니다. 저의 〈카페 뮐러〉는 편지 형식이었습니다. 편지는 무용처럼 소통인 듯하지만 독백이기도 합니다. 저의 〈애인이 줄었어요〉는 다큐멘터리 형식을 빌린 것이고요, 〈쿠쿠루쿠쿠 팔로마〉에서는 팝송을 들려 드렸지요. 유치하지만 저로서는 힘든 시도였답니다. 바라건대, 선생님의 다음번 영화도 마치 이 영화처럼 침묵과 고요가 섞인, 하지만 언어로 소통하는 수업, 이 영화처럼 다양한 소통적 상황과 장치를 통해 즐거움과 더불어 깊이 있는 사고가 함께하는 수업이 되었으면 합니다.

  국어 수업의 새로운 형식에 대한 희망을 선생님께 걸어 보며 이만 마칩니다. 안녕히 계십시오.

눈빛이 살아나지 않는 아이들

조성실 _ 서울 누원초 교사

5, 6년 전부터 6학년 담임을 맡으면서 나는 슬펐다. 아이들의 힘없는 눈빛 때문이었다. 완전히 붉은 눈은 아니었으나, 표현하기도 미안하게 나에게는 자꾸 썩은 생선의 눈이 떠올랐다. 왜 6학년 아이들은 눈빛에 힘이 없을까? 아직 어린 아이들인데, 인생의 어두운 면은 경험하지 못했을 텐데, 왜 그럴까?

나는 아이들의 눈빛이 잠시라도 반짝이기를 바랐다. 일 년 내내 어떤 교과 수업이든 아이들 눈빛을 살리려고 애를 썼다. 그러나 난 아이들의 눈빛을 살리지 못했다. 아이들 눈빛은 늘 죽어 있었다. 축구를 하고 땀을 흘리고 와도 아이들 눈빛은 여전히 살아나지 않았다. 아이들은 이미 바깥에서 '문제 풀기 노동'으로 찌들어 있었고, 교실에서는 다음 수업이 기다리고 있었기 때문이었다.

그런 아이들이 잠시 단 하루 눈빛이 살아났던 적이 있다. 지난해 12월 셋째 주인가 우리 반 연극제를 마친 다음 날이었다. 극본도 엉성하고, 배경도 허술하고, 막이라고는 커튼 하나가 전부인 공연이었는데 그 공연이 아이들의 눈빛을 일 년 중 딱 하루, 모두 살아 있게 했다. 아이들은 일 년 내내 하지 않았던 행동, 자기를 돌아보는 것을 스스로 했다.

"선생님, 다른 모둠은 잘한 것 같은데 우리만 못했어요."

난 눈물이 났다.

연극제를 준비하면서 교과서에 나온 이야기를 극본으로 바꾸는 연습을 하고, 극본의 형식을 익혔다. 그런 다음, 자기들 이야기를 하게 하려고 했다. 그러나 아이들은 자기 이야기를 절대 하지 않으려고 했다. 될 듯 말 듯 위태롭게 설득해서 바꿔 놓으면, 다음 날 자기들끼리 다시 고쳐 놓았다. 그렇게 극본을 완성했다. 극본은 텔레비전 연속극의 내용을 많이 닮아 있었다. 아이들은 이미 내가 어찌할 수 없는 가벼움으로 똘똘 뭉쳐 있었다. 난 아이들이 지쳐 있다고 생각한다. 아이들은 이미 언어로 사고하기에 힘들 만큼 지쳐 있다. 아이들과 나 사이에는 컴퓨터 게임, 텔레비전 연속극, 연예인의 토크쇼, 인터넷 웹사이트의 글들이 있었다. 그런 아이들과 소통하기 어려워서 난 늘 괴로웠지만 끝까지 희망은 놓지 않았다.

우리 반 아이들이 사고하기에 좋았던 텍스트는 교사의 언어, 좋은 영화였다. 그러나 좋은 글은 아이들에게 다가가기 어려웠다. 아이들은 완전하게 영상세대가 아닌가 생각하면서 이제 어떤 형식으로든 확 바꿔야 한다고 생각하고 있다. 나는 국어 수업에서 좋은 텍스트를 고르기가 가장 어렵다. 교과서 밖에서 고를 여건은 되지 않고 능력은 약간 부족하다.

일 년 동안 아이들에게는 그저 '삶'을 이야기하고 싶은데, 아이들은 이미 멀리 가 있어서 '삶의 가치'를 핏대 세우며 말해야 하고, 또 그렇게 해도 아이들은 잘 생각해 주지 않아서 언제나 슬펐다. 연극과 활동, 소란스러움은 내 수업에서 필수적이다. 아이들은 해마다 변했다. 정재찬 교수가 글에서 지적한 소란스러움이 나는 오히려 아이들이 사고하기에도 더 효과적이라는 것을 피부로 느끼고 있다. '활동 중심의 수업'이 구호나 교육청의 지시가 아니라 내 수업에서 저절로 필요하게 되어 버린 것이다.

수업을 공개하고 비평까지 받아 보니 참 좋다. 네 시간의 수업 공개를 모두 끝내고, 나는 국어 수업 연구를 할 것이 아니라 수학 수업에 전념하고 국어 수업을 고민하는 이들의 연구 결과를 충실히 배우는 것이 좋겠다는 생각을 하기도 했다. 그러나 국어 수업은 내가 좋아하는 교과라 조금 더 노력해 보려고 한다.

난 수업하는 것이 좋다. 오늘 수업도 좋았고, 어제 수업도 좋았다. 그제 수업은 실패했다. 그제 실패했기 때문에 오늘 수업이 좋을 수 있다. 내 수업을 누군가 또 비평할 수 있을 것이다. 그러나 나는 내 눈과 마음으로 수업을 늘 되돌아보기 때문에 훌륭한 수업은 되지 못해도 나와 아이들이 행복한 수업은 될 수 있다고 믿는다. 나는 수업 때문에 행복한 교사다.

01

남의 말, 남의 소리에서 나의 말, 나의 소리로

강성우 _ 청주교대 영어교육과 교수

우희광 교사(충남 아산 온양동신초)는 교직 경력 10년차이지만 영어 전담교사로서 이력은 길지 않다. 이전 학교에서 영어 교환수업을 몇 번 했고, 2004년 온양동신초로 옮겨 오면서 영어 전담을 맡게 되었다. 필자가 참관한 수업은 6학년 영어 8단원, 〈What will you do this Summer?〉 수업 중 1차시와 2차시 부분이다. 여름방학 직전의 단원답게 방학 계획에 대해 묻고 답하는 내용으로 구성되어 있다. 언어 표현으로 보면 미래의 계획을 나타내기 위해 "I will ~"을 사용하는 표현을 익히는 것이다.

이 글에서 필자는 교과서가 제시하는 수업 방식과 이를 부분적으로 재구성하여 진행한 우희광 교사의 수업을 기술하고, 이를 소재로 하여 초등 영어 수업에서 고려해야 할 몇 가지 문제를 함께 생각해 보고자 한다. 이 중 필자가 특히 관심을 가지고 살펴본 부분은 어떻게 하면 교과서 활동에 의미를 부여하여 아이들이 스스로 목소리를 낼 수 있도록 할 것인가 하는 문제이다.

영어 학습 3박자, 흥미 · 의미 · 목적

언어는 형태(form)와 기능(function)으로 나누어 생각할 수 있다. 형태는 소리, 문법 등의 언어학 요소들을 지칭하고, 기능은 이러한 형태와 관련된 의사소통 기능을 의미한다. 새로운 언어를 배우는 것은 이 형태−기능의 관계를 배우는 것이다. 예를 들어, 이 수업에서는 여름방학 계획을 말하기 위해 "I will ∼"이라는 형태를 익히는 것처럼 말이다.

한때는 영어교육을 할 때 형태만 배우면 기능은 자연스럽게 따라오는 것이라 생각해서 문법 등의 형태 교육에 치중하였다. 하지만 이 방법은 효과적인 영어 사용자를 만들어 내는 데 실패했다. 학습자들이 형태와 기능의 관계를 파악하고 익히기 위해서는 형태를 이용하여 기능을 수행하는 연습이 꼭 필요하다. 즉, "May I help you?"라는 표현은 의문문이며 상점에서 물건 파는 사람이 하는 말이라고 아이들에게 알려 주는 것은 영어를 실제로 사용하는 데 별로 도움이 되지 않는다.

이보다는 역할놀이 등을 통해 "May I help you?"라는 표현을 직접 적용해 보면서 형태－기능의 관계를 체득하는 것이 효과적이다. 이와 같이 형태－기능의 관계를 효과적으로 익히기 위해서는 학습자들이 이 관계를 흥미 있고, 유의미하고, 유목적적인 상황에서 연습할 수 있어야 한다.

흥미로운 상황이란 것은 영어 학습 활동이 재미있다는 것을 의미한다. 초등 영어에서는 노래, 게임, 스토리텔링 등의 활동을 이용한다. 활동의 유의미성은 두 단계로 나누어 생각할 수 있다. 넓은 의미에서 유의미성은 학습자가 의미를 주고받는 모든 것을 지칭하지만 좁은 의미에서는 학습자가 원하는 의미를 표현하는 것을 말한다. 영어 학습이 더 효과적으로 이루어지기 위해서는 말의 쓰임새가 학습자에게 더 절실히 와 닿는, 좁은 의미에서의 유의미성 활동 속에서 언어를 사용하는 연습을 해야 한다. 이를 위해서는 활동 내용이 학습자들의 과거의 경험, 현재 관심사, 앞으로 예상되는 일 등을 표현하는 것을 중심으로 이루어져야 한다. 끝으로 유목적성은 어떤 구체적인 목적을 위해 언어를 사용하는 것을 말하며, 이 경우 학습자들은 더 효과적으로 형태－기능의 관계를 습득할 수 있다.

우리의 초등 영어 수업은 대부분 교과서를 따라 진행된다. 그런데 교과서는 학습자 개개인의 필요에 맞춘 것이 아니라 모든 학습자들이 알면 도움이 될 것이라고 생각하는 의사소통 기능과 언어 표현을 미리 선정해 놓고, 학습자들이 표준적으로 할 것 같은 말을 미리 예측해서 제시했다. 따라서 교과서에 나와 있는 내용과 표현에 따라 수업을 진행하게 되면 아이들 한 명 한 명의 언어 욕구가 충분히 반영되지 않는다. 즉, 유의미한 언어 연습 활동이 충분히 되지 않는다.

' 제 시 - 연 습 - 표 현 ' 의 3 단 계 학 습

먼저 교과서에서 형태-기능의 관계를 어떻게 가르치는지 살펴보자. 교과서는 단원들로 나누어져 있고, 각 단원에는 1개 혹은 2개의 의사소통 기능을 수행하는 표현들이 제시되어 있다. 한 단원은 보통 4차시에 걸쳐 진행되는데 그 구성은 '제시(presentation)-연습(practice)-표현(production)'의 3단계로 되어 있다. 제시 단계에서는 아이들이 새로운 표현이 무엇이고 그 표현이 어떠한 기능을 수행하는가를 인지하는 것이 주목적이다. 연습 단계에서는 새로운 표현을 정확하게 사용할 수 있도록 연습한다. 표현 단계에서는 지금까지 익힌 것을 바탕으로 자신이 원하는 의미를 표현해 보는 연습을 한다.

우희광 선생님이 수업한 6학년 8단원을 예로 각 차시별 활동을 보면 다음 표와 같다. 1차시는 제시와 연습이 주된 기능이다. 'Look and Listen' 활동(동영상을 보며 형태-기능의 관계 파악하기)이 제시 단계이다. 나머지 활동은 제시 단계에서 익힌 표현을 연습하는 단계이다. 2차시의 첫 활동인 'Look and Speak'에서는 1차시에서와 같은 질문(방학 계획에 대한 질문)에 답할 수 있는 다양한 표현이 소개된다. 이후부터 3차시까지 모든 활동은 이 표현을 연습하기 위한 활동이다. 이때까지 아이들은 교과서에서 제시된 표현을 수십 번 반복해서 말하고

〈6학년 8단원 구성〉

1차시	2차시	3차시	4차시
Look and Listen	Look and Speak	Let's Chant	Activity
Listen and Repeat	Listen and Repeat	Let's Write	Review
Let's play (1)	Let's Read	Let's Play (3)	
	Let's Play (2)		

읽고 쓰는 훈련을 한다. 4차시가 되어서야 비로소 아이들은 스스로 의견을 표현할 수 있는 기회를 가진다. 'Activity'에서 아이들은 서로의 계획을 조사하는 과제를 수행한다. 하지만 이때도 아이들의 의견 표현은 이 단원에서 연습했던 표현들로 한정되는 것이 일반적이다. 'Review'는 단원에서 배운 표현을 정리하는 활동이다.

수 업   들 여 다 보 기

우 선생님이 한 1차시와 2차시 수업은 제시 단계와 연습 단계에 해당한다. 수업이 어떻게 전개되는지 한번 들여다보자.

● 제시 단계

우 선생님의 제시 단계는 매우 독특하고 재미있다. 아이들이 새로운 형태-기능을 인식하도록 하기 위해 동영상 자료를 이용하는데, 우 선생님은 교과서의 동영상뿐만 아니라 아이들이 직접 출연하는 동영상도 수업 자료로 만들어 이용했다. 동영상 속의 주인공은 같은 6학년 친구이다. 여름방학 계획을 이야기하며 대사를 생각하느라 가끔 말이 끊기기도 하고 연기도 서툴기 그지없지만 그럭저럭 맡은 역할을 잘 해냈다. 친구들이 등장하자 아이들은 너무너무 재미있어하면서 열심히 동영상을 보았다.

우 선생님이 만든 동영상은 교과서를 이용한 화면보다 아이들에게 더 유의미하게 다가간다. 우선 주인공이 잘 아는 친구라서 진짜 이야기처럼 실감나게 느껴진다. 내용도 교과서 동영상에 비해 아이들의 생활이 더 잘 반영되어 있다. 교과서 동영상에는 Julie나 Tan 등 이름도 낯선 외국인이 나오거나 한번도 본 적이 없는 진호라는 아이가 주인공으로 나와서 아이들과 상관없는 이야기를 한다. 아마 대부분의 아이들은 영어학원이나 가야 외국인 교사를 만나 볼 수 있을 것이다. 그런 아이들에게, 런던에 있는 삼촌을 방문할 계획을 가진 또래 외국인 아이를 만나 이야기를 나눌 기회는 거의 없다. 즉, 교과서 동영상 내용은 영어 교과서에서나 찾아볼 수 있는 현실성 없는 이야기인 것이다 (다음 〈교과서 동영상 예〉 참고).

이런 설정보다는 익숙한 친구들이 나와서 자신과 비슷한 수준의 영어를 하면서 우리 일상과 좀 더 가까운 대화를 나누는 동영상이 아이들에게는 더 흥미도 있고 유의미하다. 아래에 제시한 우 선생님이 만든 동영상 예를 보면 비록 교과서에 제시된 틀을 따라가는 대화이기는 하지만 다훈이와 지석이가 자기 목소리로 자기 이야기를 하고 있는 것을 볼 수 있다. 살을 뺀다든지, 하루 종일 컴퓨터로 게임을 할 것이라든지 하는 이야기는 아이들이 훨씬 더 가깝게 느낄 수 있는 이야기일 것이다.

교과서 동영상 예

(진호와 친구들이 축구를 하다가 나무 그늘 아래에서 쉬면서 여름방학 계획에 대해 이야기한다.)

Jinho What will you do this summer?

Tan I will visit my uncle in London.

Jinho Really? That's great.

Tan   How about you, Jinho? What will you do?

Jinho   I will visit my grandparents in Busan.

Tan   Good!

Jinho   I will go camping, too.

Tan   What will you do, Joon?

Joon   I will study English. I will read books. I will play soccer. I will watch TV. I will ride my bike. I will play computer games.

Tan, Jinho   Oh, boy! Is that all?

(달력의 날짜 중에서 온양동신초가 방학하는 날인 7월 21일이 줌인 된다. 다훈이가 아령을 하고 있다.)

지석   Hi, 다훈! How are you?

다훈   I'm fine. Thank you. And you?

지석   Fine. 다훈, what will you do this summer vacation?

다훈   I'll go on a diet.

지석   Oh, diet? Sounds great.

다훈   How about you?

지석   I'll play computer games all day.

다훈   Wow. Wonderful!

지석   Thank you. Good bye.

우 선생님은 아이들이 나오는 동영상을 먼저 보여 준 후 오늘 수업 목표인 "방학 동안 하고 싶은 일을 묻고 대답할 수 있다."를 아이들과 확인했다. 그리고 (보다 정확한 발음을 들을 수 있는) 교과서 동영상을 통해 이 단원에서 배울 표현이 "What will you do this Summer?"와 "I will ~"임을 인식시켰다.

여기까지가 수업의 첫머리였다. 교과서나 교사용 지도서를 따르면 수업 제시 단계에서는 아이들이 목표 표현과 그 의미를 인지하도록 하는 데 많은 노력을 기울여야 한다. 즉, 교사는 어떤 표현을 써서 어떤 의미를 전달하는지 동영상을 통해 아이들이 스스로 파악하게끔 유도해야 한다. 하지만 우 선생님은 비록 처음에 동영상을 보면서 시작했지만 동영상 속의 목표 학습 표현과 의미의 관계를 이끌어 내는 데 많은 시간을 할애하기보다는 미리 숙제로 내주고 수업 시간에는 짧게 설명하고 넘어갔다. 그리고 더 많은 시간을 어휘 지도와 쓰기 지도에 할애했다. 이를 위해 우 선생님은 아이들에게 동영상을 받아쓰도록 했다. 대사를 모두 받아쓰는 것은 아니고, 동영상을 들으며 학습지의 빈칸을 채우도록 했다. 빈칸은 한 문장에 한 개씩 있었는데 주로 동사 위주로 되어 있었다. 교과서의 제시 단계는 형태-기능의 관계를 음성언어 차원에서만 인지한 것에 비해, 우 선생님은 학습자들이 형태-기능의 관계를 인지하고, 더 나아가 형태를 글자로 표현하는 연습까지 해서 목표 학습 표현을 잘 기억하도록 했다.

● **연습 단계**

연습 단계의 목적은 아이들이 정확한 발음으로 올바른 의미를 전달하는 연습을 하는 것이다. 아이들은 형태-기능의 관계를 익힐 수 있도록 많은 반복 연습을 하게 된다. 우 선생님은 교과서 순서대로 정확한 발음을 연습하는 따라 하기(Listen and Repeat : 이하 L/R)를 먼저 했다. L/R은 일반적인 절차대로 진행되었다. 먼저 부담 없이 따라 할 수 있도록 반 전체가 L/R을 한 다음, 모둠으로 나누어 L/R을 하고 마지막으로 개인별 L/R을 했다. L/R의 목적 중 하나는 정확한 발음을 익히는 것이기 때문에 교사는 아이들에게 정확한 발음을 들려주고 따라 하게 해야 한다. 다음은 우 선생님이 발음 지도를 하는 장면이다.

CD-ROM   I will visit my uncle.

교 사   I will visti my uncle.

         I will. (will을 강조하듯이 세게 발음하고 아이들이 따라 하기를 기다린다.)

학 생   I will.

교 사   visit my uncle.

학 생   visit my uncle.

CD-ROM   I will visit my uncle.

학 생   I will visit my uncle.

우 선생님은 발음 지도에 관심이 많아 아이들이 틀릴 때마다 CD-ROM과 자신의 발음을 이용하여 잘 정정해 주었다. 이런 활동을 통해서 아이들이 영어의 정확한 소리를 이해하고 따라 하도록 하였다.

이어지는 활동은 게임(Let's play)인데, '따라 하기'가 단순하게 소리를 연습하는 것이라면 게임은 의미를 생각하면서 정확하게 말하는 연습을 하는 것이다. 반복 연습은 자칫 지겨워지기 쉬운데 게임으로 하니 모

두들 즐겁게 참여했다. 실제로 우 선생님의 수업에서 아이들은 시종일
관 밝은 모습으로 참여하고 있었다. 이렇게 밝고 즐거운 모습으로 영
어 수업이 진행되는 데는 게임의 역할이 아주 커 보였다. 우 선생님은
두 차시의 수업 동안에, 스파이 코드(spy code) 게임(숫자를 알파벳으로 변
환해서 단어를 맞추는 게임), 빙고 게임(그림 카드 9장(3×3)을 책상
위에 놓은 후, 아이들이 돌아가면서 설명한 그림을 한 장씩 뒤집어서
'H' 형태로 만드는 게임), 프라이팬(frypan) 게임("팅팅팅팅 태탱탱탱 팅팅
탱탱 프라이 팬 게임"을 외치며 시작해서, 단어와 숫자를 붙여서 함께
외치면 상대가 그 수만큼 단어를 반복하는 게임), 회전판 게임(회전판을
돌려 화살표가 가리키는 방향의 그림을 영어 문장으로 표현하는 게임)
등 다양한 게임을 활용했다. 이런 게임은 자칫 지루해지기 쉬운 반복
학습을 재미있게 만드는 청량제 구실을 했다.

게임에는 연습하는 재미를 위해서 약간의 경쟁 요소가 있었다. 모둠
별 대항을 하고 잘한 아이에게는 스티커를 주기 때문에(스티커 사용에
대한 찬반양론이 있기는 하지만 우희광 선생님의 수업에서 스티커는
훌륭한 보상 장치이자 동기 부여 장치였다.) 아이들은 열심히 게임하
고 활동에 참여했다. 영어 수업에서
아이들이 실제로 어떤 발화 연습을
하는지 보기 위해서 게임의 한 장면
을 보자.

다음 사진에서처럼 그림 7장이 가
운데 있고 두 모둠이 양쪽에 있다. 말
판놀이와 비슷한 게임으로 그림 한 장
이 한 칸이다. 각 모둠에서 한 명씩 나

와서 한 사람은 왼쪽부터 다른 사람은 오른쪽부터 그림 한 칸씩 전진 하는데, 그림 한 칸을 전진하기 위해서는 "What will you do this Summer?"라는 아이들 질문에 그림에서 보여 주는 행동을 영어로 답 해야 한다. 서로 양쪽 끝에서 한 칸씩 나아가다 중간에서 만나게 되면 가위바위보를 하고 진 사람은 탈락하고 모둠의 다른 아이가 처음부터 다시 시작한다. 그림 7장을 모두 끝낸 모둠이 승리한다.

교 사 Ask. 1, 2, 3.

전 체 What will you do this Summer?

학생 1 I will go camping.

교 사 O.K. 성민?

학생 2 I will go camping.

교 사 Go. Go.

   (아이들이 자기 말을 다음 그림으로 옮긴다. 두 아이의 말이 한 그림
   에 놓인다.)

교 사 And do Rock Paper Scissors.

학생 1, 2 Rock Paper Scissors.

학생 1 (환호하며) O.K.

교 사 누가 이겼어?

학생 1 저요.

교 사 (학생 2에게) O.K. Bye bye.

   (진 모둠에게) Next player. Come here. (학생 3이 앞에 나와 선다.)

   O.K. (전체 학생에게) Ask them. 1, 2, 3.

전 체 What will you do this Summer?

학생 3 | I will play soccer.

학생 1 | I will ride my bike.

교 사 O.K. Go. Ask 1, 2, 3.

이러한 게임을 통해 아이들은 "What will you do this Summer?"
와 "I will ~"을 수십 번 반복한다. 이 과정에서 아이들은 단순히 I
will을 소리 내는 것이 아니고 그림을 보면서 의미를 생각하고 의미에
맞는 표현으로 답을 하게 된다. 교과서가 제시하고 있는 표현을 연습
하기에 아주 좋은 게임이다.

2차시 수업의 마지막은 짝끼리 회전판 게임을 하면서 마무리했다.
회전판에는 여름방학 계획을 나타내
는 글들이 붙어 있고 각 글 옆에는
점수들이 적혀 있다. 아이들은 짝을
짓고 순서를 정해 회전판을 돌려 가
며 회전판에서 가르치는 대로 "What
will you do this Summer?"와 "I
will ~"을 사용하여 대화를 하고 글에
해당하는 점수를 기록했다. 1차시 게
임과 2차시 첫 활동이었던 게임은 반

전체가 모두 참여했는데 이 게임은 아이들이 개별로 하는 게임이다.
이전까지 활동을 통해 아이들은 학습 표현을 충분히 연습했고, 이 게
임에서는 그동안 학습한 표현을 각자 사용하는 기회를 가졌다.

지금까지 본 것처럼 제시 단계와 연습 단계를 거치는 동안 아이들은
교과서에 제시된 표현 형태와 그 표현의 기능을 완전히 익힐 수 있도

록 많은 연습을 했다. 이런 발화 연습은 3차시에서도 계속되며, 4차시 표현 단계에 가면 아이들은 배운 표현 중에 자신의 방학 계획과 맞는 것을 골라 답을 하는 기회를 가진다.

● 경쟁과 협력의 적절한 조화

지금까지 우희광 선생님의 수업을 대략 기술해 보았다. 우 선생님의 수업에서 가장 인상 깊었던 것은 아이들이 처음부터 끝까지 흥미를 잃지 않고 수업에 적극적으로 참여한다는 점이다. 아이들은 퀴즈를 풀었다가 받아쓰기를 했다가 따라 하기를 했다가 게임을 하는 등 매우 분주했지만 수업에 잘 집중했다. 이를 위해 우 선생님은 몇 가지 방책을 사용하고 있었다. 가장 두드러진 것은 경쟁과 협동의 적절한 활용이었다. 칠판에는 각 모둠별로 참여 정도와 수행 정도에 따라 점수를 기록하는데, 매 시간 이 점수에 따라 우수 모둠을 뽑고 스티커를 나누어 주었다. 많은 수업 활동에서 모둠의 협동이 필요하기 때문에 아이들은 서로를 독려했다. 또한 우 선생님은 수업 진행에 필요한 몇 가지 약정된 신호들을 이용하여 아이들의 주의가 흐트러지는 것을 효과적으로 방지했다. 예를 들어, 선생님이 "Look at me." 하면 아이들은 "One, two, three 찰칵!" 한다거나 "Give a big hand."라고 칭찬하면 아이들은 박수를 치며 "Oh! Very good."이라고 합창을 하는 식이다. 교사가 수업 곳곳에서 사용하는 다양한 게임도 경쟁과 협력을 적절히 조화시키는 훌륭한 학습 분위기를 연출하는 데 많은 도움을 주었다.

그러나 이런 기법들보다 더 중요한 것은 선생님과 아이들 간의 관계였다. 선생님은 아이들과 아주 친하고 평소에도 아이들이 선생님을 잘 따르는 것으로 보였다. 선생님은 수업 시간에 명찰도 없는 아이들의 이름을 자연스럽게 불러 가며 상호 작용을 했다. 어찌 보면 너무나도 당연한 모습으로 보이겠지만, 5학년과 6학년 8개 학급의 영어 전담교사로서 일주일에 두 번씩 만나 가며 이렇게 관계를 형성하는 것은 쉽지 않은 일이다. 이는 평소에 우 선생님이 아이들과 친해지려고 많이 노력했기 때문일 것이다. 선생님은 아이들을 자주 만나지 못하는 영어 전담의 한계를 극복하고자 웹사이트도 만들어 운영하고 있었다. 그곳에 정보를 알리거나, 함께 의논할 수 있는 코너를 두고 아이들과 관계를 돈독히 하고 영어 학습도 관리하는 창구로 이용하고 있다.

● 남의 말 연습하기에서 내 의사 표현하기로

이제 필자가 가장 관심을 가지고 있는 유의미성 문제를 살펴보려 한다. 위에서 언급했듯이 교과서에 따른 수업은 제시-연습-표현 단계로 이루어진다. 다인수 학급에서 일주일에 1, 2회 정도 하게 되는 수업 방식으로는 가장 효과적인 교수 체계일 것이다. 하지만 영어 교과의 내용을 전달하면서 교과서에 집중해서 하는 수업이 과연 아이들에게 바람직한 학습 경험을 제공하는지 생각해 보고자 한다. 앞서 언급했듯이 언어의 본 기능은 의미를 전달하는 것이다. 언어 학습이 이루어지기 위해서는 필연적으로 언어를 통한 의미 전달 연습이 필요하다. 특히 아이들이 자신이 원하는 의미를 표현하는, 즉 유의미한 언어 사용을 경험했을 때 효과적인 언어 학습이 일어난다.

그러나 교과서는 아이들에게 유의미한 경험을 제공하기 어렵게 구성되어 있다. 한 단원(하나의 의사소통 기능)이 4차시로 구성되어 있지만, 아이들이 자기를 표현할 수 있는 시간은 너무 적다. 아이들은 4차시에 가서야 자기 의견을 자기 소리로 낼 수 있다. 1, 2, 3차시에서 아이들은 교과서 표현을 지속적으로 반복한다. 따라서 이때까지는 아이들이 자기 의사를 표현하는 것이 아니라 언어 표현을 연습할 뿐이다. 예를 들어, 여름방학 계획에 대해 "I will go camping."이라고 답을 하는 아이의 머릿속에 진정으로 캠핑을 가겠다는 생각이 있을 것 같지는 않다. 혹시 나중에 원어민을 만나서 여름방학 계획에 대해 이야기할 상황이 생긴다면, 습관적으로 "I will go camping."이나 수업 시간에 열심히 외웠던 다른 표현으로 대답할 것 같다. 이러한 경험은 외국인이 "How are you today?"라고 물을 때, 기분이 좋지 않은 날조차 "I'm fine, thank you. And you?"라는 대답이 기계적으로 나오는 경험과 비슷할 것이다.

물론 아이들에게 보다 유의미한 연습을 제공한다고 아무런 준비도 안된 상황에서 여름방학에 대해 말하는 표현 활동을 덜컥 시키는 건 곤란하다. 그래서 보통 형태–기능을 학습할 때는 아이들에게 표현을 제시하고 연습하는 단계가 있다. 사실 이 두 단계가 수업의 대부분을 차지한다. 따라서 수업 활동의 대부분을 차지하는 이 단계들에서부터 아이들이 원하는 의미(아이의 소리)를 담아서 영어 연습을 하면 보다 유의미한 학습을 할 수 있을 것이다. 예를 들어, 이 글의 단원처럼 앞으로의 계획을 말하는 것을 연습시키기 위해서 아이들에게 먼저 여름방학 계획에 대해 물어볼 수 있다. 아이들은 다양한 답변을 할 것이다. 이 답변을 영어로 옮기는 것부터 시작해서 아이들이 익혀야 할 표현을 제시하고 연습시키는 것이다. 답변의 종류가 너무 많으면 교과서와 비슷한 것을 골라서 할 수도 있다. 아마도 교과서 예시처럼 여름방학 계획으로 자전거를 탄다는 6학년 아이는 매우 드물 것이다.

현행 교과서와 교사용 지도서는 너무 친절하다. 수업 시간에 어떤 말을 해야 할지 알아서 자세히 적어 놓았다. 교사용 지도서를 숙지하기만 하면 큰 어려움 없이 영어 수업을 진행할 수 있다. 하지만 교과서 표현들은 가르쳐야 할 기능에 따라 미리 정해 놓은 것이다. 이 표현을 정할 때 아이들의 일반적인 관심을 고려하기는 했지만 개개 교실에서 만나는 아이들의 표현 욕구를 충족시키지는 못한다. 물론 이러한 욕구를 모두 충족시키는 것이 가능하지도 않고 영어 학습 측면에서도 바람직하지 않지만, 아이들의 목소리로부터 수준과 흥미에 적정한 것을 골라 유의미한 상황에서 형태-기능의 관계를 익히도록 함으로써 영어를 통한 의사전달 경험을 한층 심화할 수 있을 것이다.

이 점과 관련하여 우 선생님의 수업은 교과서를 일정 정도 재구성함으로써 수업의 유의미성을 증가시키고 있다. 앞에서 언급했듯이 친구들이 출현하는 동영상 화면에는 "I'll go on a diet."나 "I'll play computer games all day."와 같은 아이들의 생활과 밀접한 표현이 등장한다. 낯익은 친구들과 친숙한 표현은 영어 학습 상황에서 유의미성을 크게 증가시켰다. 또, 수업에 자주 등장하는 다양한 게임에도 이런 유의미성을 증가시켜 주는 요소들이 있다. 다만, 좀 아쉬운 점은 우 선생님이 동영상에 등장하는 자기 표현 활동을 수업 장면 속에서도 의도적으로 자주 시도했더라면 더 좋았을 것 같다는 점이다.

영어로 의사를 표현하는 것은 너무도 어렵고 힘들다. 아이들이 영어로 자기 의사를 제대로 전달하기 위해서는 많은 시간과 노력을 들여야 한다. 남의 말로 연습하는 과정은 외국어 학습에서 피해 갈 수 없는 과정이다. 영어 수업의 대부분이 형태-기능의 관계를 익히기 위한 연습 단계인 것도 이와 같은 이유에서이다. 하지만 언어의 본질이 나의 소리를 다른 사람에게 전달하는 것이므로 남의 말 연습에서도 자기 소리를 내는 연습이 반드시 포함되어야 한다.

마지막으로 적극적으로 수업을 보여 주고 영어 수업에 대한 고민을 함께 나누어 준 우희광 선생님께 감사드린다. 아이들과 호흡을 맞추는 역동적인 수업 장면을 관찰하는 것은 쉽게 얻기 어려운 기회이다. 우희광 선생님의 수업을 통해서 그런 행복한 영어 수업 장면을 볼 수 있었던 것은 필자에게 큰 행운이었다.

어휘 학습과 발음 지도의 몇 가지 문제들

우희광 선생님은 수업 중에 어휘 학습과 발음 지도에도 많은 신경을 쓰고 있었다. 이 부분과 관련하여 함께 생각해 보아야 할 흥미로운 대목이 있어서 좀 더 부각시켜서 언급해 보겠다. 먼저 우 선생님의 수업 특징 중 하나인 어휘 학습에 대한 강조 부분이다. 선생님은 어휘 학습이 영어 학습의 기초라고 생각하는 것 같았다. 그래서 어휘 학습 활동을 1차시와 2차시 첫머리 활동에 두고 본 수업에 들어가기에 앞서 단원에서 다룰 어휘를 확실히 인식하도록 했다. 아이들이 수업 시간에 다룰 어휘를 미리 알면 수업에 매우 유리하다. 아이들이 수업의 주된 목표에 보다 더 많이 집중할 수 있기 때문이다. 예를 들어 "What will you do this afternoon?"이라는 질문에 대한 답으로 "I will ~"을 연습하는 것이 목표라면 will 다음에 들어갈 표현에 필요한 어휘를 알고 있으면 아이들이 "I will ~"을 더 잘 사용할 수 있다.

다만 어휘 지도 활동에 한 가지 제언을 하자면 선생님이 강조하는 단어 학습을 하나하나의 단어를 넘어서는 의미 덩어리(chunk)로 확장했으면 한다. 독자들도 예전에 영어를 배울 때 단어를 외우는 공부를 많이 했을 것이다. 그런데 막상 영어로 말하려고 하면 동사나 목적어는 생각이 나는데 조합이 되지 않는 경우를 경험했을 것이다. 예를 들어 이 단원의 학습 표현 중에서 'ride a bike'가 있다. 단어만 외우면

ride도 알고 bike도 안다. 하지만 실전에서 자전거를 탄다는 말을 하려면 애를 먹을 수 있다. 영어 학습에는 개별 단어를 알아서 말이 나오기를 기대하는 것보다는 ride a bike를 하나의 덩어리로 외우고 써먹는 것이 훨씬 효과적이다. 그래서 받아쓰기를 할 때 빈칸을 _____ a bike로 만들어 ride를 묻기보다는 표현 전체를 빈칸으로 하든가 r____ a b____ 와 같이 빈칸을 두는 것이 효과적일 것이다.

다음은 발음 지도와 관련된 부분이다. 우희광 선생님은 발음 지도에 관심이 많아 아이들이 발음을 틀릴 때마다 잘 정정해 주었다. 그런데 발음을 지도하는 방식을 보면 문장을 앞에서부터 한 구절씩 끊어서 연습을 시킨 다음 이를 확장하는 방식 (forward build-up)을 사용한다. 하지만 영어처럼 문장 뒷부분에서 억양 변화가 있는 언어는 뒤에서부터 따라 하기(backward build-up : my uncle을 따라 하게 한 다음 visit my uncle, I will visit my uncle 순으로 확장함)를 하는 것이 더 좋다. 이는 영어 억양을 본래의 문장과 같이 유지하기 위해서이다. 영어 문장에는 제일 강하게 발음되는 제1강세 단어가 있으며, 이 단어에서 톤의 변화가 생긴다. 톤의 변화를 억양이라고 한다. 즉, 위 문장의 경우 uncle이 제1강세를 받기 때문에 이 단어에서 톤의 변화가 생겨 I will visit my uncle.처럼 발음하게 된다. 그런데 문장에서 제1강세를 받는 단어는 주로 문장의 맨 마지막 내용어(동사, 형용사, 부사, 명사)에 온다. 내용어가 없을 경우 마지막 기능어(내용어에 속하지 않는 품사어)에 온다. 제1강세어가 톤 변화의 중심이기 때문에 앞에서부터 끊어서 연습을 하게 되면 본래 문장의 억양을 유지할 수 없다. 하지만 문장을 뒤에서부터 시작해서 본래 문장으로 확대하면서 따라 하기를 하면 맨 마지막 단어, 즉 제1강세를 받는 단어가 변하지 않아 아이들에게 보다 정확하게 연습시킬 수 있다. 이 점에 유의하면 좀 더 정확한 발음 지도가 가능할 것이다.

수업 잘하는 교사이고 싶다

우희광 _ 충남 아산 온양동신초 교사

영어 교과 전담은 영어를 전공하지 않은 나에겐 너무나 부담스럽고 어려운 자리다. 내가 하고 있는 방법이 올바른지, 아이들의 영어 학습에 해만 끼치는 건 아닌지, 어떻게 해야 최선이고 최상의 방법인지……. 수없이 많은 고민으로 한 시간 한 시간을 이끌어 왔다.

이런 때 《우리교육》과의 만남은 나를 설레게 했고 많은 것을 배울 기회가 되었다. 영어교육에 대한 고민도 함께 이야기하는 계기가 되었다.

처음 하는 영어 공개수업. 평소 모습을 그대로 보여 주기로 마음먹었다. 나처럼 아직 영어 수업 경험이 부족해 지도서를 최고의 지침서로 생각하는 많은 교사들과 수업에 대한 고민도 함께 나누고 싶었다.

영어 단원 계획(Lesson Plan)을 짜며 고민을 많이 했다. 이 활동을 넣을까, 저 활동을 먼저 해 볼까……. 과정을 짜다 딜레마에 빠지고 말았다. 평소 나는 아이들의 창의적인 사고를 발판으로 의미 있는 결과물을 만들고 아이들 스스로 협력 학습으로 무언가 창출해 내는 것을 최고의 가치로 여겼다. 하지만 내가 계획한 수업안을 보니 단순한 활동의 나열일 뿐이었다. 아, 이럴 수가! 그

동안 수업을 하면서 단순한 언어 기능 연습에만 치중했나 보다. 내가 해 왔던 영어 수업이 이렇게 단순한 활동의 나열이었구나. 너무나 민망하고 스스로가 한없이 작아 보였다. 그러나 여기까지가 나의 능력이었다. 강성우 교수가 지적했듯이, 남의 소리에서 아이들의 소리를 이끌고 아이들의 창의적인 사고를 좀 더 많이 유발해 영어도 도구교과라는 것을 보여 주고 싶었지만 나에겐 무리였다.

다행히도 수업은 즐겁게 끝났다. 아이들도 즐거운 표정이었고, 부담을 많이 느꼈던 나도 재미있게 수업했다. 단순한 언어 기능 습득에 한정된 수업이었고 아쉬운 점도 많았지만 이번 공개수업으로 다시 한 번 내 수업을 되돌아보는 계기가 되었다.

수업을 마치고 강성우 교수가 모든 아이들이 수업에 열심히 참여했고, 교사와 아이들의 관계가 좋았다고 말했다. 그것만으로도 너무 만족스러웠다. 비록 담임은 아니지만 아이들과 인연을 맺은 지 벌써 일 년이 지났고 그 아이들과 관계가 잘 형성되었다고 평가해 주니 감사했다.

영어 수업을 하면서 느꼈던 어려운 점, 궁금했던 점에 대해 강성우 교수와 많은 대화를 나누었다. 내가 그동안 해 왔던 고민들이 단지 나 혼자만의 고민이 아니었다는 사실도 알았다.

강성우 교수는 이런 나의 고민은 늘 풀리지 않는 숙제라고 했다. 고민에 대한 완전한 해답을 얻지는 못했지만 이번 공개수업으로 얻은 것들이 너무 많다. 영어 수업에 대한 자신감도 갖게 되었고, 무엇이든 좀 더 새롭게 도전할 계기가 되었다.

01

도형 움직이기 단원의 딜레마

이경화 _ 한국교원대 수학교육과 교수

7차 교육과정 3학년 수학 〈도형 움직이기〉 단원은 많은 교사들이 가르치기 어렵다고 호소하는 부분이다. 필자는 2년 전에 청주의 한 초등학교에서 이 단원 수업을 보게 되었다. 수업을 한 김초롱(가명) 교사는 교육대학교를 졸업한 지 12년 된 여교사이다. 이전에는 주로 고학년을 맡았기 때문에 3학년 수학을 가르쳐 본 경험은 많지 않다고 한다.

이 글은 김 교사가 했던 총 5차시 수업 중 전반부 3차시 수업을 보고 쓴 글이다. 많은 교사들이 어렵다고 말하는 이 단원을 김 교사는 어떻게 가르칠까? 수업에서 아이들은 어떤 혼란을 겪고 김 교사는 교과서를 어떻게 재해석해서 가르치는지를 중심으로 살펴보려고 한다. 김 교사의 허락을 받고 썼으나 이름을 밝히기는 어려워해 가명을 썼다.

가 르 칠   지 식 의   확 인

〈도형 움직이기〉 단원은 종종 논쟁의 대상이 되곤 한다. 7차 교육과정에서 처음 들어온 이 단원이 '가르칠 내용'과 '교육적 의도'가 맞지 않기 때문이다. 김 선생님 역시 "예전에는 다루지 않던 내용이라 내용 자체를 이해하기 어렵고 어떻게 가르쳐야 할지 모르겠다."고 말했다. 필자가 만난 한 기하 전공 교수는 "〈도형 움직이기〉 단원 아시죠? 혹시 이상하다고 생각하지 않아요? 제 아이를 가르치다 보니 저도 이해하기 어려운 부분이 있더군요. 수학적으로 옳지 않은 내용이 있는 것 아닌가요?"라고 말하기도 했다. 이들은 이 단원의 어떤 점 때문에 어렵다고 말하는 것일까? 필자는 직접 수업을 보고 가르치기 어려운 이유를 알아보고 교육과정에 반영하는 것이 필요하다고 생각했다.

〈도형 움직이기〉 단원에서 가르칠 지식의 특징을 요약하면, 직접 활동하게 하고 개념의 일부분만 다루며 기호 대신 그림 표현만 다루는 것이다. 수업 전에 이야기해 보니 김 선생님은 〈도형 움직이기〉 단원에서 가르쳐야 할 지식의 성격과 범위를 잘 이해한 것으로 보였다. "평행 이동, 대칭 이동, 회전 이동의 정확한 정의와 의미가 아니라 활동을 해서 감각을 형성한다."는 것, "수학적인 용어가 아니라 일상어를 사용해 이해한다."는 것에 대해서 알고 있다고 말했다. 김 선생님의 이러한 생각이 실제 수업에서는 어떻게 연결될까? 필자가 보았던 세 시간의 수업 중에서 이 주제와 관련 있는 네 장면을 뽑아 그것을 중심으로 이야기하려고 한다.

장 면 1 - 오른쪽 위로 옮기기

첫 시간, 수업이 시작되자 김 선생님은 인터넷에서 수집한 여러 문양, 특히 동일한 도형을 반복적으로 배열한 무늬를 보여 주면서 〈도형 움직이기〉 단원에서 주로 무엇을 배울 것 같은지 묻고, 그것을 배워서 어떻게 활용할 것인지 설명했다. 이어서 도형 옮기기에 대한 설명 자료를 화면에 띄웠다. 그러고는 주어진 도형을 위, 아래, 오른쪽, 왼쪽의 네 방향으로 옮기고 모양이 변하는지, 변하지 않는지를 확인하게 했다. 이어서 학생들에게 도형이 그려진 종이를 한 장씩 나누어 주었다. 직접 네 방향으로 옮기고 관찰하도록 한 것이다. 이때 뒤에 앉아 있는 두 명의 학생 사이에서 색다른 논쟁이 일어났다.

상 희 (도형을 비스듬히 옮기면서) 이것도 옮기기 아닌가?

동 철 왼쪽, 오른쪽, 위, 아래밖에 안 돼.

상 희 누가 그래? 책에 그냥 네 가지만 나와 있는 거지. 선생님한테 여쭤 보

　　　　　자. (큰 소리로) 선생님, 이렇게 해도 옮기기 한 거 맞지요?

교　사　응? 오른쪽으로 옮긴 거야?

상　희　아니오. 오른쪽 위로 옮겼어요.

교　사　오른쪽?

상　희　오른쪽만이 아니라 오른쪽이면서 위쪽이요.

교　사　(질문한 학생에게로 다가오면서) 그게 무슨 말이야? 아! 그거는 옮긴
　　　　　건 옮긴 건데, 이 시간에는 오른쪽이냐 위냐만, 아니 하긴 옮긴 후에
　　　　　도형은 달라져, 안 달라져?

상　희　그대로죠.

교　사　그럼 됐다. 옮긴 도형의 모양이 달라지지 않았다는 것만 알면 될 거야.

　현재 교과서에서는 '옮기기'가 수학적으로 어떤 의미인지 명확하게
설명하지 않는다. 특히 옮기는 방향과 거리는 분명하게 다루지 않고
단지 오른쪽, 왼쪽, 위, 아래로 움직이면서 모양이 달라지지 않는 것
에만 초점을 둔다. 그러니 교사 입장에서는 더 설명할 것도 없는 자명
한 내용이다. 필자가 만난 한 교사가 2학년 〈도형 움직이기〉 단원을
가르칠 때 있었던 일화를 들려준 적이 있다. "도형을 그려 창문에 붙
인 후에 창문을 열면서 달라진 것은 무엇인가?"라고 물으니 한 학생이
"바람이 들어와서 시원해졌어요."라고 했다는 것이다. 달라진 것은 위
치이며, 달라지지 않은 것은 도형의 모양이라는 것을 알아야 하는데
학생들은 그 질문의 의도를 전혀 파악하지 못한 것이다.

　초등학교 수학은 종종 지나치게 분명하거나 반대로 모호해 가르치기
가 더 어려운 면이 있다. 위 대화에서도 보듯이 김 선생님은 순간적으
로 갈등을 느꼈을 것이다. "옮긴 건 옮긴 건데, 이 시간에는"이라는 말

속에서 알 수 있다. 옮기는 방향을 상위 지식과 관련지어 설명할 것인지, 이 시간에 다루어야 할 주요 내용에 초점을 둘 것인지 고민한 김 선생님은 결국 후자를 택한 것으로 보인다.

장 면   2 - 불 투 명   종 이   사 용

두 번째 시간이 되자 김 선생님은 전 시간에 배운 도형 옮기기를 다시 설명한 후, 2학년 때 배운 도형 뒤집기를 기억하도록 했다. 그러자 아이들이 앞다투어 말하기 시작했다. "작년에 정민이가 나와서 뒤집었는데 동전이 많이 떨어졌다.", "뒤집으면 얼굴이 안 보인다."는 등의 이야기를 하면서 시끄러워지자 김 선생님은 노래를 부르게 한 후 화면을 보라고 했다. 칠판 구석에는 '준비물 : 투명 종이'라고 적혀 있다. 김 선생님은 화면을 보면서 뒤집기의 의미를 설명한 후, 투명 종이를 이용해 교과서에 있는 도형의 본을 뜨도록 했다.

교 사 지금 1번, 지금 오른쪽으로 뒤집는 거지요? 오른쪽으로. 종이 가져왔어요?

일부 학생들 네.

일부 학생들 아니요.

교 사 잘 보세요. (시범을 보여 주며) 종이로 먼저 그린 다음에 오른쪽으로 뒤집는 거, 선생님한테 오른쪽이면 여러분한테는 뭐가 돼요?

학생들 왼쪽이요.

교 사 그렇죠. 왼쪽인데, (종이를 뒤집은 후) 보여요? 잘 안 보이죠? 그러니까 자, 여기 화면을 봅시다. 요기서 요, 요 선이 기준이지요? 이 도형 오른쪽으로 뒤집으라고 하면 요렇게 하면 됩니다. 요렇게 뒤집으면 요 런 모양이 나오는 거지요? 종이 있는 사람들은 지금 시작하고 종이 없 는 사람들은 지금 나와요.

전날 투명 종이를 준비해 오라고 했지만 가져오지 않은 아이들이 많 았다. 김 선생님은 투명 종이를 안 가져온 학생들에게 인쇄용지인 불 투명 종이를 나누어 주면서 뒤집기 활동을 하도록 했다. 투명 종이에 도형을 그린 학생들은 뒤집어 보고 어떤 모양인지 확인하는 데 어려움 이 없었다. 하지만 불투명 종이를 이용한 학생들은 뒤집은 후 햇빛에 비추어 보거나 책상 아래로 내려가서 뒤집힌 도형을 살펴보았다.

뒤집은 도형을 바르게 그린 학생도 있었지만 전혀 그 의미를 이해하 지 못한 학생도 있었다. 선생님은 각 모둠마다 돌아다니면서 학생들이 그린 도형을 살펴보고, "잘 그렸나요?", "뭐 이렇게 꼬불꼬불 그렸냐? 자를 대고 그려야지.", "이게 어디가 위지요?", "누가 제일 잘 그렸나 요?"라고 말했다. 불투명한 종이에 도형을 그렸던 학생들 중 일부는 뒤집기를 한 후에 무엇을 보라는 것인지 전혀 모르는 것 같았다. "뒤 집으면 안 보이는데요." (종이의 위와 아래를 바꾸어 놓으면서 혼자말 로) "이렇게 하는 것이 뒤집는 건가?"라고 말하기도 했다. 김 선생님은 전체 학생들을 주목시킨 뒤 다음과 같이 질문했다.

교 사 철현이가 아주 중요한 사실을 발견했어요. 왜 뒤집을까? 그렇게 하는 이유를 물었거든요. 누구 여기에 답할 수 있는 사람?

가 은 뒤집었을 때 모양이 어떻게 되는지 알아보려구요.

동 현 (가은이에게) 글쎄, 그걸 왜 알아보느냐고?

미 현 뒤집으면 달라지는 게 있나 보려고요.

교 사 아주 좋은 생각을 미현이가 말했네요. 또 다른 의견 있어요? 뒤집어도 달라지지 않는 경우도 있지요? 언제 그럴까?

재 동 사각형, 정사각형일 때요.

학생들 직사각형도 되지 않나?

은 지 아닐 때도 있지. 오른쪽으로 뒤집은 거랑 위로 뒤집은 거랑 달라질 수 있지. 아! 원.

투명 종이는 대칭 이동을 직접 활동하면서 다루기 위해 도입한 매우 중요한 도구다. 2학년에서 처음 도형 뒤집기를 배울 때는 앞과 뒤의 모양이 같지 않은 경우도 배운다. 예를 들면 학생 한 명이 앞으로 나와 직접 몸을 뒤집거나 인형을 뒤집어 보는 활동을 한다. 그 다음으로 투명 종이에 숫자나 글자를 쓰고 뒤집어 보는 활동을 한다.

투명 종이에 쓰고 뒤집는 활동은 이미 2학년 때 한 것이다. 3학년 때 달라진 점은 교과서에 제시된 도형의 본을 뜨고 뒤집은 다음 그 모양을 정확하게 그림으로 표현하는 활동에 주목한다는 것이다. 문제는 투명 종이를 사용한다고 하더라도 뒤집은 후의 도형을 정확하게 그리기 어렵다는 점이다. 뒤집은 후의 도형을 정확하게 그리기 위해서는 다른 기능이나 절차가 필요한 것이다. 김 선생님은 뒤집은 후 도형의 변화를 눈으로 관찰하는 과정보다는 뒤집은 결과를 정확하게 그리는 과정에 초점을 두는 것으로 보였다. 다음 장면에서 이러한 김 선생님의 의도가 더욱 분명하게 드러난다.

장 면 3 - 기 준 도 입

뒤집기를 처음 설명할 때부터 김 선생님은 기준 개념을 의식하고 있었고 이를 중요하게 다루었다. "종이 있는 사람은 그거 대고서 오른쪽으로 뒤집는 거, 요기서 요, 요 선이 기준이지요?"라는 설명 속에서 그러한 의도를 알 수 있다. 그러나 실제로 종이에 마음대로 도형을 그린 후 뒤집어 보는 활동을 하는 학생들은 기준을 전혀 고려하지 않은 것으로 보였다. 공중으로 종이를 높이 들었다가는 오른쪽으로, 왼쪽으로 뒤집기만 했다. 선생님이 설명을 덧붙였다.

교 사   뒤집은 도형을 여러분이 그리려면 뭐가 필요할까요?

학생들   삼각자요.

교 사   기준이 필요하지요? 그지? 칸수를 따져야 해요. 어떻게 따질까요? (아래 그림을 화면에 비추며) 이 도형을 보세요. 요기 요 선이 기준이라고 했지요? 이 선에서 지금 보세요. 뒤집은 도형을 여기다 그리려면 어떻게 해야 되죠? 거울에 비친 것처럼 생각하면 되겠지요. 양쪽에 한 칸씩 띄어야 하죠. 한 칸씩 띄어 주면 되고, 이게 어디까지 올라가야 하냐면 한 칸, 두 칸, 세 칸까지 똑같이 올라가요. 그지? 기준이 왜 중요한지 알겠어요?

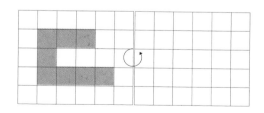

초등 고학년이나 중등 수학에서 대칭 이동을 가르칠 때는 대칭축이나 대칭점을 다룬다. 하지만 3학년 수학에서 도형 뒤집기 활동을 할 때는 그런 개념을 도입하지 않는다. 그런데도 교과서에는 대칭축이라고 생각할 만한 선을 그려 놓았다. 김 선생님은 그림 속의 대칭축을 보다 부각시켜서 다루었고 대칭축에 이르는 거리는 모눈의 칸을 세는 것으로 바꾸어 설명했다. 이는 개념 이해를 풍부하게 돕기 위한 것이라기보다는 뒤집은 후의 도형을 정확하게 모눈종이에 표현하도록 하기 위해서였을 것이다. 학생들은 뒤집은 후의 도형을 그릴 때, 기준으로부터 칸을 세는 선생님의 제안을 대부분 따랐다.

장 면 4 - 용 어 창 안

다음 날 수학 시간, 이번에는 도형 돌리기를 다룰 차례다. 도형 돌리기는 회전 이동을 초등화한 내용이지만, 회전의 중심이나 회전각 등을 명확하게 다루지는 않는다. 다만, 직접 돌려 보고 돌린 후의 도형이 어떻게 달라졌는지만 다룬다. 각의 크기와 각도 측정은 4학년 수학에서 배우기 때문에 현재 교과서에서는 회전각을 90°, 180° 등으로 표시하지 않았다. 대신 원 모양의 그림에 돌린 만큼을 표시했다.

김 선생님은 이 그림 표현을 설명하면서 수업을 시작했다.

교 사 여기 가운데 시계같이 생긴 거 있죠. 무슨 뜻인지 알겠어요? 몇 시죠?
지금 세 시처럼 보이죠? 세 시까지, 세 시 될 때까지, 아니 세 시가 아니라 세 시를 나타내는 각, 여러분 직각 알죠? 세 시면 직각이죠?

학생들 네.

교 사 직각 하나만큼 오른쪽으로. 그러니까 요거를 (시범을 보이며) 요기까지 직각만큼 될 때까지 움직인다, 아니 돌린다 그런 뜻이에요. 이거는 오른쪽으로 몇 바퀴 돌린 거나 마찬가지예요?

학생들 반이요. 아니 반의 반이요.

교 사 그렇죠. 그래서 우리가 앞으로는 오른쪽으로 반의 반 바퀴 돌린 거라고 합시다. 그림으로는 이렇게 그리면 되죠.

일반적으로 수학적 표현을 '행동적인 것', '시각적인 것', '기호적인 것' 이렇게 세 가지로 나눈다. 위의 대화에서 김 선생님은 회전각에 대한 시각적인 표현을 행동적인 표현으로 바꾸려고 노력하고 있다. 교과서에서 $90°$, $180°$ 라는 기호 대신 시각적인 표현을 사용하는 것이 의사소통을 어렵게 하고 있는 것이다.

김 선생님이 시각적인 표현을 행동적으로 풀어서 설명해 주어도 학생들은 어떻게 돌려야 하는지 혼란스러워 했다. "우선 책을 똑바로 놓고 다시 생각해 봐야 해. 그러니까 어디로 돌려야 한다는 거지?", "거꾸로 보거나 옆에서 보면 문제가 달라지는 거니까 네가 무슨 말을 하는지 내가 모른다고." 등 서로의 말을 이해하지 못함으로써 생기는 갈등이 보였다. 이 와중에 "반의 반의 반은 없어요?"라는 한 학생의 질문에 선생님은 "있는데, 있어요. 더 크면 나중에 배워요. 지금은 거기까지 못해요."라고 답했다. 학생들은 "반의 반의 반의 반의……."를 계속 말하면서 재미있어했다.

'가르칠 지식'과 '가르친 지식'

이제 세 시간의 수업을 모두 보았다. 교과서에서 제시한 '가르칠 지식'과 김 선생님이 실제로 '가르친 지식'은 때로는 일치하고 때로는 일치하지 않았다. 그중 불일치가 심한 것은 두 번째 장면 '불투명 종이 사용'과 세 번째 장면인 '기준 도입'이라고 생각한다. 이 두 장면을 중심으로 각 장면에 대한 필자의 의견을 말하고자 한다.

● 오른쪽 위로 옮기기

앞서 말한 것처럼 이 단원에서는 일상어를 이용해 수학적 개념을 설명한다. [장면 1]에서 두 학생이 논쟁을 벌인 것도 여기서 오는 혼란이다. 논쟁의 초점이 되었던 '옮기기'라는 일상어에는 옮기는 방향이나 모양 변화에 대한 의미가 들어 있지 않다. 일상적인 상황을 생각해 보라. 물건을 옮길 때는 물건이 놓인 위치뿐 아니라 물건의 상하좌우도 달라지는 경우가 대부분이다. 서랍 속의 볼펜을 책상 위로 옮기는 상황을 생각해 보면 알 수 있다. 그런데 현재 교과서에서는 옮기기의 핵심을 "움직인 후에 도형의 모양(상하좌우)이 불변인 것"으로 말하고 있다. 사용하는 언어는 일상어이지만 그 의미는 전혀 일상적이지 않은 것이다. 또 다른 문제는 교과서에서는 옮기는 방향을 상하좌우의 네 가지만 제시한다는 것이다. 예시로 네 가지만 다룬 것인지, 그 네 가지 방향만 인정한다는 것인지는 분명하지 않다.

[장면 1]에서 '상희'가 질문했을 때 김 선생님은 '옮긴 후에 도형의 모양은 달라지지 않는다.'라는 수학적인 의미를 분명하게 강조했다. 그런데 '상희' 입장에서 보면 김 선생님의 답은 애매하다. 두 학생이

논쟁을 벌인 것은 '교과서에서 제시하고 있는 네 방향이 예시냐 아니면 제한 조건이냐?' 하는 것인데 그 부분에 분명하게 답하지 않았기 때문이다. 김 선생님은 이를 분명하게 설명했어야 한다. 만약 김 선생님이 '옮긴 후에 모양이 달라지지 않으면 방향은 얼마든지 다양할 수 있음.'을 발견한 '상희'의 생각을 부각시켰다면 훨씬 더 역동적이고 깊이 있는 학습이 되지 않았을까?

대체적으로 초등학교 도형 단원에서는 '초등화'를 위해 일상어를 도입한다. 그러면서 동시에 일상어적인 의미 대신 수학적인 의미를 도입한다. '점'을 예로 들어 보자. 일상적인 상황에서 '점'은 크기와 관련 있다. (큰 점을 좋아하는 사람은 없다.) 하지만 수학적인 상황에서는 크기가 아니라 위치를 의미하거나 다른 점과의 관계만 고려한다. 그러므로 일상어를 사용하되 일상어에 담긴 의미와 수학적인 의미 사이의 간격을 이해하는 것이 필요하다. 이것이 도형 단원을 가르치는 교사의 매우 중요한 책임 가운데 하나다. 이 단원에서도 역시 옮기기, 뒤집기, 돌리기라는 일상어를 통해 평행 이동, 대칭 이동, 회전 이동이라는 수학적인 의미를 다루고 있다. 그런데 이들 용어에 담긴 일상적인 의미와 수학적 의미가 너무 달라서 가르치기 어렵고 배우기도 어려운 것이다.

● 투명 종이와 불투명 종이

뒤집기 활동을 할 때 투명 종이를 사용하는 것은 현재 교과서의 접근 방식에서는 꼭 필요한 조치다. 대칭축, 좌표평면 등의 수학적 개념 없이 대칭 이동을 가르쳐야 하기 때문이다. 투명 종이를 사용하지 않으면 뒤집은 후의 도형 모양을 확인할 수 없다. 투명 종이는 단지 수업을 돕는 도구가 아니라 뒤집기 활동을 가능하게 하는 도구이다.

수업이 끝난 후에 김 선생님과 이야기해 보니 "뒤집은 후의 모양을 쉽게 상상할 수 있을 것"이라고 생각해 불투명 종이를 사용했다고 한다. 얇은 투명 종이를 이용해 본을 뜨고 뒤집는 것이 3학년 학생들에게 쉽지 않다고 판단했단다. "다른 교사들도 투명 종이를 활용하는 것을 약화하거나 생략한다."고 말했다. "현재 교과서에 나온 활동 중에서 수업 중에 실제 하지 않는 것이 많은데, 이 단원의 경우 특히 그렇다."는 답도 들을 수 있었다.

이어서 김 선생님은 중요한 지적을 하나 했다. 투명 종이를 이용해 '직접 뒤집어 보고 도형을 확인하는 활동'이 '뒤집은 후의 도형의 변화'를 그림으로 나타내는 데 직접 관련이 없다는 것이다. 맞는 이야기다. 투명 종이를 사용하면 도형의 모양을 정확하게 본 뜨고 뒤집은 후 모양을 확인하는 것은 쉬워진다. 하지만 뒤집힌 도형을 모눈종이에 정확하게 그리려면 별도의 절차가 필요하다. 김 선생님이 기준 개념을 강조한 이유가 바로 이것이었다.

결국 이 시간에 불투명 종이를 활용함으로써 생긴 혼란은 투명 종이를 이용한 활동에 큰 의의를 두지 않았던 김 선생님의 생각을 드러낸다. 교육과정과 교과서를 만드는 사람이 그 활동이 실현 가능한지, 현실적·이론적으로 적합한지 고려하지 않는다면 의의를 살리기 어렵다는 것을 이 예를 통해 알 수 있다. 다행스럽게도 김 선생님은 순발력 있는 대처를 통해 우연한 상황 속에서도 의미 있는 수학적 지식을 이끌어 냈다.

김 선생님과 학생들이 '도형을 뒤집는 이유 또는 뒤집어도 모양이 변하지 않는 도형'에 대해 나눈 대화는 다른 수업에서는 본 적이 없다. 그런데도 불투명 종이를 쓴 부분은 동의하기 어렵다. 수업 후에 이야기를 나누면서 김 선생님은 "직접 수업을 해 보니 투명 종이를 쓰는 것이 필요하다는 생각이 든다. 투명 종이를 쓸 때도 오늘처럼 의미 있는 이야기가 나올 수 있도록 노력해야겠다."고 말했다.

● 기준 개념 도입

김 선생님은 도형 뒤집기를 가르치면서 기준을 설명했다. 그 이유는 무엇일까? 이유를 물어보니 김 선생님은 "아이들이 뒤집기 문제를 어려워하는데 기준을 생각하면 훨씬 쉽게 이해할 수 있을 것"이라고 말했다. "그림이 나온 이상 교과서 저자도 암암리에 그러한 문제 해결 방법을 제공한 것 아니냐?"는 것이다. 실제로 대부분의 학생들은 선생님이 제시한 기준 개념을 이용해 뒤집은 도형의 모양을 그렸다. 수업 중에도 "기준에서 한 칸, 두 칸" 등의 표현을 썼고 익힘책이나 수행평가지를 봐도 기준으로부터 칸을 세어 문제를 푼 것을 볼 수 있다.

여기서 김 선생님이 기준 개념을 도입함으로써 실제로 가르친 지식은 무엇일까? 필자의 생각에는 본래 이 부분에서 가르쳐야 할 지식은 '도형의 뒤집기 개념'인데 김 선생님은 기준을 도입함으로써 '뒤집힌 도형을 모눈종이에 정확하게 그리는 방법'을 가르친 것이라고 본다. 다시 말해, 수업의 초점이 도형의 뒤집기에 대한 개념적 이해로부터 뒤집힌 도형을 정확하게 그리는 절차의 이해로 바뀐 것이다. 만약 기준 개념이 중요하다면 학생들에게 도형을 뒤집는 행동의 결과를 파악하고 표현하는 방법을 생각하게 한다는 점일 것이다. 그렇게 본다면 기준 개념은 교사가 직접 설명하는 것이 아니라 학생들이 발견해 내는 것이 마땅할 것이다.

● 용어의 창안

김 선생님은 교과서에 그림으로만 제시되어 있는 회전각을 가르치기 위해 다양한 용어를 만들어 냈다. '시계같이 생긴 것', '3시까지 움직이기', '직각만큼 돌리기', '오른쪽으로 반 바퀴 돌리기' 등이다. 이렇게 다른 표현을 쓴 것은 김 선생님이 수학 교과와 학생들에 대한 안목이 높다는 것을 드러낸다. 교과서 저자는 시각적 표현만으로 수학적 의미를 다룰 수 있지만 교사는 다르다. 이를 반드시 언어적 표현이나 행동적 표현으로 바꾸어야 한다.

학생들이 실제로 학습하는 과정에서는 시각적 표현을 이용해 의사소통할 수 없기 때문이다. 이 단원처럼 언어적 표현이나 행동적 표현 없이 오로지 시각적 표현만을 제공하는 경우는 초등학교 수학에서도 드문 일이다. 이 단원의 지도가 특히 어려운 이유다. 상위 지식을 다룰 때 쓰는 표현을 도입하지 않으면서, 담고 있는 수학적인 의미를 적절하게 반영하는 것은 매우 어려운 일이다. 그런 면에서 김 선생님은 지혜롭게 넘겼고, 학습을 촉진하는 중요한 역할을 했다고 생각한다.

하지만 아쉬운 점이 있다면 학생들이 직접 용어를 만들도록 기회를 주지 않았다는 것이다. 학생들이 직접 만들면서 부적절한 용어로부터 적절한 용어로 바꾸어 가는 과정을 거쳤다면 더 좋았을 것이다.

도 형 움 직 이 기 단 원 을 가 르 치 기 어 려 운 이 유

필자는 중학교 교사로 근무한 경력이 있어서 가르치는 일의 어려움을 조금이나마 체험했다고 생각해 왔다. 그러나 초등학교 교사들과 이야기할 때면 필자가 전혀 이해하지 못하는 면이 있음을 절감하곤 한다. 이번 수업을 보면서도 고등학교 수학 수업을 볼 때는 생각지도 않았던 면들을 볼 수 있었다.

이 단원이 가르치기도 어렵고 배우기도 어려운 이유는 무엇일까? 이번 수업을 보면서 초등학교 수학 수업의 고유한 몇 가지 어려움을 이해할 수 있었다.

첫 번째 어려움은 활동을 통해 수학적 의미를 파악하게 하는 과정에서 나타난다. 교과서에 나온 활동에 집중하다 보면 학생들은 정작 무엇을 배웠는지 알지 못하는 경우가 생긴다. 김 선생님도 "교생들이 수업하면 활동은 열심히 하는데 아이들이 무엇을 했는지 몰라요."라고 말했다. 반면에 활동을 줄이고 수학적 지식을 강조하면 학습은 성공할지 몰라도 이해 없이 가르친 셈이 된다.

이번 수업에서 김 선생님이 불투명 종이를 사용하는 등 활동의 비중을 낮춘 것이 이에 해당한다. 활동도 적절하게 하고 또 이해도 잘되게 수업하는 것은 교사에게 주어진 매우 어려운 책임이다. 김 선생님에 따르면, 〈도형 움직이기〉 단원은 특히 본래 제시된 대로 활동하기 어렵다고 한다. 게다가 이해해야 할 수학적 지식은 다른 단원보다 더 어렵다고 한다. 도형의 움직임에 따른 변화만 확인하는 쉬운 활동을 하고, 활동 후에는 모눈종이에 변화된 도형을 정확하게 그리는 매우 어려운 기능을 다루기 때문이다.

두 번째 어려움은 일상어와 그림 표현을 이용해 수학적 의미를 다루는 상황에서 생긴다. 일상어를 쓰거나 그림 표현을 사용하면 쉽게 이해할지 모르지만 수학적 지식이 아닌 다른 것이 부각되어 결국 학습을 방해할지도 모른다. 그렇다고 수학적 지식에 주목하면 과도하게 가르칠 지식을 확장해 다루게 되고, '설명해야 할 것을 이용하여 설명'하는 상황이 되어 학습을 어렵게 한다.

역시 이 문제도 교사 나름의 적절한 판단을 강조할 수밖에 없다. 학습자의 주변 또는 비수학적인 측면을 적절하게 이용하되, 그것이 수학적인 사고를 방해하지 않도록 해야 하는 것이다. 김 선생님은 도형 옮기기를 설명할 때는 일상어를 포기하고 수학적 의미를 강조했다.

그 때문에 학생들의 이해는 오히려 어려워진 것으로 보인다. 하지만 도형 돌리기를 다룰 때 다양한 일상어를 이용해 풍부하게 접근한 것은 이러한 초등 수학의 특징을 매우 잘 고려한 것으로 볼 수 있다. 필자가 관찰한 다른 교사의 수업에서는 $90°$, $180°$ 등의 표현을 미리 쓰면서 그림 표현에 대한 설명을 전혀 하지 않았다. 아마 학생들은 그 후에도 그 표현을 이해하지 못한 채 사용하고, 어쩌면 그것이 학습에 부정적인 영향을 미쳤을지도 모른다.

위의 두 가지 난점은 교사를 딜레마 상황에 빠뜨린다. '딜레마'라고 표현한 것처럼 어떻게 선택해도 만족스럽지 않고 교사의 안목에 따라 상황은 매우 달라진다. 이 두 가지 딜레마 상황은 초등학교 수학 교과서에 나온 내용을 교사가 다시 수업 중에 초등화하는 일을 어렵게 한다. 지혜로운 접근 외에 다른 해결책을 제시하기 어렵다. 〈도형 움직이기〉 단원이 가진 딜레마, 결국 김 선생님이 그랬던 것처럼 계속 시도하고 되돌아보면서 조금씩 고쳐 나가려고 의식적으로 노력하는 것이 가장 중요하지 않을까.

어려움을 공감한 수업 보기

김은혜 _ 서울 계상초 교사

  나의 짧은 수학 수업 경험 중에서 가장 당혹스럽고 당황스러웠던 단원이 바로 〈도형 움직이기〉였다. 처음엔 '뭐 이렇게 쉬운 것을 가르치나? 한두 시간이면 끝나겠네.'라고 생각했다. 그런데 수업을 준비하면서 도대체 무엇을 가르쳐야 하는지, 목적이 무엇인지를 고민하게 되었다. 그리고 가르치고 난 뒤엔 허무함이 밀려 왔다.

  교과서를 따라 가르치다 보면 처음의 활동은 굉장히 쉬운데, 중간 단계가 빠진 채 갑자기 어려운 활동(그리기)이 나와서 나도 아이들도 상당히 당황스러웠다. 움직인 후의 도형을 그리는 활동에서 단계별로 설명하고 가르쳐야 하는지, 어디까지 가르쳐야 하는지 고민하다가 결국 하나하나 가르쳤는데, 그런 모습이 학원 선생과 다를 바 없다는 회의까지 들었다.

  교육과정에서 목표로 하고 있는 것은 그리기 활동이 아닌 것 같은데 교과서에서는 활동을 제시하고 있어서, 많은 시간을 쓰면서 힘들어하는 아이들을 가르치는 게 가장 힘들었다. 고민하다 지쳐 교과서를 원망했고, 체념하며 교육과정의 목표가 아닌 지필평가의 목표에 맞추어 아이들을 가르쳤다. 교과서를 거스르기엔 나의 지식과 능력이 너무도 부족했다. 그런데, 이런 나에게 이 단원에 관한 수업 비평은 한 가닥 희망을 보여 주었다.

첫째, 이 어려움이 나만의 것이 아니었다는 점을 알게 되었다. "어쩜 이리도 나의 수업과 닮았을까? 이 선생님도 이런 부분에서 힘들어하셨구나." 나의 무능을 드러낼까 두려워 같은 학년 선생님에게도 어려움을 토로하지 못하고 혼자 끙끙 앓았는데, 이 글을 보고 나니 가슴이 시원해졌다.

둘째, 이 단원의 목표를 다시 확인할 수 있었고, 수업 방법에 있어서도 귀중한 아이디어를 얻었다. 목표에 맞는 교과서 재구성과 평가의 변화도 다시 생각했다. 그러나 교과서 중심의 평가가 현실인 학교 현장에서 실현 가능성은 여전히 의문이다.

셋째, 활동의 중요성을 다시 한 번 생각하게 되었다. 활동을 충분히 하지 않고 바로 그리기로 들어갔던 수업을 반성하게 되었다. 구체적 조작기의 아동에겐 조작 활동이 학습에 있어서 중요하다는 것을 알지만 준비물과 제한된 수업 시간, 소란스러움 등 여러 가지 이유로 축소하거나 심지어는 생략했다. 활동도 적절하게 하고 또 이해도 잘되게 수업할 수 있는 방법을 계속해서 고민해야 할 것 같다.

이경화 교수가 지적한 '딜레마'라는 말에 무거운 책임감을 느낀다. 그리고 교사 나름의 적절한 판단을 강조할 수밖에 없다는 글귀에 고민이 깊어진다. 수학을, 교육 방법을, 그리고 아이들을 더 많이 알아야겠다는 다짐과 함께 내가 생각하는 몇 가지 대안을 제시하자면 첫째, 교사의 교과서 의존도가 높은 교육 현실에서 무엇보다도 교육과정을 구체적으로 실현하는 교과서의 변화이다. 새로 개정될 교육과정에서는 아동 발달 단계와 목표에 적합한 활동이 제시되고 지도 방법도 구체적으로 제시되었으면 하는 바람이다.

둘째, 교사 교육도 계속해서 이루어져야 한다. 교과서에 의존하기보다는 교육과정에 맞게 교과서를 재구성하고 창의적인 수업을 이끌 수 있는 능력 있는 교사가 되기 위해서는 계속해서 배워야 한다. 가르쳐야 할 지식과 아이들은 계속해서 변하기 때문이다. 새로 들어온 내용에 대한 충분한 교사 교육이 있다면 교과서가 교육과정을 충분히 반영하지 못하더라도 수업 중 당황하거나 혼란스러워하지는 않을 것이다.

학교 현장의 어려움을 보여 주고, 문제를 진단·처방해 주며, 독자가 자신의 수업을 반성하게끔 하는 일련의 수업 비평 과정도 간접적인 교사 교육이 아닐까 싶다.

수업을 공개해 준 선생님과 철저한 분석과 함께 현장 교사들의 어려움을 학문적인 견지에서 살펴 준 이경화 교수께 감사의 말씀을 드린다.

02

구체로부터 추상으로
나아가는 고된 여정

이경화 _ 한국교원대 수학교육과 교수

이 글은 정주자 교사(인천 용현초)가 2005년 6월 말에 했던 3학년 〈분수〉 단원 수업을 보고 쓴 글이다. 정 교사는 교과서의 내용 중 일부분을 재구성해 수업했으며, 특히 도형 영역에서 주로 활용하는 패턴블럭이나 점판(지오보드)을 사용해 수업을 진행하였다.

정 교사는 추상적인 수학을 교구를 이용해 지도하는 방법에 대해 꾸준히 고민해 왔으며, 비록 세 시간의 수업이지만 그 고민의 결과가 어느 정도 반영되어 있다. 이 세 시간의 수업에 대한 이해를 통해, 구체로부터 추상으로 나아가는 정 교사의 분수 지도 방식의 의의를 함께 생각해 보고자 한다.

정 교사의 수업을 직접 보지 못하고 비디오 녹화 자료를 토대로 글을 썼기 때문에, 학생들의 반응이나 수업의 세밀한 분위기를 제대로 파악하지 못한 아쉬움이 있다.

추 상 적 인   분 수   개 념   도 입

북한 교과서에서는 나눗셈 단원에서 다음 그림과 같은
방식으로 분수 지도를 시작한다.

종이올을 둘로 같게 나누어 보시오. 2로 길게 나눈 하나는 이분의 일, 3으로 같게 나눈 하나를 삼분의 일이라고 합니다. 2분의 1 3분의 1	동그라미가 12개 있습니다. 2분의 1, 3분의 1, 4분의 1만큼 그려 보시오. ○○○○○○○○○○○○ 2분의 1 3분의 1 4분의 1

이어서 "농장원의 7분의 1은 영양단지를 날랐습니다. 몇 명이 날랐
습니까?"와 같은 문제를 풀도록 한다. 북한의 수학 수업을 볼 기회는
없었지만 아마도 비슷한 문제를 반복해 풀도록 하면서 '이분의 일'

'삼분의 일'을 구하고, 소리 내어 읽고 바르게 쓰는 것에 주목하지 않을까 상상한다. 6차 교육과정까지 우리도 크게 다르지 않게 가르쳤다. 필자가 분수를 어떻게 배웠을까 생각해 보면, "이분의 일, 삼분의 일이라고 읽어요, 자 다 같이.", "이분의 일은 이렇게, 이런 순서로 쓰세요.", "어머니가 아들을 보호하듯이 밑에서 이렇게 받치고 있는 이것을 분모라고, 이것을 분자라고 합니다."(이 설명을 하시던 선생님 모습이 기억난다.), "분수 계산은 자연수 계산과는 다릅니다. 규칙이 완전히 다르지요. 자연수 계산과 혼동하면 곤란합니다." 등의 설명이 떠오른다. 그리고 다른 학생들이 그랬던 것처럼 필자도 분수 계산 때문에 무척 괴로워했다.

그러던 것이 7차 교육과정부터 달라졌다. 실생활과 구체물 조작 활동, 학생의 자기 주도적 학습 등이 강조되었고, 이에 따라 교과서가 이전과는 사뭇 다른 형태로 구성되었다. 〈분수〉 단원도 예외는 아니다. 〈분수〉 단원의 첫머리에는 사과 한 개를 친구와 똑같이 나누어 먹으려고 한다는 문제 상황이 나온다. 단순히 도형 그림을 보면서 똑같이 나누는 상황을 받아들이도록 하는 것이 아니라, 생활에서 똑같이 나누는 것을 언제 경험하는지 생각해 보도록 하기 위한 것이다. 필자는 2년 전에도 〈분수〉 단원 수업을 관찰한 적이 있다. 그때 수업을 했던 선생님은 학생들에게 사과를 가지고 오도록 했고, 교과서에 제시된 상황처럼 '똑같이 나누어 먹으려면 어떻게 해야 하는가?'를 생각하게 했다. 구체물이 앞에 있었기 때문에 활발한 참여가 이루어졌고, '똑같이 나누어야 하는 상황'에 주목하는 모습이었다. 그러나 예상과는 전혀 다른 상황이 발생했다. 상당수 아이들이 사과를 똑같이 나누어 먹을 수가 없다고 주장했기 때문이다. "기계를 이용하면 가능할 수도 있을 것이다. 사람의 힘으로는 불가능하다.", "사이좋게 한 입씩 베어 먹는 것이 차라리 좋은 방법이다." 등 교과서의 흐름과는 매우 다른 반응이 나왔고, 선생님은 무척 당황했다.

사실 사과 한 개를 반으로 똑같이 나누는 것은 거의 불가능하다. 설사 운 좋게 성공했다고 해도 나눈 조각들이 서로 같은지 비교할 수 없다. 그래서인지 교사용 지도서에서도 두 부분으로 나눈 것이 어느 정도 같으면 똑같이 나눈 것으로 인정해 주어야 한다고 하고 있다. 이 부분에서 주목해야 할 것은 똑같이 나눌 수 있는가 없는가의 문제보다는 사과를 친구와 나누어 먹어 본 일상적인 경험으로 추상적인 분수 개념을 친근하게 도입하려는 의도다.

분수를 처음 도입할 때 사과와 같은 구체물을 활용하는 단계에서는, 생활 속에서 접할 만한 경험의 친근함, 생생함과 더불어 구체물 자체의 특성과 수학의 차이에서 비롯되는 갈등 요인 때문에 교사의 적절한 대처가 필요하다. 필자가 소개한 수업에서처럼 이러한 측면이 수업 전체를 혼란에 빠뜨릴 수도 있다. 구체물과 반구체물을 똑같이 나누고, 부분을 전체에 비추어 언어적으로 표현한 후 최종적으로 '$\frac{1}{3}$', '$\frac{1}{4}$', '$\frac{2}{3}$'와 같은 수를 분수라고 설명하는 단계에서는 이전의 활동을 반성적으로 내면화하도록 하는 조치가 필요하다. 그렇지 않으면 이전의 활동과 연결되지 않은 채 암기와 반복에 의해 분수를 쓰고 읽는 것만 가르치고 끝날 수 있다.

이 두 가지 위험은 정주자 선생님이 진행하는 세 차시 수업과 관련해 그동안 많은 연구자들이 지적해 온 것이기도 하다. 이제 정 선생님이 구체물의 적절한 활용에서 출발해, 어떻게 추상적인 개념으로서의 분수를 도입하는지 살펴볼 차례이다.

분 수 수 업 장 면

● **생활에서 똑같이 나누어 본 경험**

   정 선생님은 생활에서 어떤 것을 똑같이 나누어 본 경험을 이야기하도록 하면서 1차시 수업을 시작했다. 학생들은 "누나랑 빵이 하나가 있었는데요, 네 개로 나눴어요.", "언니와 초콜릿을 나누어 먹었어요.", "동생과 사과를 똑같이 나누어 먹었어요.", "그림 그릴 때요, 동생하고 종이를 반 나누어 쓴 적이 있어요.", "수박을 먹을 때 엄마께서 칼로 수박을 잘라 주셨어요." 등의 대답을 했다. 종이를 반 나누어 쓴 경험 외에는 수학적인 의미에서 똑같이 나누었다고 보기 어려운 경험들이다. 그러나 선생님도 학생들도 생활에서 똑같이 나누는 행동은 정확성에 기초하지 않는다는 것을 가정하고 있는 듯하다. 이제 사과를 나누는 그림을 화면에 띄우고 함께 해결한다.

    교　사　(화면을 보면서) 지금 사과가 하나 있는데 이 사과를 어떻게 나누었지요?

    학생들　반으로 나누었습니다.

    교　사　반으로 나누었습니다. 또 다르게 표현하면?

    학생들　둘로 나누었습니다.

    교　사　둘로 나누었습니다. 똑같이 나누었어요?

    학생들　네.

    교　사　그러면 다음 그림은 사과를 어떻게 나눈 거지요?

    학생들　반의 반으로 나누었습니다.

    교　사　반의 반으로 나누었다? 또 다르게 표현하면?

학생들 넷으로 나누었습니다.

교 사 넷으로 나눈 거지요? 나눈 것들이 서로 똑같은가요?

학생들 네.

● **색종이 접기 활동**

사과에 이어 피자 그림을 보여 주었던 정 선생님은 이번에는 정사각
형 모양의 색종이를 똑같이 둘로 나누어 보고, 똑같이 나누어졌는지
확인하는 활동을 하도록 했다.

교 사 다 한 사람은 어떻게 하지?

학생들 포개어 봅니다.

교 사 딱 맞아요?

학생들 네.

교 사 옆에 자르지 않은 색종이를 한 장 놓으세요. '저는 이런 방법으로 색
종이를 둘로 나누었습니다.' 말할 수 있는 사람? 정민이.
(정민이가 세로로 접어 나누었다고 설명한다.)

교 사 정민이가 지금 어떻게 나누었어요? 정민이는 세로로 반을 접어서 나누
었대요. 정민이와 똑같은 방법으로 자른 사람? 또 다른 방법으로 자른
사람? 도형이? 도형이는 이렇게 대각선으로 접어서 세모 모양으로 둘
로 나누었대요. 이렇게 도형이와 같은 방법으로 나눈 사람 손들어 보
세요. 또 다른 방법? 없어요? 우리 반에는 지금 두 가지 방법이 있나
봐. 어떤 방법이 있나 봅시다. 색종이를 옆으로 나눌 수도 있지요? 그
다음 세로로 나눌 수도 있어요. 또 어떤 방법이 있었지?

학생들 대각선으로 나누는 방법입니다.

교　사　네, 대각선으로 나누는 방법도 있었어요.

　정 선생님은 전체 색종이를 덮으려면 자른 조각이 몇 개 필요한지 질문한 뒤, 이를 수로 표현하도록 했다. 아무도 대답하지 못하자, '2로 나눈 것 중에 1'이라는 것을 강조하면서 두 개가 있으면 원래 색종이를 다 덮을 수가 있다고 말했다.

　이제 2차시 수업이 시작되었다. 정 선생님은 피자 그림을 다시 화면에 띄운 뒤 손해 안 보고 똑같이 나누는 방법을 설명했다. 똑같이 둘로, 넷으로 나누고 그중에 하나 또는 셋을 가졌다는 것을 상기시키고, 이어서 색종이를 나누었던 경험에 대해서도 요약해 설명했다. 다양한 방법으로 나눌 수 있었다는 것에 특별히 주목하고, 부분과 전체를 비교하도록 했다. 이번 시간에는 삼각형을 똑같이 셋으로 나누어 보도록 했다. 대부분의 학생들은 나누는 방법을 찾지 못했다. 선생님은 한 학생을 지명해 셋으로 나눈 방법을 설명하게 하고, 다른 방법이 있는지 질문했다.

　정삼각형을 똑같이 셋으로 나누는 것은 쉽지 않았다. 각 변의 수직이등분선을 접을 수 있어야 하고, 세 수직이등분선의 교점을 찾을 수 있어야 하기 때문이다. 한 학생이 이 방법을 찾아내고, "삼각형을 일단 반으로 접은 다음, 옆에를 이렇게 접습니다. 그리고 가운데를 이렇게 넣어 세모로 접습니다."라고 설명했다. 나머지 학생들 중 일부분이 이제야 알겠다는 듯 감탄하며 따라 접었다. 셋으로 나누지 못하고 넷으로 나누는 학생들도 많았다. 일부 학생은 앞으로 나와 선생님에게 도와 달라고 했다.

● 패턴블럭과 점판

　정 선생님은 교과서의 도형 분할 문제를 '똑같이 몇으로 나눈 몇'의 표현을 반복하면서 함께 해결했다. 이어서 아래와 같이 패턴블럭을 활용한 문제를 제시하고, 패턴블럭을 직접 조작하면서 문제를 풀어 보도록 했다. 정 선생님이 활용한 패턴블럭은 정삼각형, 정사각형, 정오각형, 정육각형 등으로 이루어져 있었다. 그 도형들을 이용해 대칭적이고 아름다운 도형을 만들 수 있어서 도입만으로도 학생들의 흥미를 유발하는 것으로 보였다.

　정삼각형 1개, 정삼각형 2개로 이루어진 마름모를 비교하면서 '부분(정삼각형)은 전체(마름모)를 똑같이 2로 나눈 것 중의 1'이 된다는 것, 정삼각형 1개, 정삼각형 6개로 이루어진 정육각형을 비교하면서 '부분(정삼각형)은 전체(정육각형)를 똑같이 6으로 나눈 것 중의 1'이 된다는 것을 알아보는 활동이 이루어졌다.

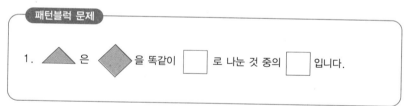

패턴블럭 문제

1. ▲ 은 ◆ 을 똑같이 □ 로 나눈 것 중의 □ 입니다.

　지금까지 살펴본 도형 그림과 달리 패턴블럭에는 똑같이 나누는 선이 그려져 있지 않다. 이에 대해 정 선생님은 다음과 같이 설명했다.

　가장 작은 조각이 단위가 되어야 한다는 거예요. 무슨 말인지 알지? 이렇게 중간 조각이 선이 없더라도 자기가 머릿속으로 선을 그어서 생각해야 해요. 알겠니? 이 안에 보이지 않는 선들을 너희가 머릿속에서 만들어야 해요. 알겠니?

학생들이 쉽게 학습지를 해결하자, 선생님은 패턴블럭을 가지고 다양한 모양을 만들어 보도록 시간을 주었다.

이제 2차시 수업이 끝나고, 3차시 수업이 시작되었다. 정 선생님은 점판(선생님은 '지오보드'라고 불렀다.)을 다음 사진과 같이 칠판 앞에 올려놓고 여러 가지 색으로 된 고무줄로 다양한 도형을 만들고, 똑같이 나누어 보도록 했다.

▲ 점판(지오보드)을 이용해 도형을 똑같이 나누어 보는 활동을 하고 있다.

우리 오늘은 분수에 대해서 알아볼 건데요, 지난 시간에 배운 것을 잠깐 다시 한 번 볼 거예요. 지난 시간에는 뭘 했냐면, 어떤 하나의 도형을 똑같이 나누어 봤어요. 그래서 전체를 몇으로 나눈 것 중에 몇인지를 알아봤지요? 그래서 이것을 지오보드로 한번 알아볼 거예요. 이 도형을 똑같이 2로 나누어 볼 사람?

점판을 활용하니 색종이를 접는 것보다 짧은 시간에 주어진 도형을 똑같이 나눌 수 있어서, 다양한 도형을 '똑같이 2로 나눈 것 중의 1'을 연습하는 데 좀 더 집중도가 높아 보였다.

● **분수의 도입**

정 선생님은 일상생활에서 언제 똑같이 나누는가를 다시 질문하고, 사과를 동생과 나누어 먹거나 여러 사람과 나누어 먹을 때라고 설명했다. 그리고 다음과 같이 분수라는 용어를 직접적으로 사용하면서, 왜 분수를 쓰게 되었는지 설명했다.

교 사 '똑같이 몇으로 나누어서 몇으로 하세요.', '똑같이 다섯 조각으로 나
눈 것 중에 두 조각만 가지세요.' 이렇게 계속 이야기를 하면 자꾸 긴
말이 돼요. 수학 하는 사람들은 긴 것을 싫어해요. 간단명료한 것을
좋아해서 이것을 어떻게 하면 조금 더 줄여 볼까 생각해서 나온 게 뭐
냐면?

학생들 분수입니다.

교 사 분수예요. 분수는, 여러분들이 분수란 것이 나오기 전에 배운 것이 뭐
냐 하면?

학생들 구구단. 나눗셈입니다.

교 사 그거는 수가 아니고 연산이야. 그거는 계산하는 거야. 더하기, 빼기,
곱하기, 나누기 그거는 계산하는 거고, (칠판에 수를 쓰면서) 일, 이,
삼, 사, 오, 륙, 칠, 팔 이런 수를 뭐라고 하냐면?

학생들 자연수입니다.

교 사 자연수라고 해요. 자연수라고 하는데, 이 자연수에 있는 것을 똑같이
어떤 것을 나누어 이것을 좀 더 간단하게 할 수 없을까 고민한 거예
요. 그런데 여기서 말하는 게 뭐냐 하면 똑같이 나눈다는 거지요?

학생들 네.

교 사 그래서 저것과 비슷하게 이것을 분수로 나타내 보자. 똑같이 하나를
가지고 똑같이 2로 나누었다. 2로 나누어서 그중에 하나. 또 똑같이
4로 나누어서 그중에 3개. 이것을 어떻게 나타낼까?

학생들 4분의 3입니다.

교 사 이것을 만약에 다른 걸로 (칠판에 '4:3'이라고 쓰고 이를 가리키면서)

'이런 식으로 나타냅시다.' 하고 예전에 약속했다면 이게 우리가 말하는 수가 되는 거예요.

분수 설명을 마친 정 선생님은 '도전 골든벨'을 하자며, 화면에 도형 그림을 제시하고 학생들이 각자 답을 분수로 표현하도록 했다. "여러분들이 할 일은 전체를 몇으로 나눈 것 중에 몇이다, 그래서 몇 분의 몇이다라고 말할 수 있는 것"이라고 요약해 설명하기도 했다. 많은 학생들이 좀 더 어려운 문제를 달라고 아우성이었고, 선생님은 "도전 골든벨로 치면 49번 문제에 해당하는" 매우 어려운 문제라면서 다음 그림을 제시했다. 상자 속에 복숭아, 배, 사과가 그림과 같이 들어 있을 때, 사과는 분수로 어떻게 표현할 수 있겠는가 하는 것이 문제였다. 일부 학생들은 즐겁게 답($\frac{4}{10}$)을 쓰고 일부 학생들은 당황했다.

	복숭아		
배		사과	

정 선생님은 위와 같이 분수로 표현하는 문제를 도전 골든벨 형식으로 모두 제시한 후, 7문제 모두 맞힌 학생들은 스스로에게 박수를 쳐 주고, 6개 맞힌 사람은 좀 더 잘하자는 의미에서 역시 스스로에게 박수를 쳐 주자고 했다.

선생님은 다음 시간에 분수를 읽고 쓰는 방법에 대해서 좀 더 배울 것을 예고한 후 수업을 끝냈다.

구 체 로 부 터   추 상 으 로   가 는   길

이제 세 시간의 수업이 모두 끝났다. 정 선생님의 수업에서 의미 있는 부분과 함께 생각해 보았으면 하는 몇 가지를 이야기해 보려 한다.

● 1단계 : **생활 속의 구체물**

정 선생님은 생활에서 똑같이 나누어 본 경험을 발표하도록 하면서 수업을 시작했다. 누나랑 빵을 나누어 먹은 일, 언니와 초콜릿을 나누어 먹은 일 등 학생들이 발표한 경험은 이후에 제시되는 교과서의 문제 상황과 매우 비슷한 내용이었다. 학생들 스스로 일상생활의 어떤 상황에서 어떤 이유 때문에 똑같이 나누게 되는가를 스스로 생각하도록 한다는 점에서 정 선생님은 바람직한 방법으로 수업을 시작했다고 생각한다.

이후 정 선생님은 사과와 피자를 직접 자르거나 비교하지 않고 화면에 그림으로 제시하면서 수업을 진행했다. 이때 학생들은 수학적인 의미가 아니라 일상적인 의미로, 즉 '비교적' 공평하게 사과와 피자를 나누는 상황을 생각하면서 '반으로 나누었다.'와 '둘로 나누었다.', '반의 반으로 나누었다.'와 '넷으로 나누었다.' 등의 표현을 학습했다. 이 수업에서는 필자가 관찰했던 다른 수업에서처럼 심각한 표정으로 똑같이 나눌 수 없다고 주장하거나, 똑같은지 어떻게 아는가를 질문하는 학생들은 없었다.

이에 대해 두 가지 상반된 평가가 가능하다. 먼저, 7차 교육과정에 따른 교과서에서 구체적인 활동 소재를 제공했는데도 충분하게 반영하지 않았다는 평가가 가능하다. 인터넷에 올라와 있는 많은 수업 지도안에서 사과와 피자에 그치지 않고, 케이크, 초콜릿, 뻥튀기, 수박, 참외 등을 직접 나누어 보는 활동을 활용하는 것을 보면, 많은 교사들이 구체물을 똑같이 나누어 보는 활동이 의미 있는 접근이라고 생각하고 있음을 알 수 있다. 이는 구체물을 직접 다루어 보고 이리저리 다양한 생각을 해 보다가, 그중 특정한 측면에 주목해 수학적인 개념을 생성하도록 하는 것을 강조하는 최근의 수학교육 이론과도 일치하는 관점이다.

또 다른 평가로는 생활에서 똑같이 나누어 보는 경험을 충분히 공유하고 분수 개념의 토대로 정돈했기 때문에, 구체물의 직접적인 활용에서 오는 혼란을 사전에 예방한 바람직한 수업이라는 것이다. 만약 교사 또는 연구자를 대상으로 이 장면에 대해 평가하도록 하면 앞서 말한 두 가지 상반된 평가가 대등하게 이루어질 것으로 생각한다. 그만큼 이 부분은 현재 논란의 대상이다. 필자 역시 쉽게 결정하기 어렵지만 전자에 가깝다는 것을 고백한다.

● 2단계 : 반구체물 – 도형, 패턴블럭과 점판

사과와 피자는 수학적인 의미에서 똑같이 나누기 어렵지만 색종이의 경우에는 간단히 접어서 쉽게 나눌 수 있다. 정 선생님은 색종이를 직접 접어서 똑같이 나눌 때 여러 가지 방법이 가능하다는 것에 주목했다. 예를 들어, 정사각형 모양의 색종이를 똑같이 둘로 나눌 때, 가로로도, 세로로도, 대각선으로도 나눌 수 있다는 것을 강조했다. 점판을 활용해 여러 가지 도형을 똑같이 나눌 때에도 지속적으로 또 다른 방법으로 나눌 수 있는지 확인했다. 직접 똑같이 나누어 보게 하기보다는 이미 똑같이 나누어진 도형 그림을 제시하고 똑같이 나누어졌는가

를 직관적으로 확인하게 하는 활동이 더 많은 현재 교과서와는 차이가
있다. 그림에 제시된 도형의 분할선을 보면서 똑같이 나누어졌다는 것
을 확인할 때에는 상황이 동일한 분수로 표현된다는 점을 느끼기 어렵
다. 그러나 다양한 방법으로 나눌 수 있다는 것에 주목한다면, 상황이
다를 때도 하나의 분수로 표현된다는 것을 알 수 있다.

그렇다면 정삼각형 모양의 색종이를 3등분하는 활동은 어떠했을까?
정사각형을 2등분하는 활동, 직사각형을 4등분하는 활동은 색종이 접
기로 쉽게 할 수 있다. 그러나 색종이를 접어서 정삼각형을 3등분하기
는 쉽지 않다. 이 활동이 도입된 2차시 수업에서 꽤 오랜 시간 동안
대부분의 학생들이 방법을 찾아내지 못해 당황했다. 이 활동은 교과서
에서와 같이 이미 3등분된 정삼각형 그림을 보여 주고 똑같이 3으로
나누어졌는지 확인하는 정도에 그치는 것이 바람직할 것이다.

이어서 정 선생님은 패턴블럭을 이용해 다양한 '부분과 전체'를 경
험시켰다. 정사각형을 5등분하고 '$\frac{1}{5}$', '$\frac{2}{5}$'를 도입하는 것은 쉽다. 그
러나 정삼각형을 5등분하기 어렵기 때문에 정삼각형을 전체로 해
'$\frac{1}{5}$', '$\frac{2}{5}$'를 도입하기는 어렵다. 패턴블럭을 이용하면 기본 도형을 이
용해 다양한 도형을 만들 수 있기 때문에, 부분과 전체를 다양하게 바
꿀 수 있다. 그러므로 다양한 부분과 전체를 도입할 수 있고, 그렇게
다양한 상황을 똑같이 '$\frac{1}{5}$', '$\frac{2}{5}$'로 표현할 수 있음을 확인하게 할 수
있다. 정 선생님이 제공한 학습지의 문제는 이렇게 다양한 부분과 전
체를 분수로 표현하도록 하는 것이었다는 점에서 의미가 있는 것으로
보인다.

점판을 활용한 점도 매우 유용했다고 생각한다. 점판에서는 고무줄
로 쉽게 도형을 만들거나 변형할 수 있고, 점 사이의 간격이 일정하기

때문에 다양한 도형을 똑같이 2 또는 3으로 쉽게 나눌 수 있다. 똑같이 나누어졌는지 판단하기도 쉽다. 무엇보다 많은 학생들을 참여시키면서도 시간이 많이 걸리지 않으며, 똑같이 나누기 전의 전체에서 출발해 똑같이 나누는 행동, 똑같이 나눈 결과를 차례로 쉽게 도입하고 정돈할 수 있어서 좋다. 점판은 도형 영역을 지도하기 위한 교구라고 생각하기 쉬운데, 정 선생님은 분수 지도에 적절한 방식을 고안해 활용했다는 점에서 매우 인상적이었다.

● **3단계 : 추상화 – 분수의 도입**

정 선생님은 분수를 도입할 때 분수가 나오게 된 배경을 적절하게 설명했다. 필자가 보았던 어느 교생의 수업에서는, 색칠한 부분은 전체를 2로 나눈 것 중의 1이고, 이것을 '$\frac{1}{2}$'이라 쓰며, '이분의 일'이라고 읽는다는 것을 일종의 약속으로 설명하고 반복해 연습시켰다. 정 선생님은 똑같이 나누는 상황에서 부분을 전체와 비교하면, '2로 나눈 것 중의 1'이라는 표현을 얻을 수 있는데, 그 표현이 너무 길어서 수학자들이 간결하게 표현하려고 노력하다가 오늘날의 분수가 나왔다고 설명했다. 이와 관련된 정 선생님의 설명을 요약해 제시하면, 피자, 원, 정사각형, 정삼각형 등 서로 모양과 크기가 다른 여러 대상을 공통적으로 똑같이 3으로 나눌 수 있었고, '3으로 나눈 것 중의 1'이라고 표현할 수 있었으며, 그것을 수학자들이 '$\frac{1}{3}$'이라고 간단하게 표현하게 되었다는 것이다. '색칠한 부분', '2로 나눈 것 중의 1', '$\frac{1}{2}$을 읽고 쓰는 것'을 낱낱으로는 설명하되 정 선생님처럼 종합해 설명하지 않는다면, 학생들은 분수의 의미를 이해하지 못할 것이다.

한 가지 아쉬운 점은 정 선생님이 분수를, 예를 들어 '4:3'으로 나타낼 수도 있었는데 현재와 같은 형태로 결정했다고 직접 설명했다는 것이다. 만약 학생들에게 '똑같이 4로 나눈 것 중의 3'을 표현하는 방법에 대해 생각해 보도록 기회를 제공했다면, 분수 표현이 현재와 같은 형태로 정돈되는 과정을 간접적으로 경험시킬 수 있었을 것으로 생각한다. 수업 후 인터뷰에서 정 선생님 자신도 "학생들에게 기회를 주고 무언가를 이끌어 내는 것이 참 어렵다."라고 말했다. 수학 수업에서 모든 사실을 학생들에게서 이끌어 낼 수는 없을 것이며, 만약 그러한 접근을 택한다면 현실적으로 여러 가지 어려움에 부딪힐 것이다. 그러나 수학적인 개념 또는 원리를 표현하는 구체적인 용어나 방법을 가르칠 때 학생들에게 다양한 생각을 해 보도록 기회를 제공한다면 압축된 언어, 그림, 기호 등에 자연스런 접근이 가능하며, 제한된 시간 내에 의미 있는 결론을 이끌어 낼 수 있을 것으로 생각한다.

3차시 수업의 끝 부분에서 정 선생님이 제시한 도전 골든벨 문제 중, 사과, 배, 복숭아가 혼합되어 있는 상자에 담긴 사과의 양을 분수로 표현하도록 하는 문제가 적절했는지는 의문이 남는다. 분수 개념은 3-가 단계에 도입되어 점진적으로 발전하며, 이와 같이 서로 다른 종류의 양을 합해 전체로 생각하는 경우는 5학년 이후에 다루어질 필요가 있기 때문이다.

수학교육의 방법을 이야기할 때면 언제나 논란거리가 되는 구체로부터 추상으로의 점진적인 발전을 정주자 선생님의 수업 덕분에 자세하게 생각할 수 있었다. 구체로부터 추상으로의 고된 여정을 기꺼이 수용하고 지속적으로 노력하며 무엇보다 좋은 수업을 보여 주신 정주자 선생님께 감사드린다.

이론과 실제 사이에서 오는 갈등

정주자 _ 인천 용현초 교사

수업을 공개하는 것은 두려운 일이었다. 내 수업을 보지 않은 전국의 많은 독자에게 전문가의 비평이 공개되는 공개수업이다. 수업 공개 의뢰를 받는 순간 '도마 위에 오른 생선의 처지가 되겠구나!' 하는 생각이 뇌리를 스쳤다.

수학 수업에서는 개념을 어떻게 학습하게 할 것인가가 중요한 논제이다. 이것은 "수학을 왜 배워요?"라는 질문에 대한 답이기도 하다. 그 답은 흔히 '생활에 필요하다.', '나중에 커서 이용하려고', '사고력을 키워 똑똑한 사람이 되기 위해', '수학의 아름다움을 찾기 위해서' 등이 될 것이다.

7차 교육과정에서는 생활과 수학을 더 밀접하게 연관시키려고 했지만, 그러한 내용이 아이들의 직접적인 경험에서 출발한 것인지는 의문이다. 내가 취한 방법은 가능한 한 비슷한 사례의 경험을 진술하는 것이었다. 그런 다음 수학과의 개념 학습 단계를 구체물 → 반구체물 → 추상화 단계로 구성하였다. 그러나 이경화 교수가 지적했듯이 분수에서는 '사과를 똑같이 나눌 수 있는가?', '아직 원의 개념을 배우지 않은 아이들이 중심을 찾아 정확히 나눌 수 있는가?' 등의 문제 때문에 구체물을 사용하는 것이 조심스럽다. 그래서 나는 분수의 개념 수업에서 구체물 단계를 생략했다. 대신에 반구체물인 피자 모형판과 색종이, 그리고 패턴블럭, 점판(지오보드) 같은 교구를 많이 활용했다. 이 교수는 구체물 사용에 손을 들었는데 나는 아직 위의 문제를 해결할 자신이 없다. 이 부분은 독자에게 맡기고자 한다.

그동안 나는 박사과정을 수료하고 경인수학교육 연구모임에 참여하면서 교구를 개인적으로 많이 소장하고 있다. 하지만 일반 선생님들이 교구를 구비하기는 쉽지 않다. 학교에 교구 구입을 신청해 많이 구비하도록 하는 것도 도움이 될 것이다.

마지막으로 제일 어려웠던 부분은 추상화 단계인 분수의 개념 도입 부분이었다. 나는 자기 주도적 학습 차원에서 개념 역시 교사가 던져 주지 말고, 토의를 통해 아이들에게서 끌어내도록 하라고 배웠다. 그러나 짐작해 보건대 아무리 생각해도 'ㅇ로 나눈 것 중의 1'에 대한 표현을 어떻게 할지 모르지 않는 한 $\frac{1}{\circ}$ 이라고 토의가 될 것 같지 않다. 그래서 나는 'ㅇ로 나눈 것 중의 1'의 불편함을 들어 수학 또는 기호의 편리함을 부각시키는 방법을 택했다. 그리고 나서 몇 명만 앞에 나와서 풀기보다는 다 같이 참여할 수 있도록 '도전 골든벨'을 이용해 연습했다. 이 부분이 내가 배운 수학 수업 방향(자기 주도적 학습)을 실천하기 가장 어려운 부분이었다.

이번 수업 공개를 통해 내가 알고 있는 이론을 조금 더 실천해 보고자 노력하게 되었고, 수업을 하면서 미처 생각하지 못한 부분을 이경화 교수의 글을 통해 다시 생각해 보게 되었다.

01

'문화재에 관한 수업' 대 '문화재를 통한 수업'

이혁규 _ 청주교대 사회과교육과 교수

이 수업은 황영동 교사(경기 광주 남한산초)가 2003년도에 했던 사회 수업으로 4학년 2학기의 〈문화재와 박물관〉을 소재로 한 수업이다. 수업 초반에 교과서를 덮게 한 것에서 알 수 있듯이 이 수업은 교과서와는 완전히 다르게 진행된, 재구성 정도가 매우 큰 수업이다. 이 경우 비평자의 핵심 과업은 '교사의 재구성 의도' 및 그것의 교과교육적(혹은 교육적) 의미를 규명하는 것이다.

따라서 본 수업 비평은 교사의 의도를 해석하는 데 주력할 것이다. 황영동 교사는 수업안에서 '문화재에 관한 수업'과 '문화재를 통한 수업'을 대비시키고 있는데, 이 대비는 매우 흥미로운 것이다. 필자가 보기에 현장에서 이루어지고 있는 대부분의 수업은 문화재에 관한 수업의 범주에 속한다. 황영동 교사가 기존 관행에 대한 문제 의식하에 새롭게 전개하는 수업은 어떤 의미를 가지고 있는지 함께 살펴보자.

기억 속의 문화재 수업

문화재 수업들은 우리에게 어떤 기억으로 남아 있는가? 필자에게 문화재 수업은 세 가지 상호 연결된 기억의 편린으로 남아 있다. 첫째로 그것은 암기의 기억이다. '우리나라의 국보 1호는 남대문…….'으로 시작하는 긴 목록을 들고 다니던 기억, 각 시대의 수많은 문화재를 시대 순서에 맞추어 외우고 또 외워서 시험 보았던 기억 등은 아마도 많은 이들의 공동 기억일 것이다. 교과서 속 용어는 왜 그렇게 어렵던지. '타제석기'나 '마제석기' 정도는 애교스러운 축에 속하고 '횡혈식 석실 고분'과 같은 긴 이름을 외우는 것은 살인적(?)이었다.

둘째로 문화재 수업은 민족의 우월성에 대한 합창이었다. 첨성대, 측우기, 금속활자는 조상의 과학성을, 석굴암, 다보탑과 석가탑, 금동미륵반가사유상 등은 조상의 손재주와 예술성을, 문무대왕 수중릉이나 팔만대장경은 조상들의 호국 정신을 자랑하는 상징으로 떠받들었다.

셋째로 문화재 학습은 느낌의 주입과 강요였다. 청자의 비취색에 대한 예찬, 백자의 단아함에 대한 음미, 석굴암의 조형미에 대한 감상, 고궁의 아름다움에 대한 긍정에 이르기까지 학습자의 느낌이 아니라 전문가가 내린 감상이 강제되었다. 그 결과, 필자는 우리 문화재가 우수하고 소중하다는 관념은 가지게 되었으나 문화재를 감상할 수 있는 어떤 능력도 갖지 못한 채 무사히(?) 학교를 졸업했다.

우리에게 대안적인 문화재 수업이란 없을까? 문화재 수업에 대한 심리적 상흔을 가지고 있던 필자에게 황영동 선생님의 수업은 하나의 새로운 가능성으로 다가왔다. 좀 과장되게 말하면 그것은 막힌 현실에 구멍을 뚫는 탈주의 경험 같은 것이며 병으로 누운 환자에게 주어진 희망의 빛 같은 것이기도 했다. 동시에 그것은 검증되지 못한 불안감을 동반한 설렘이기도 했다.

문 화 재   수 업   들 여 다 보 기

도입부는 여느 수업과 다르지 않았다. 황 선생님은 아이들에게 배운 내용을 질문하는 것으로 수업을 열었다. 수업 주제는 '문화재 속의 비밀 캐기(Ⅱ)'이다. 수업 주제를 칠판에 기록한 후 황 선생님은 아이들에게 교과서를 덮으라고 말했다. 그리고 천마총과 그 속에서 출토된 문화재 사진 4장(향로, 천마도, 금관, 허리띠)을 모둠별로 나누어 주었다. 나누어 준 사진을 살펴보느라고 교실 분위기가 잠시 소란해지자 선생님은 받은 자료들을 책상 위에 엎어 놓게 했다.

선생님의 주의 집중 신호로 교실 안이 조용해지고 아이들이 교실 앞에 설치된 텔레비전 화면에 시선을 모으자 본격적인 수업이 시작되었다. 화면에는 '사진을 보고 생각을 해 보기'라는 설명글과 함께 학생들에게 나누어 준 문화재 자료가 제시되고, 그 하단에는 '무엇을 생각해야 할까? 질문 만들어 보기'라는 글이 적혀 있었다.

교　사　무엇을 생각해야 할까? 어떻게 생각해야 할까? 지금부터 이 그림을 보면서 무엇을 생각하면서 보아야 할지 한 사람씩 발표해 보기로 해요. 선생님이 먼저 예를 들어 보겠어요. 이거 주인은 누구일까?

학생 1　아, 그거 내가 발표하고 싶었는데…….

교　사　그거 발표하려고 했어요? 또 생각나는 것 하나씩 발표해 봅시다.

학생 2　언제 만들어졌는가?

교　사　맞아요. 언제 만들어졌을까? 또 그 다음?

학생 3　(천마도의 그림을 가리키면서) 이것 같은 경우에는 왜 이것이 여기 그려져 있을까?

교　사　(학생의 반응에 호응하면서) 맞아요. 왜 여기에 그려져 있을까? 선생님이 여러분의 생각을 돕기 위해서 참고로 말하면, (화면의 그림을 가리키면서) 이거, 이거, 이거는 어디서 온 것 같아요.

학생들　무덤!

교　사　이게 무덤이야?

학생들　예, 무덤이에요.

교　사　잠깐만요. 선생님 생각을 한번 들어 보세요. 단순한 것에, 당연한 것에 의문을 가져 보세요. 이것을 무덤이라고 생각하지 말고, 처음 본 것이라고 생각하고 의문을 가져 보세요.

이 다음의 대화에서도 황 선생님은 몇 번에 걸쳐서 "여러분, 당연한 것을 당연한 것으로 받아들이지 말고 의문을 가져 보세요. 단순한 것에 의문을 가져 보세요."라고 강조했다. 황 선생님의 이 말은 이 수업 전체를 이해하는 화두처럼 느껴졌다. 선생님의 지시에 대해 학생들은 다음과 같은 다양한 질문으로 화답했다.

"어떻게 사용했을까?", "무엇을 하는 데 썼을까?", "언제 썼을까?", "왜 사용했을까?", "저것의 재료는 무엇일까?", "왜 이렇게 만들었을까?", "어디서 만들었을까?", "이거 무슨 동물일까?"

황 선생님은 학생들의 질문에 대해 일일이 "좋습니다.", "중요한 질문입니다." 등의 긍정적인 반응을 했다. 이런 상호 작용을 통해 화면에 제시된 문화재들이 당연한 것에서 의문스런 대상으로 충분히 변했다고 생각했을 때쯤에 책상 위의 문화재 사진을 뒤집어서 그 문화재가 무엇인지 모둠별로 토의하게 했다. 그리고 황 선생님은 제시된 문화재 사진 가운데 금관의 크기가 직경 15cm, 높이 24cm라는 점을 특별히 지적하면서 그 의미에 대해서도 생각하도록 했다.

이후 약 10분 동안은 모둠별 토의가 이루어졌다. 학생들은 매우 활발하게 문화재에 대한 이야기를 주고받았다. 문화재를 발굴하려고 들어간 역사가나 탐험가처럼 이들은 시종 열정적으로 비밀을 캐는 데 몰두했다. 이런 열기가 가득한 교실 속을 황 선생님은 질문하고 답하고 조언하면서 항해했다. 그리고 잠시 후 발표가 시작되었다. 가위바위보로 발표할 사람을 정하는 학생들의 모습이 보였다. 발표할 순서는 선생님이 정했다. 선생님은 첫 발표 모둠을 지명한 후 그 다음 모둠부터

는 듣는 태도가 좋은 모둠 순서로 발표시키겠다고 했다. 두 모둠의 발
표 내용을 사례로 제시해 본다.

1모둠 저희는 여기(고분)가 제사를 지내던 곳이라고 생각하거든요. 그리고 여
기에서 이런 것(금관)도 발견되었는데요, 이런 것은 신의 제물이나 제
사를 지낼 때 복장으로 사용되었던 것 같아요. 그리고 이것(향로)은 향
을 피우거나 제물을 태우는 데 사용했을 것 같고, 그리고 이것(천마도)
은 벽화를 그려서 신의 모습을 그려 놓은 것 같아요.

2모둠 이것(금관)은 왕의 왕관이고요. 그리고 밑에 있는 기다란 줄 같은 것은
왕관만 쓰면 허전할 것 같아서 귀걸이라고 생각하고요. 그리고 이것(향
로)은 고구마나 감자나 밤 같은 것을 쪄 먹는 것이라고 생각하고요. 그
리고 이것(천마도)은 왕을 지키던 수호신이 타던 말이나 아니면 왕을
지키는 저승마라고 생각해요.

학생들은 모둠에서 저마다의 상상력을 동원해 논의한 내용을 설명했
다. 황 선생님이 평소에 학생들의 호기심을 자극하면서 도전적이고 창
의적인 교실 분위기를 조성했기 때문인지 학생들의 대답은 기발하면서
도 창의적이었고 동시에 엉뚱했다. 예를 들어, 향로에 대해 학생들은
'향을 피우는 그릇', '재물을 태우는 데 사용했던 그릇', '고구마나
감자를 쪄 먹는 그릇' 등 여러 가지 의견을 제시했다. 천마도에 대해
서도 '왕이 말 타고 싸우던 모습을 그렸다.', '저승마이다.', '신의 모
습을 그려 놓은 것 같다.', '왕의 몸에 귀신이 들어가서 장난을 치지
않도록 벽화를 넣었을 것이다.' 라는 다양한 의견이 나왔다.

▲ 천마총에서 발견된 금관 (출처 : 문화재
청 홈페이지 www.cha.go.kr)

황 선생님은 이런 생각들을 무시하거나 억
누르지 않고 대부분 존중하고 격려했다. 그
리고 학생들의 발표 가운데서 금관의 크기에
관한 대립되는 의견을 칠판에 적어서 이를
주요한 논쟁 대상으로 부각시켰다. 즉, 선
생님은 '옛날 사람들은 머리 크기가 지금보
다 작았을 것이라고 생각하기 때문에 금관
은 왕의 것'이라고 발표한 조와 '금관의
크기가 작기 때문에 금관의 주인은 왕자
였을 것'이라고 생각한다는 모둠의 의견
을 대립시켰다.

금관의 크기를 실감 나게 보여 주기 위해서 황 선생님은 실물 크기
의 대통령 사진에 금관을 씌워서 화면에 띄웠다. 그 모습이 우스꽝스
러운지 교실은 웃음바다가 되었다. 양복을 말쑥하게 차린 대통령의 머
리에 금관을 올려놓은 모습은 묘한 대조를 이루면서 학생들의 상상력
을 자극했다. 황 선생님은 금관의 크기를 다시 한 번 환기시키기 위해
서 두꺼운 종이로 만든 모형 금관을 제시했다. 실물 크기의 금관은 작
아서 황 선생님의 머리에 들어가지 않았다. 금관을 머리 위에 올려놓
고 황 선생님이 걸음을 옮기자 그 모형은 이내 머리 뒤로 떨어졌다.
교실은 다시 한 번 폭소의 도가니로 변했다. 고조된 분위기 속에서 학
생들은 "왕관을 끈을 사용해 귀에 묶었다.", "왕은 빨리 걸을 필요가
없어서 왕관이 떨어지지 않았을 것이다.", "진짜 왕관은 금이라 무거
워서 잘 안 떨어졌을 것이다." 등 다양한 의견을 냈다.

학생들이 충분히 자기 의견을 제시했다고 판단한 뒤에 황 선생님은

"이것은 순전히 선생님 생각입니다."라고 말하면서 몇 가지 가설을 제안했다. 첫째는 금관이 어린이의 것이라는 가설, 둘째는 옛날 신라에서는 왕의 머리를 인공적으로 뾰족하게 했다는 가설, 셋째는 그냥 장식용으로 만들었다는 가설을 칠판에 적었다. 선생님이 뾰족한 머리 모양을 칠판에 그리자, 학생들은 또다시 폭소를 터트렸다. 선생님의 기발한 제안은 '왕관을 거꾸로 썼을 것'이라는 의견 등 학생들의 다양한 상상력을 자극했다.

여러 가지 엉뚱한 발언으로 터져 나온 폭소를 정돈시킨 뒤 황 선생님은 다시 '순전히 선생님 생각'이라는 것을 강조하면서 자신은 두 번째라고 생각한다고 주장했다. 즉, 옛날 왕은 어릴 때 머리 모양을 눌러서 납작하게 만들었다는 기록이 남아 있는 것도 있으며 그렇게 뾰족하게 만들면 왕관을 잘 쓸 수 있다는 설명을 한 뒤에 학생들에게 자신의 이런 생각에 동의할 수 있는지를 물었다. 그러자 많은 수의 학생들은 허공에 가위 표시를 하면서 동의할 수 없다고 소리를 질렀다. 교사의 가설을 기각할 수 있다는 사실 자체에 학생들은 고무되어 있는 듯했다. 인상적인 것은 자신이 제시한 가설을 학생들이 대부분 거부하는데도 황 선생님은 전혀 개의치 않는 표정이었다.

황 선생님은 금관의 장식이나 모양에 대해서 아무도 질문을 하지 않았다는 점을 지적하면서 다시 논의 주제를 금관의 모양으로 바꾸었다. 이전과 마찬가지로 학생들은 금관의 모양에 대해 다양한 상상의 날개를 폈다. 금관의 모양이 '나무 같다.', '어떤 대장이 힘을 쓰고 있는 모양이다.'라는 의견이 나왔다. 금관의 크기에 대해서는 다양한 상상을 허용했던 것과는 약간 어감이 다르게 황 선생님은 이번에는 다소 사실적인 설명을 했다.

즉, 옛날 사람들이 그림을 그리거나 벽화를 그릴 때는 자기가 본 것을 많이 그리거나 자기 주변에 있는 것을 많이 그렸다는 주장을 학생들에게 말했다. 그리고 화면에 신라시대의 또 다른 금관과 사슴의 뿔, 나뭇가지 등 유사한 모양을 제시하면서 신라의 금관과 유사한 금관이 러시아 지역에서도 발견되었다는 것도 간략한 지도를 보여 주면서 설명했다. 황 선생님의 그림을 보고 한 학생이 "러시아에 왕관이 있었으니까 우리나라 땅이 넓었던 것 같다."는 그럴 듯한 가설을 제시했다. 이에 대해 황 선생님은 "그런 이야기일까?" 하고 반문한 뒤 신라 사람들이 여기(러시아)에서 온 것이 아닐까 하는 의심이 든다는 말로 금관의 모양에 대한 이야기를 끝맺었다.

금관에 대한 이야기가 끝난 뒤에 수업 소재는 천마도에 대한 이야기로 넘어갔다. 황 선생님은 학생들과 이야기를 주고받은 뒤에 어떤 책의 내용을 읽어 주었다. 선생님은 "여러분이 그렇게 생각해도 되고 안 해도 된다."는 말을 하면서 다음과 같은 책 내용을 읽어 주었다. 그러면서 그림 속의 동물이 말이 아니고 상상의 동물로서 귀신이나 잡귀를 쫓는 것이라는 다른 의견도 있다고 덧붙였다.

> 말은 새와 함께 영혼을 하늘로 날라 주는 역할을 하는 것으로 믿어졌다. 그리하여 신라 사람들은 무덤에 직접 말을 묻어 버리는 경우도 있었다. 이 사진은 지금부터 약 1500여 년 전의 고분인 경주 천마총에서 나온 것으로 실제로 말을 묻는 시기가 지난 다음에 그림을 묻었던 시기로 보여진다.

이제 수업은 종반부로 접어들었다. 황 선생님은 지난 시간에 배웠던 문화재를 화면에 보여 주면서 천마총이 왕의 무덤이라고 확실하게 말하지 않은 이유를 백제의 무령왕릉을 왕릉이라고 확실히 말했던 것과 대비시켜서 학생들에게 그 까닭을 물었다. "아! 뭔지 알겠다." 하고 몇몇 학생들이 의기양양하게 말했다. 두 가지 고분을 대비시킴으로써 황 선생님은 기록이 남아 있는 문화재와 그렇지 않은 문화재의 차이에 학생들이 주목하게 했다. 이를 통해서 기록이 없는 문화재

▲ 금관과 함께 천마총에서 나온 천마도 (출처 : 문화재청 홈페이지 www.cha.go.kr)

는 다양한 상상력을 동원해 의문을 제기하고 탐구해야 한다는 점을 강조했다.

수업을 마무리하면서 황 선생님은 "앞으로 문화재 공부를 어떻게 해야 할까?", "앞으로 무엇을 더 어떻게 공부하면 좋을까?" 하고 물었다. "문화재를 실제로 만들어 보았으면 한다.", "실제로 가서 보아야 한다.", "뒷산에 가서 유물들을 찾아본다.", "의문을 가지고 어림잡아서 생각을 해 본다." 등 학생들은 다시 다양한 대답을 했다. 황 선생님은 마지막 학생의 말을 받아서 다음과 같이 의문을 가지는 것이 아주 중요하다는 점을 재차 강조하면서 수업을 마쳤다.

선생님이 하고 싶은 말은 의문을 가진다는 것은 아주 중요합니다. 선생님도 어릴 때 저 왕관의 크기가 왜 15cm밖에 안되었는지 아주 궁금했어요. 다른 사람들은 그럴 수도 있지 생각했는데……. 거기에는 굉장한 비밀들이……. 지금 선생님이 여러분에게 말할 수 없는 복잡한 비밀들이 숨어 있긴 한데……. 그런

것도 여러분이 의문을 가지고 나름대로 공부해 보는 것이 아주 좋을 것이라고 생각합니다. 자, 오늘은 여기에서 마치겠습니다.

문화재 수업의 새로운 지평을 열다

다른 수업과 달라 보이는 사소하지만 중요한 차이를 지적하는 것으로 논의를 시작하고자 한다. 이 수업은 수업 자료의 경제성 측면에서 우선 다른 수업과 구별된다. 필자는 연구수업을 볼 때마다 교사가 준비하는 수업 자료의 비효율성에 놀라곤 한다. 화려한 파워포인트와 ICT 자료를 준비하기 위해서 엄청난 시간을 들이고 고작 1~2분 정도 보여 주는 것으로 그치는 수업이 대부분이다. 그래서 연구수업에 사용되는 수업 자료는 교사의 정성과 노력을 증명하기 위한 소품 이상의 의미를 갖지 못한다는 느낌을 많이 받는다. 이에 비하면 황 선생님이 준비한 몇 장의 문화재 사진, 수수하게 제작된 왕관, 그리고 몇 장의 영상 자료 등은 소박하지만 수업을 이끌어 가는 소품의 역할을 충분히 그리고 완벽하게 하고 있다. 여기서 우리는 수업 자료는 교사의 노력과 정성을 증명하고, 자료의 화려함을 선전하기 위해서 동원되는 것이 아니라는 평범한 사실을 새삼스레 재확인한다.

이제 본격적으로 이 수업 전반의 특징을 한번 살펴보자. 이 수업은 관습적인 문화재 수업과 대단히 다르다. 무엇이 이런 차이를 만들어 내는 것일까? 이에 대한 대답은 수업의 도입부에 풍부하게 함축되어 있다. 우선 수업 주제가 '비밀 캐기'이다. 그것도 한 시간에 끝나는 비밀 캐기가 아니라 여러 시간 동안 계속되는 비밀 캐기라니! 제목부

터가 우선 흥분된다. 우리가 언제 문화재를 비밀스럽게 대한 적이 있었던가? 교과서 속 문화재는 언제나 누군가에 의해서 정리된 완제품으로 주어진다. 거기에는 외우고 암기해야 할 사실성만 존재할 뿐, 다른 시대를 살았던 사람들이 지녔던 채취와 숨결의 '아우라'는 풍기지 않는다. 황 선생님은 이런 교과서를 덮어 버림으로 비로소 박제된 사실성을 벗겨 내고, 문화재를 탐구와 상상의 대상으로 우리 앞에 새롭게 불러 세운다. '비밀 캐기'라는 수업 주제와 '교과서 덮기'라는 수업 행위는 묘한 연관성을 가지고 필자에게 다가왔다. 그 연관성이 단지 '캐기'와 '덮기'라는 상반된 언어의 조응 때문만은 아닐 것이리라.

왜 이 수업이 다른 문화재 수업과 다르게 보이는가는 황 선생님이 작성한 수업안(授業案)에서도 잘 드러난다. 황 선생님은 문화재 학습의 두 가지 길을 대비시키고 있다. 바로 '문화재에 관한 학습'과 '문화재를 통한 학습'이다. 후자를 황 선생님은 다음과 같이 설명하고 있다.

> 문화재는 학생들에게 역사에 대한 흥미를 일깨울 수 있고 문화재를 통해 역사적인 사고력을 기를 수 있다. 문화재는 과거 사람들의 생활을 이해하기 위한 하나의 중요한 실마리를 제공한다. 문화재를 통한 학습은 미시적인 접근이 가능하기 때문에 학생들이 문화재를 보는 관점을 키울 수 있을 뿐 아니라 추론이나 상상을 통한 이해도 가능하다. 또한 역사적인 사고력뿐 아니라 창의력, 상상력, 추리력 등 고등정신 영역의 학습도 가능하다.

이 수업안의 의도대로 '문화재를 통한 수업'은 지겨운 역사 수업을 즐거운 수업으로 탈바꿈시켰다. 학생들은 몇 장의 문화재 화보만 가지고도 그 시대를 만지고 추론하고 상상하는 다양한 활동을 실감 나게 할 수 있었다.

  필자는 이제부터 '문화재를 통한 수업'을 기존 수업과 세 가지 범주
에서 대립시켜 재해석해 보고자 한다. 그러나 유념할 것은 이제부터
제시할 대립이 위의 두 수업 유형을 개념 구분하는 작업은 아니라는
점이다.

사 실   암 기   대   질 문 하 기

              배움의 과정은 '?(물음) – !(깨달음)'과 같이 상징화할 수
있다. 공부는 묻고 답하는 일련의 연속적인 과정이다. 궁금증을 갖게
하고 의문을 추구하도록 유도하는 것은 정답을 제공하는 활동보다 교
육 현장에서 더 중시되어야 할 근원적인 체험 영역이다.

  그러나 어느 순간부터인가 공교육 현장에서 질문이 갖는 중요성은
사라졌다. 대신에 의심할 여지없는 정답만 주어진다. '?(물음) – !(깨달
음)'의 팽팽한 균형은 깨어지고 비대칭성이 지배하게 되었다. 그 결과
아이들은 학습의 내재적 흥미를 잃어버리고 말았다. 그런데 황 선생님
은 당연한 것에 의문을 가져 보라는 말을 통해 '질문하기'라는 원초적
학습 경험을 살려 내고 있다. 학생들은 먼 과거로부터 전달되어 온 신
기한 물건들을 만지고 상상하고 조작하고 냄새 맡으며 각자의 질문들
을 생성하고 지우고 다시 생성하며 질문의 열기로 교실을 달구었다.
학습자들에게 질문 없는 정답만을 강요하는 수업 대신에 순수한 의미
그대로의 질문에서 출발하는 행복한 여정을 그의 수업은 성공적으로
복원하고 있다.

탐구하기 대 상상하기

학생들이 질문을 한다는 것이 그의 수업이 가진 특이성의 전부는 아니다. 질문에 대해서 답을 찾는 방식은 한 가지가 아니다. 매우 다양한 방식이 존재할 수 있다. 그런데 이 수업은 4학년 학생들이 교실에서 추구할 수 있는 질문에 대한 응답 방식과 관련해 또 하나의 흥미 있는 논점을 제기한다. 그것을 필자는 '탐구하기'와 '상상하기'의 대립이라고 명명하고자 한다. 사회과에서는 오랫동안 과학주의의 영향하에 탐구 수업을 강조해 왔다. 탐구 수업의 절차는 어떠한가? 그것은 일반적으로 '문제 제기 → 가설 설정 → 증거 수집 → 결론 도출'에 이르는 엄격한 방법적 절차다. 가설 확인을 위해서 수집된 자료들은 실증적인지 검토되어야 하며 그런 검증을 통과하지 못하는 가설들은 살아남지 못한다.

그런데 아이들에게 이런 엄격한 탐구 과정을 훈련시키는 것은 어떤 의미가 있는가? 독단이나 편견, 잘못된 신념 대신에 확실한 근거를 가지고 주장을 할 수 있게 한다는 점에서 탐구의 과정을 학생들에게 체험하게 하는 것은 상당한 의미가 있다. 그러나 과학적 방법의 규준(規準)을 준수하는 엄밀성의 강조는 교육 현장에서 득보다 실이 많을 수도 있다.

방법적 규준의 엄밀성을 배우기 전에 아이들은 풍부하게 상상하고 다양하게 사고할 수 있어야 한다. 이 점에서 증거를 수집하고 그 타당성을 확인하는 능력보다 초등학교에서 더 강조되어야 할 것은 '발견적 상상력'이다. 과학자들이 만들어 놓은 길을 따라가는 '어린 과학자'나 '실증적 역사가' 대신에 엉뚱한 상상의 날개를 펴도록 만들어 주는 것이 중요하다. 황 선생님의 수업은 현실의 실증성에 얽매이지 않는 풍부한 상상의 여백을 열어 주고 있어 역사를 포함한 사회 교과 전체에서 대단히 부족했던 경험을 아이들에게 채워 주고 있다.

닫힌 결론 대 열린 결론

이 수업의 또 다른 인상적인 부분은 금관의 주인을 말하는 부분이다. 일반적인 교실 수업에서 교사는 언제나 명료하게 결론을 맺는다. 드물게 탐구 활동이나 상상적 활동이 일어나는 경우조차도 그것은 예정된 답을 향해서 가는 의사 실험의 성격을 벗어나지 않는다. 학생들의 모든 사고 실험은 결국 그 답에 의해 판단되어야 할 운명을 가지고 있다.

그런데 황 선생님은 결론에서조차 당대의 정설을 답으로 제시하지 않는다. '선생님 생각에는 이런 것 같다.' 는 가정적 의견을 제공하는 데 그치고 있다. 더욱 심각한 것은 그런 교사의 잠정적인 제안에 대해서 학생들이 설득당하지 않는다는 점이다. 학생들은 손으로 가위표를 만들며 교사의 설명이 틀렸다고 주장한다. 그러나 이런 학생들에 대해서 황 선생님은 자신의 생각을 강요하지 않는다.

아마도 수업의 이 부분은 정설로서의 역사를 강조하는 사람들, 그리고 그런 문화 속에서 길러진 많은 교사들에게 대단히 위험하게 보일 것이다. 실제로 이 수업을 본 몇몇 교사들은 열린 결론에 대해서 불안해했다. 상상도 좋고 탐구도 좋지만 수업을 정리할 때는 확실한 지식을 제시해야 한다는 것이 많은 교사들의 일반적인 정서이다.

そ

 그런데 얼마 전 9시 뉴스에서 '천마도'의 동물은 말이 아니고 기린 이라는 새로운 학설을 접하게 되었다. 나는 이 뉴스가 다양한 상상을 하던 학생들과 명확한 정답을 제시하지 않고 수업을 마친 황 선생님의 수업에 대한 사회적 승인의 의례처럼 여겨졌다. 카타르시스의 체험! 만일 이 뉴스 전에 어느 학생이 교실에서 천마도의 동물을 기린이라고 주장했다면 많은 교사들은 어떤 반응을 보였을까? 그런 터무니없는 주장에 실소하지 않았을까? 그리고 그런 주장을 하나의 가능성으로 열어 놓고 수업을 한 황 선생님에게 비판의 화살을 날리지 않았을까? 이쯤 되면 교사가 이 수업의 소재로 왜 백제의 무령왕릉이 아니라 천마총을 택했는지가 분명해진다. 그것은 정교하게 의도된 것이다. 문자 기록이 없는 고분을 택함으로써 아이들의 상상 활동이 정해진 정답에 의해서 질식되는 것을 차단할 만큼 이 수업은 치밀하게 기획되었다.

몇 가지 더 검토해야 할 점

　　　　　필자는 문화재 수업의 두 길 중에서 황 선생님이 택한 길을 긍정하고 그 관점에 의해 이 수업을 옹호했다. 그 점에서 이 수업 비평은 교사의 관점에 입각한 내재적 비평이라고 할 수 있다. 필자는 모든 문화재 수업이 '문화재를 통한 수업'이어야 한다고 보지는 않는다. '문화재에 관한 수업'도 필요하고 유용하다. 그러나 문화재에 관한 수업만 일색인 상황에서 이 대안적 수업은 적지 않은 의미를 가지고 있다. 이 수업은 이론 차원에서 논의되던 문화재 수업의 새로운 길을 구체적으로 잘 보여 주었다. 수업 비평의 경험은 필자에게 매우 행복한 경험이었다. 이 땅에 황 선생님이 한 수업과 같은 참신한 시도들이 많이 생기기를 갈망해 본다.

그러나 이 수업이 가진 의미와 가치에도 불구하고 이 수업은 많은 논쟁거리를 담고 있는 것도 사실이다. 교사는 문화재에 대한 많은 사실적 설명을 생략하고 있다. 그리고 사실적 설명의 상투적 결론으로 흔히 등장하는 우리 문화의 우수성에 대해서도 철저히 말을 아끼고 있다. 더욱이 사실의 설명에서 오류를 범하는 부분도 발견된다. 예를 들어, 황 선생님이 설명한 천마총 금관의 지름이나 크기는 사실과 다르다. 황 선생님이 금관의 크기가 작은 이유로 옛날 신라의 왕족들이 머리 모양을 인위적으로 작게 만들었기 때문일 것이라고 제시하는 가설도 정설로 보기는 어렵다. 참고로 금관의 용도에 대해서는 여러 가지 논란이 전개되고 있으나 무게나 구조 등을 감안할 때 장례용 부장품일 가능성이 크다. 이런 생략이나 오류는 '문화재에 관한 수업의 관점'에서 보면 모두가 중요한 논쟁의 대상이다.

'문화재를 통한 수업'이라는 황 선생님의 의도를 수용한다고 하더라도 중요한 의문이 남는다. 필자는 금관의 크기를 둘러싼 질문이 지나치게 부각된 느낌을 받는다. 왜 황 선생님은 다른 질문에 비해서 금관의 크기 문제를 더 부각시켰을까? 그 질문은 천마총과 그 속의 부장품을 통해 당대를 살았던 사람들을 상상하고 이해하기 위해서 필요한 수많은 질문들 중 어떤 위상을 차지하는 질문인가?

수많은 질문 중에서 어떤 질문을 특권화해야 할지에 대해서 황 선생님은 좀 더 깊이 생각할 필요가 있다. 선생님은 수업안(授業案)에서 이 수업의 주제를 '문화재를 통한 역사의 상상적 이해'라고 설정하고 있다. 선생님의 의도를 충실히 따른다 하더라도 '상상'은 '상상'으로 그쳐서는 안 되고 '이해'로 연결되어야 한다. 그리고 그 매개 과정에는 역사에 대한 사실적 지식이 다시 관여한다. 이렇게 되면 위에서 황 선생님 혹은 필자가 대립시켰던 여러 관점들은 최소한 교사의 사고 속에서는 뫼비우스의 띠처럼 다시 연결될 수밖에 없지 않을까? 이상적인 수업 상황이라면 '문화재를 통한 수업'과 '문화재에 관한 수업'은 현재와 같은 대립적인 이미지가 아니라 상호 연결된 순환의 고리 속에 있을 수밖에 없다.

물론 이상의 지적이 황 선생님의 수업이 가진 장점을 가릴 수는 없음을 다시 한 번 강조하고자 한다. 필자는 그동안 황 선생님의 수업을 많은 예비 교사들과 현장 교사들과 함께 보면서 비평하는 경험을 가졌다. 그런데 거의 모든 사람들이 이 수업에 대해서 신선한 충격을 받고 교사의 전문성에 대한 각오를 다지는 계기가 되었음을 밝혀 둔다. 황 선생님의 수업은 우리 사회의 일반적인 수업 문화에 던지는 하나의 작은 충격이자 도전이라고 볼 수 있다.

내 수업의 전제들

황영동 _ 경기 광주 남한산초 교사

어떻게 수업을 할 것인가? 그리고 어떤 내용을 가르칠 것인가? 이 문제는 내가 교직에 있는 동안 계속 스스로에게 던지고 대답을 찾아야 할 좀 어려운 문제임에 틀림없다. 수업을 한 교사가 수업 소감을 쓴다는 것은 무슨 의미일까? 그림을 그린 화가에게 그림 그린 소감을 묻는 것, 영화를 만든 감독에게 영화를 만든 소감을 묻는 것과 같은 맥락의 글을 써야 하나? 좀 고민스럽다. 수업을 한 지 얼마간 시간이 지난 지금 생각해 보니 그때의 구체적이고 세세한 사실들은 잊혀지고 두꺼운 기억들만 남아 있다. 그리고 스스로에게 질문을 던져 본다. '황 선생, 그때 그 수업을 왜 그렇게 했는지 설명할 수 있니?'

난 사회과 수업을 할 때 두 가지를 전제하고 수업을 한다. 우선 실체적 사실(fact)을 파악하는 것은 생각보다 어렵다는 것이다. 사실 파악은 때로는 불가능하기도 하고 사실은 존재하지 않을 수도 있다. 어떤 사실이 그 자체로 아주 가치 있는 것이고 그것이 시대와 공간을 뛰어넘는 보편적인 진리라면 그것에 대한 학습법은 암기가 최선일지도 모른다. 그리고 완벽한 진리에 대해 어떤 의문을 품는 것은 시간 낭비일지도 모른다. 사회과 교과서에 제시된 무수한 사실들은 영구불변의 진리가 아니라면 사실 자체를 교육하는 것보다는 차라리 사실을 파악할 수 있는 능력을 교육하는 것이 더 낫지 않을까 생각한다. 그래서 난 문화재를 공부하는 것도 의미 있는 교육이지만 그것을 '통해서' 무엇을 공부하는 것이 더 좋은 공부라고 생각한다.

두 번째 전제는 내 생각이 강할 때 아이들의 생각은 약해진다는 것이다. 때로는 약해지는 것을 넘어 생각의 싹이 죽을 수도 있다. 교사로서 어떤 신념을 가지는 것은 자유이지만 그것을 수업을 통해 아이들에게 강요하는 것이 옳은 것인지는 생각해 볼 문제라고 본다. 특히 사회과는 특정 이데올로기를 학생들에게 교육하기에 아주 적합한 교과이며 그것은 사회과가 가진 본질적인 교과 특성이기도 하다. 그렇다고 해서 사회과 수업을 통해 교사 개인의 신념을 교육하는 것이 과연 옳은 것인지는 여전히 의문으로 남는다. 그래서 난 아이들에게 상상하기를 요구했고 무수한 질문을 던졌다.

이런 전제를 바탕으로 이 수업뿐 아니라 일상적인 내 사회과 수업에서도 상상하기, 질문하기, 의문 품기를 많이 한다. 아이들의 지적인 흥미를 이끌어 낼 수 있는 여러 가지 활동을 통해서 아이들 스스로 사실을 파악하는 능력을 키우며 그것을 통해 나름대로의 가치 판단을 할 수 있다고 생각한다. 얼마 동안 아이들을 가르치면서 갖게 된 생각 가운데 하나는 똑똑한 아이는 많은 것을 알고 문제집의 문제의 답을 정답지와 똑같이 맞추는 연습을 해서 높은 점수를 받는 아이가 아니라 자기의 생각이 뚜렷하고 남들과 다른 생각을 하기도 하는 아이라는 것이다. 내 사회과 수업에서 아이들은 생각과 의문 풀기를 해야 하고 교사인 나는 그 아이들이 생각하고 의문을 품을 수 있도록 생각할 거리와 의문거리를 만들어야 한다. 그리고 아이들도 스스로 생각할 거리를 만들어 나가야 한다.

내 머릿속에는 지금까지 기억에 남는 수업 장면이 하나 있다. 6학년 때 담임 선생님께서 국어과 공개수업을 했다. 6.25 전쟁 때 백마고지에서 치열한 전투 장면이 자세하게 나오고 눈을 다쳐 앞을 못 보는 병사가 처절하게 지뢰 스위치를 찾아 눌러 적군을 격퇴하고는 감동의 눈물을 흘리는 내용이었다. 그리고 그 공개수업에서는 미리 준비된 질문과 준비된 답, 좀 더 정확하게 말하면 연습한 장면을 연기하였다.

내가 그 수업을 기억하는 것은 그곳에서 내가 병사로 있었다면 두려워서 벌벌 떨었을 것이라고 생각했지만 선생님의 질문에 난 준비된 대답인 "그 병사의 나라를 지키는 애국 정신을 본받아 나도 그런 군인이 되고 싶습니다."라고 말했기 때문이다. 난 수업 내내 정해진 그 답을 외웠고 혹시라도 틀리게 답할지 모른다는 걱정을 했다. 지금 생각해 보면 그 수업은 짜고 치는 고스톱 같았다. 그리고 지금 우리 교육 현장에서의 공개수업은 여전히 짜고 치는 고스톱인 경우가 많다. 난 고스톱을 좋아하지만 한 번도 짜고 친 적은 없다.

지적인 즐거움을 느끼지 못하게 하는 확실한 방법 중 한 가지는 미리 정답을 만들어 놓고 수업을 진행하는 것이라고 생각한다. 신라 금관을 혹은 다른 문화재를 보여 주고 조상들의 슬기를 느끼게 하기로 결정하고 아이들에게 조상의 슬기를 느끼라고 강요하는 수업을 난 왜 안 했을까? (난 가끔 국정 교과서 지도서의 지침을 양심적으로 거부하기도 한다.) 난 그냥 내가 한 문화재 수업처럼 하는 것이 내 체질에 맞다. 뻔한 정답을 정해 놓고 정해진 결론의 길로 가면 교사인 내가 먼저 재미없어 견딜 수가 없다.

내가 아이들과 같이 한 문화재 수업은 좋은 수업인가? 바람직한 수업인가? 사실 이런 질문은 내 수업을 본 사람들의 토론 주제는 될 수 있겠지만 스스로에게는 던지지 않는다. 내 수업을 본 사람이거나 혹은 수업 비평을 읽고 그렇게 해야겠다, 그렇게 하지 말아야겠다 하고 생각하는 것은 나의 몫이 아니다. 하지만 교사 스스로가 자기 수업을 설명할 수 없는 것에는 분명 문제가 있다고 본다. 나도 아무 생각 없이 시간 때우기로 한 수업은 딱히 설명할 말이 없었다. 이것은 교사들 스스로가 너무 잘 알고 있는 문제다. 분명한 것은 교사는 수업에 프로가 되어야 하고, 프로는 왜 그렇게 했는지 자기 수업에 책임을 지고 설명할 수 있어야 한다고 생각한다.

사회과 수업은 아이들과 같이 풀어 보는 수수께끼 풀이와 같은 면이 많다. 사회 교과서를 보고 믿었던 사실이 아닌 것이 되기도 하고 불변의 진리라고 믿었던 것이 한순간에 아닌 것이 되기도 한다. 난 계속 스스로에게 질문을 던져야 하고 아이들에게도 질문을 던져야 한다.

02

활동 중심 사회 수업,
그 빛과 그림자

이혁규 _ 청주교대 사회과교육과 교수

이 수업은 남상오 교사(서울 번동초)가 2005년에 실시한 3학년 사회 수업으로 〈시장이 하는 일〉을 다루고 있는 부분이다. '시장'은 다양한 학문적 접근이 가능한 통합적 성격을 띤 소재이면서 동시에 학생들이 일상에서 자주 접하는 친숙한 대상이다.

남상오 교사는 이 소재를 다루면서 수업 시간의 많은 부분을 학생들이 실제로 시장도 방문하고 시장놀이도 하고 물물교환도 하도록 하는 등 '활동 중심 수업'으로 운영하였다. 따라서 남상오 교사의 수업은 활동 중심 사회 수업을 둘러싼 초등교육 현장의 현실과 고민을 논의하기에 좋은 소재라고 할 수 있다. 모의 시장놀이를 중심으로 한 세 시간 분량의 수업을 대상으로 활동 중심 사회 수업의 의의와 여러 가지 난점에 대해 함께 생각해 보고자 한다.

사 회 과 교 육 과 정 의 변 화

　　　　　사회 교과를 가르치는 것이 어렵지 않던 시절이 있었다. 그때는 사회 공부를 한다거나 사회를 가르친다는 의미가 모두에게 분명했다. 교과서에는 객관적인 지식이 담겨 있었고 교사는 그 내용을 잘 요약해 학생들에게 전달했다. 학생들은 전달받은 내용을 충실히 외워서 시험을 보았다. 그리고 그렇게 하는 것을 사회 공부라고 생각했다. 비록 암기 교과라는 비난을 받기는 했지만 그래도 교과서나 교사의 역할은 분명했고 그 역할 간에 모순도 크게 존재하지 않았다.

　그러나 상황은 변했다. 요즘은 사회를 가르친다거나 사회를 공부한다는 것의 의미가 모두에게 불분명하다. 이제 사회 교과는 교사가 가장 가르치기 어려운 교과 가운데 하나이고, 학생들이 무엇을 학습하며 어떻게 시험 공부를 해야 할지 불분명한 교과가 되어 버렸다. 학부모는 학부모들대로 불만이다. 학생들이 해결하기 어려운 과중한 숙제를 학부모들이 대신해 주어야 하는 사태를 자주 발생시키는 교과도 사회 교과이기 때문이다.

사회 교과를 둘러싼 이런 불편한 현실은 현행 7차 교육과정에 들어서서 보다 강화된 느낌이다. 여기에는 교육을 보는 패러다임의 거시적 변화가 관계한다. 6차 교육과정을 전후해 교수-학습관은 객관주의에서 구성주의로 변화했다. 이와 함께 사회 교육과정이나 교과서가 지식을 다루는 방식도 크게 변화했다. 이제 교사들은 판서하고 밑줄 치고 암기시키는 전통적인 활동 대신에 학생들이 스스로 조사하고 토론하고 탐구하고 발표하도록 해야 한다. 한마디로 활동 중심적인 내용으로 교육과정과 교과서의 내용이 바뀐 것이다.

이런 방향 전환은 21세기의 사회적 현실을 고려할 때 분명 바람직한 것이다. 문제는 '전환의 고통'이 수반된다는 것이다. 전통적인 수업 방식에 익숙한 교육 주체들은 새로운 적응에 고통스러워한다. 교육과정과 교과서는 아이들의 수준에 맞게 어떻게 활동을 조직해야 할지 갈팡질팡하고 교사들은 교사들대로 이전의 관행을 버리지 못해 어려움을 겪는다. 전통적 수업을 고수하는 경우가 있는가 하면 활동 중심으로 전환했으나 교실이 난장판이 되는 부작용을 겪는 경우도 있다. 이런 현상은 총체적으로 사회 수업의 모호성으로 나타나고 있다.

사회과 교육에 관련된 모든 사람들이 이런 현상을 주의 깊게 바라보고 이행의 고통을 줄이는 노력에 함께 동참해야 할 때이다. 그런 점에서 활동 중심으로 진행되는 남상오 선생님의 수업은 이런 전환의 의미와 그 과정에서 우리가 생각해 보아야 할 여러 문제를 이야기하는 데 좋은 소재를 제공한다. 우선 남상오 선생님의 수업을 이해하기 전에 수업의 중요한 맥락인 교육과정과 교과서를 한번 들여다보자.

교 육 과 정 (교 과 서) 살 펴 보 기

　　　　남상오 선생님이 공개한 수업 주제는 '시장'이다. 교육과
정에서 '시장'이란 학습 주제는 계속해서 다루어져 왔다. 그러나 이
주제가 조직되는 방식은 조금씩 변화해 왔다. 어쩌면 다른 주제들에
비해서 변화가 좀 더 심하다고 해야 할지도 모르겠다. '시장'이란 주
제를 배우는 학년, 시장이란 주제가 속한 대단원, 시장이란 주제를 구
성하는 방식은 계속해서 변화해 왔다. 4차 교육과정 이래로 이 주제가
어떻게 바뀌어 왔는지를 다음 표를 보며 살펴보자.

〈교육과정에 따른 '시장' 단원의 변화〉

교육과정	학년	대단원	중단원	특징
4차	5	우리들의 경제 생활	· 현명한 소비 생활 · 생산과 능률 · 시장과 금융 · 우리나라의 산업	경제 중심
5차	4	인간의 사회 생활	· 인간의 공동 생활 · 시장과 돈 · 가정 생활 · 사회 생활의 변천	사회 중심
6차	3	고장 사람들의 물자 생산과 이용	· 우리의 생활에 필요한 것들 · 물자의 생산 · 상점과 시장의 이용	경제 중심
7차	3	고장 생활의 중심지	· 시장과 물자 이동 · 터미널과 교통	지리 중심

　　이 표를 보면 교육과정에서 '시장'이란 주제가 조직되는 방식이 대
단히 다양하다는 것을 알 수 있다. 전통적인 경제학적 개념의 얼개를
중심으로 조직되기도 하고, 인간의 다양한 사회 생활의 한 양상으로

조직되기도 하고, 사람들이 물자를 중심으로 관계 맺는 방식을 보여주는 지리적인 아이디어를 토대로 조직되기도 했다. 4차 교육과정에서 높은 학년인 5학년에서 다룰 때는 구체적인 시장이라기보다는 추상적인 원리로서의 시장의 개념에 가깝게 조직된 데 비해, 3학년에서 배우게 된 6차 교육과정부터는 눈에 보이는 구체적인 시장을 학습하는 것으로 내용이 바뀌었다. 7차 교육과정은 동일하게 3학년에서 이 내용을 다루면서도 6차와 비교해 시장을 경제적인 관점에서 접근하는 경향이 약화되고, 사람들이 관계를 맺고 살아가는 '고장의 중심지'의 하나로 의미를 설정하고 있다.

교육과정이 바뀔 때마다 시장이라는 주제가 다루어지는 방식이 바뀌는 것은 그 나름의 이유가 있겠지만 교사의 입장에서는 이 주제를 다루는 방식이 계속 유동적이라는 것을 의미한다. 즉, 이 주제를 특정한 의미와 특정한 방식으로 다루는 전통이나 관행이 아직 확고하지 않다는 것을 의미한다. 다시 말하면 교육과정이 바뀔 때마다 교사들은 '시장'이란 학습 주제를 '왜' 가르쳐야 하며, '어떻게' 가르쳐야 하는지를 다시 이해해야 한다.

상황을 더 어렵게 하는 것은 하나의 주제에 대한 학습이 특정 학년에서 한 번 다루어지고 끝나지 않는다는 점이다. 나선형 교육과정의 원리에 따라서 저학년이나 고학년에서 좀 더 쉬운 내용이나 좀 더 심화된 내용으로 반복된다. 따라서 교사들은 한 주제를 가르칠 때 그 앞뒤에 어떤 주제들이 있으며 그 주제가 어떤 대단원에 속해 있는가 하는 '수평적' 의미망을 알아야 할 뿐 아니라, 학년별 계열성이라는 '수직적' 의미망까지 고려하면서 내용을 다루어야 한다. 결국 교사는 특정 주제의 정확한 의미를 이해하기 위해서는 전체 교육과정의 변화를 매번 살펴야 하는 어려운 과제를 수행해야 하는 것이다.

　물론 이러한 어려움은 그동안 우리나라 교사들에게 심각하게 문제가 되지 않았다. 왜냐하면 교사들에게는 '교과서'라는 안전판이 있었기 때문이다. 교사들은 굳이 교육과정을 들여다보지 않더라도 교과서의 내용에 따라 교과서의 지시대로 하면 비교적 성공적으로 수업을 할 수 있었다. 한국의 교사들에게 교과서는 교육과정을 해석하는 한 가지 예시가 아니라 교육과정 그 자체였다.

　그런데 이런 상황조차 빠르게 변화하고 있다. 이제 교사들이 교과서를 따라서 수업을 하는 것은 그렇게 쉬운 일이 아니다. 사회 교과서는 객관적인 지식을 담은 전통적인 교과서에서 학생들이 스스로 조사하고 관찰하고 탐구해야 하는 활동 중심형 교과서로 탈바꿈했다. 그런데 문제는 교과서의 이런 활동들이 그다지 정교하게 설계되어 있지 않다는 점이다. 따라서 교과서를 가지고 수업하는 교사들은 많은 어려움을 겪게 된다. 더욱 문제가 되는 것은 정교하지 못한 활동의 조직화로 인해서 무엇을 가르치고 있는지가 불분명하다. 교사는 교과서 내의 활동을 따라 하다가 왜 이 활동을 하고 있는지 자신도 잘 모르는 상황에 종종 직면하게 된다.

　이 때문에 현장 교사들은 과거에는 눈여겨보지 않던 교육과정을 가끔씩 들여다보게 된 것 같다. 가르치는 내용의 의미와 목적을 확인하기 위해서! 그리고 교육과정 문서를 통해서 교과서가 왜 활동 중심으로 구성되어 있는지를 이해하게 된다. 예를 들면 7차 교육과정에서 시장과 관련된 교육과정상의 성취 기준은 다음과 같은 형태로 진술되어 있다.

· 고장의 시장을 견학해 보고 상점의 종류, 판매하는 물품, 사 가는 사람들에
  대해 조사해 표로 나타낸다.
· 견학, 면접, 자료 조사 등의 방법을 통해 고장의 시장에 나온 물건들은 어디
  에서 오고 어디로 가는지 알아본다.

여기서 현행 교육과정이 과거와 다르게 학습자들이 실제로 시장을 견학해 조사하고 조사한 내용을 표로 작성하는 등의 활동을 하도록 요구하고 있는 것을 알 수 있다. 그런데 교육과정을 통해서 교과서의 내용이 명료해지는 경우도 있지만 거꾸로 오히려 혼란에 빠지는 경우도 있다. 교육과정과 교과서가 불일치하는 경우가 많기 때문이다. 예를 들어 시장이란 주제만 보아도, 교육과정에 의하면 학생들은 시장을 견학하고 조사 활동도 하고 난 뒤에 시장에서 유통되는 물건은 무엇이며 이것은 다른 고장과 어떤 관련을 맺고 있는지를 이해해야 한다. 이를 통해 마지막으로 시장이 고장의 중심지로서 어떤 기능을 하는지를 이해해야 하는 것이다.

그런데 교과서를 보면 교육과정의 의도와는 사뭇 다르게 조직되어 있다. 3학년 교과서의 '시장과 우리 생활'이라는 주제는 '시장이 있는 곳'과 '시장이 하는 일'이라는 두 개의 하위 주제로 구성되어 있다. 전자가 시장의 입지에 대해서 생각해 보는 활동이라면 후자는 시장을 견학해 시장의 종류, 시장이 하는 일을 살펴보게 되어 있다. 교육과정은 시장에 대한 일련의 활동을 통해 '물자의 유통'이라거나 '다른 고장과의 관계 맺음'을 이해하도록 하고 있는데, 교과서는 '시장의 입지'와 '시장이 하는 일'을 공부하도록 구성하고 있다.

국정 교과서 체제하에서 나타나는 이런 교육과정과 교과서의 불일치는 결국 교사에게 어려운 과제를 안겨 준다. 교사는 활동 중심으로 내용을 조직하면서 동시에 그 활동의 목적이 무엇인지를 숙고하지 않을 수 없다. 교육과정을 따라야 할지, 교과서를 따라야 할지, 아니면 기존 교육과정 중에 어떤 것을 염두에 두고 수업을 조직해야 할지 딜레마에 빠지게 되는 것이다. 여기에 활동 중심 수업 구성이라는 난해한 과제는 교사를 더욱 어렵게 하며 사회 수업 전체를 모호한 지경으로 몰고 가기 십상이다.

그럼 남상오 선생님은 어떤 선택을 하는지 살펴보자.

교 실   수 업   들 여 다 보 기

수업을 시작하기 전에 남상오 선생님이 준 시장 단원의 수업 계획서를 살펴보니, 학생 중심의 활동을 열심히 하는 교사라는 것을 단번에 파악할 수 있었다. 남 선생님은 학생들과 두 번이나 시장을 다녀왔고 시장의 여러 가지 활동을 담은 작은 책자도 만드는 등 크고 작은 활동을 했다. 그리고 필자가 참관한 시간 동안에는 시장놀이를 했고, 단원을 마무리하는 활동으로 알뜰 시장을 열었다. 이 점에서 보면 남 선생님의 수업은 학습자 중심의 활동형 수업이라는 새로운 사회과 수업의 원칙에 대단히 충실한 수업이다.

필자가 직접 참관한 두 시간의 수업과 비디오로 참관한 한 시간의 수업을 대략 제시하고자 한다.

● 수업 활동 하나 : 시장놀이 연극

> 교 사 오늘은 지난번에 이야기했듯이 연극을 할 거예요. 준비 다 되었지? 준
> 비물 아직 꺼내지 마. 시작하는 모둠부터 꺼내면 되니까. 어느 모둠부
> 터 시작할까요? …… 하고 싶은 모둠 손들어 봐. 모두 다 망설이는 것
> 같으니까 그럼 선생님이 골라 줄게요.

　　필자가 참관한 수업의 첫 장면이다. 소란스런 교실을 조용하게 만든
뒤 남 선생님은 수업을 시작했다. 연극이란 단어가 귀에 들어왔다. 사
회 시간에 연극이라……. 재미있는 발상이라는 생각이 들었다. 이후에
진행되는 활동을 보니 학생들이 모둠별로 나와서 시장놀이를 하는 활
동을 하는 것으로 한 시간의 수업이 진행되었다. 여러 모둠의 활동은
동일한 패턴으로 되어 있기 때문에 한두 모둠의 활동만 아래에 예시하
고자 한다.
　　남 선생님은 한 모둠(4~5명)을 지명해 교실 앞으로 나와서 판을 벌
이게 한다. 학생들은 전 시간에 만든 여러 가지 물건들을 교실 앞 칠
판에도 붙이고 일부는 교실 앞에 배치되어 있는 책상 위에 올려놓은
후 물건을 팔기 시작한다. 주로 두 명의 학생이 가게 주인이 되고 다
른 학생들은 물건을 구입하는 활동을 한다. 첫 번째 모둠은 과일 가게
였다. 학생들은 각자 만든 돈을 꺼내서 과일을 구입하는 활동을 했다.
약 2분 정도 소요된 이 활동이 끝나자 다음과 같은 선생님과 학생 간
의 문답이 이어졌다.

> 교 사 연극 잘 보았어요?

학생들 네.

교 사 뭐 하는 연극이었어요?

학생들 과일 가게요.

교 사 과일 가게에서 어떤 사람들이 나왔어요?

학생들 재호요.

교 사 재호가 아니고 물건을 파는 사람. …… 상인하고 물건을 사는 사람하고 파는 사람이었고, 영환이는 뭐였어요?

학생들 시장 주인, 아르바이트생……

교 사 시장 주인인지 아르바이트생인지는 나중에 물어보고……. 물건을 사고 팔 때 사람들은 어떻게 했어요? 사는 사람은 어떻게 했어요? 물어봤어요. 가격 얼마냐고……. 때로는 뭐를 사겠죠…….

    학생들과의 문답이 끝나자, 남 선생님은 다시 "두 번째 연극하는 팀을 보면서 무엇을 팔고 어떻게 파는지를 알아봅시다." 하면서 동일한 패턴의 활동을 이어서 전개하도록 했다. 두 번째 모둠은 분식점과 옷 가게였다. 학생들의 활동 중 일부를 적어 보면 다음과 같다.

사는 학생 이거 얼마예요?

파는 학생 3천 원입니다.

사는 학생 아저씨 자장면 하나 주세요.

파는 학생 5천 원입니다.

    학생들의 활동이 끝나자 다시 선생님이 이어서 학생들과 이야기를 주고받았다.

교　사　처음 했던 과일 가게랑 뭐가 다른 것 같아요?

학생들　더 자연스러웠어요. 더 재미있는 것 같아요. 실감 나고 장사가 잘되었

어요. 진짜로 하는 것 같았어요…….

교　사　물건을 다른 것을 팔았죠. 옷하고 분식집이었죠. 이상한 것 못 보았어

요? 분식점에서 이상한 것 못 보았어요?

학생들　물건이 막 매달려 있어요.

교　사　자장면을 먹지 않고 장바구니에 넣어서 갔죠. 자, 한 사람에게는 5천

원에 팔았고 다른 사람에게는 3천 원에 팔았죠.

학생들　하나는 짬뽕이었어요.

교　사　아, 짬뽕이었어요? 그러면 분식집 주인장에게 물어볼게요. 왜 자장면

은 3천 원인데 짬뽕은 5천 원이에요?

학생들　짬뽕이 더 맛있잖아요.

이어진 다른 모둠의 활동도 비슷했다. 남 선생님은 "시장에서 어떻게 팔고 무엇을 파는지 한번 봅시다." 하는 말과 함께 활동을 시작하게 하고 끝나고 나서는 "잘된 점과 이상한 점을 말해 보세요." 하고 학생들과 이야기를 주고받았다. 이에 대해서 학생들은 "손님에게 반말을 했어요.", "남의 가게까지 쳐들어가서 물건을 가지고 왔어요.", "수박으로 부채질을 했어요."(수박을 종이로 만들었음) 등 주로 연

▲ 모둠별로 나와서 시장놀이 연극을 하고 있다.

기에서 이상한 점을 중심으로 지적을 했다. 모든 활동이 끝난 후 남 선생님은 수업의 마지막 단계에서 "연극 잘 보았지요?" 하고 묻고 학 생들이 "네." 하고 대답하자, "재미있었지요?" 하는 말로 수업을 마쳤 다. 다음은 수업 후에 적은 한 학생의 모둠 활동에 대한 소감이다.

연극을 한 소감

내가 시장 연극 중에서 맡은 것은 손님 역할이었다. 내가 연극을 하면서 꼭 진 짜 실제 있는 시장에 가서 물건을 사는 사람이 된 기분이었다.

우리 모둠은 연습대로 아주 잘 한 것 같다. 이런 연극은 처음이라서 좀 긴장됐 지만 잘한 것이다.

나는 이 연극이 처음에는 재미있을 줄 몰랐는데 이렇게 재미있을 줄이야. 이런 연극을 자주 했으면 좋겠다.

● 수업 활동 둘 : **선택 활동하기**

이어진 두 번째 시간에는 시장에서 배운 내용을 정리하였다. 남상오 선생님은 교과서의 선택 활동에 나와 있는 세 가지 활동 중 두 가지 활동을 선택해 학생들에게 하게 했다. '선택 1'은 시장에서 떠오르는 말을 열 가지씩 적어 보고, 친구와 비교해 가장 많은 말을 찾아보고 그 까닭은 무엇인지 조사해 보는 활동이다. '선택 2'는 물건을 한 가 지 택해서 시장에 대한 광고를 하는 활동이었다. 남 선생님은 이 두 가지 활동을 택해서 학생들에게 수행하게 했다. '선택 3'은 시장을 관 찰한 글을 보고 시장의 구실을 말해 보는 활동인데, 여러 가지 활동을

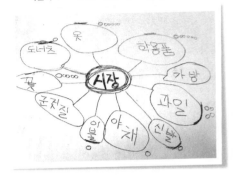

〈선택 1 - '시장' 하면 떠오르는 말 10가지〉

통해서 충분히 숙지했다고 생각했 는지 이 활동을 택하지는 않았다. 이 중 첫 번째 활동에 대해서만 간단히 이야기해 보고자 한다.

남 선생님은 학생들에게 A4 용 지를 나누어 준 뒤에 '시장' 하면 떠오르는 말을 열 가지 적게 하고 이를 모둠과 비교했다. 남 선생님

은 한두 학생을 시켜서 발표를 하게 한 후에 다음과 같은 말로 첫 번 째 활동을 정리했다.

"그 옆에다가 공통점, 비슷하게 나온 것을 써 보세요. 그리고 그 이 유도 밑에 써 보세요."

"공통으로 쓴 것 여기다가 써 보고요. 이유도 써 보세요."

학생들이 이유를 쓰는 것을 어려워하자 남 선생님은 다시 다음과 같 이 말을 이었다. "이유가 아니라면 다른 것을 써 봅시다. 시장을 무엇 이라고 했죠? 물건을 사고파는 곳. 또 시장 하면 무엇을 쓸 수 있을 까? 우리 고장의 중심지. 중심지가 무엇이에요? 시장은 어디에 세워진 다고 했어요? 시장이 세워지면 사람이 많이 다닌다는 뜻이 되겠지요. 자, 거기는 정리가 잘 안되는데……. 그러면 뒷면으로 넘겨 보세요." 이후 남 선생님은 두 번째 활동으로 넘어갔다.

● 수업 활동 셋 : **알뜰 시장 체험**

마지막 수업은 알뜰 시장을 실제 여는 것이다. 남 선생님의 말대로 시장 활동을 총정리하는 시간이다. 학생들은 각자 집에서 교환하고 싶

은 물건을 가지고 왔다. 선생님은 학생들이 가져온 물건을 책상 위에 올려놓게 한 후에 한 명 한 명 일어서서 자기가 가져온 물건을 다른 학생들에게 보여 주도록 했다. 다른 학생들은 그 물건을 보면서 자기가 교환하고 싶은 물건을 마음속으로 정하도록 했다. 학생들이 가져온 물건을 몇 가지 예시해 보면 다음과 같다.

고무줄 총, 물안경, 머리핀, 각종 카드, 메모지 판, 만화책 등 각종 책, 로봇, 종이돈, 가방…….

> 교 사 여러분이 한꺼번에 물건을 볼 수 없죠. 또, 여러분이 한꺼번에 돌아다
> 니면 어떨까? 그러면 소란해서 안 되겠죠. 한 사람이 자기 물건을 소
> 개할 때 나는 저것이랑 바꾸었으면 좋겠다 하고 마음속에 생각해 두면
> 좋겠죠.

이렇게 해서 학생들은 각자 자리에서 일어나서 자기 물건을 들어서 다른 학생들에게 보여 주었다. 가지고 온 물건에 대한 소개가 끝나자 남 선생님은 모둠 대표가 나와서 가위바위보를 하게 한 뒤에 두 모둠이 먼저 다른 모둠을 돌아다니면서 물건을 교환하게 했다. 학생들은 신나게 다른 모둠을 돌아다니면서 물건을 교환했다. 약 5분에 걸쳐서 물건을 교환하는 활동이 끝나자 다음 모둠, 그 다음 모둠으로 같은 활동이 이어졌다.

모둠별로 물건을 교환하는 활동이 마무리되자, 남 선생님은 마지막으로 전체 학생들이 일어나서 그동안 교환하지 못한 것을 교환하도록 했다. 마지막 활동에서 학생들은 모두 일어나 다른 학생들과 열심히

물건을 교환했다. 학생들 모두 진지하게 이 활동에 몰두했다.

활 동 중 심 사 회 수 업 의 난 점 들

　　　　　앞에서 예시한 것처럼 남상오 선생님의 수업은 다양한
활동들로 구성되어 있다. 활동 중심 수업은 전통적인 수업에 비해 아
이들의 성장을 자극하는 다양한 학습 경험을 제공한다. 학습자들은 지
식의 피동적인 수용자가 아니라 능동적인 의미 구성자로서의 역할을
한다. 남 선생님의 수업은 적어도 세 가지 면에서 활동 중심 수업의
장점을 잘 드러내고 있다.
　첫째는 학습자들이 학습을 흥미 있는 것으로 체험한다는 점이다. 학
습일지나 인터뷰 등을 통해서 살펴본 바에 의하면 학생들은 사회 수업
을 매우 재미있게 인식하고 있었다. 이것은 중요한 사실이다. 대부분
의 조사 연구에서 사회 수업에 대한 학습자들의 흥미도가 낮다는 것을
보고하고 있는 상황을 고려할 때, 학생들이 흥미 있어 하는 사회 수업
을 찾고 그 이유를 탐구하는 것은 의미 있는 일이다.
　일반적으로 흥미를 이야기할 때 학습 내용의 본질과 관련된 내재적
흥미와 이와는 관계없는 '보상 체계' 등으로 인한 외재적 흥미로 구분
한다. 그런데 남 선생님의 수업에서 학생들이 느끼는 흥미는 주로 내
재적 흥미이다. 남 선생님은 수업에서 칭찬 스티커나 점수 등의 외적
인 보상 체계를 거의 사용하지 않는다. 그럼에도 불구하고 학생들은
수업을 즐거워하고 활동에 몰입한다. 이는 아이들의 능동적인 학습 활
동과 연관되어 있다.

둘째로 다양한 교과를 넘나드는 통합적 경험을 한다. 예를 들어 학생들은 시장놀이를 하기 위해서 물건을 만들어야 한다. 이런 제작 활동을 통해 사회 수업은 자연스럽게 미술 수업이나 실과 수업 등과 통합된다. 또 시장놀이나 알뜰 시장 체험에 대한 소감문을 적는 활동은 자연스럽게 글쓰기와 표현 활동으로 연결된다. 이런 활동을 통해 학생들의 학습 경험은 학문이나 교과의 경계를 따라 가로막히지 않고 자연스럽게 흐르고 소통하고 통합된다. 분절된 학문 체계의 칸막이 구조가 초등학교 교과에까지 어두운 그림자를 드리우고 있는 현실을 감안할 때 교과를 넘나들면서 의미 있는 활동을 조직해 제공하는 학습 활동의 중요성은 충분히 강조될 가치가 있다.

셋째로 활동 중심 수업을 통해서 학생들은 다중지능적 경험에 노출된다. 다양한 모둠별 활동을 통해서 언어적 지능과 대인 관계적 지능을 훈련하게 된다. 시장을 견학하는 활동을 통해 공간적 지능을 훈련할 기회를 얻으며 여러 가지 제작 활동을 수행하면서 신체 운동적 지능을 단련한다. 즉, 학생들은 기존의 논리 수학적 기능을 넘어서서 관찰, 제작, 조사, 협력 등의 다양한 학습 경험을 동료들과 공유함으로써 사회과에서 요구하는 사회적 인간으로 성장할 수 있는 풍부한 기회를 제공받을 수 있다.

그러나 이런 장점에도 불구하고 남상오 선생님의 수업은 여느 사회 수업과 마찬가지로 활동 중심이 가지고 있는 여러 가지 문제점과 성찰해야 할 요소들을 내포하고 있다. 필자는 이와 관련해 크게 세 가지를 이야기하고자 한다.

첫째는 활동 목적의 불명료성이다. 남 선생님은 교과서의 의도에 따라서 수업을 하는 경우도 있지만 그와는 전혀 다른 활동을 창안해 수행하는 경우도 있다. 그런데 그런 활동의 목적이나 상호 연관성이 다소 부족해 보인다. 일련의 활동들의 목적은 무엇이며 무엇을 지향하고 있는가? 앞의 교육과정에서 살펴보았듯이 '시장'이란 주제에 접근할 수 있는 방식은 대단히 다양하다. 이 중에서 남 선생님은 무엇을 염두에 두고 활동을 조직했을까? 예를 들어 시장놀이 연극은 무엇을 염두에 두고 기획된 것일까? 수요자와 공급자가 만나서 가격이 결정되고 거래가 이루어지는 경제학적 아이디어를 염두에 둔 것일까? 서로 다른 곳에서 생산된 물건이 시장을 통해서 거래되고 유통되는 고장의 중심지로서 시장을 다루려고 한 것일까? 아니면 시장 사람들이 하는 일과 상거래의 질서와 도덕을 경험하게 하려고 한 것일까? 필자에게 이 질문은 풀리지 않고 모호한 채로 계속 남아 있다.

굳이 선택을 하라면 남 선생님의 수업 활동은 마지막의 '상거래의 질서와 도덕'에 가까워 보였다. 물건을 사고파는 시장놀이 연극과 각 모둠의 잘하고 못한 점을 지적함으로써 학생들은 시장 사람들이 하는 일과 올바른 주인과 손님의 역할을 경험하는 듯 보였다. 교육과정의 의도와도 상이하고 교과서와도 다소 거리가 있는 이런 선택 ─ 사실 필자의 해석이 맞다면 이것은 6차 교육과정기의 시장을 다루는 방식과 다소 유사하다 ─ 은 남 선생님의 적극적인 판단의 결과일까? 아니면 치밀하게 기획되지 않은 우연의 산물일까? 학습의 시작이나 말미에 학습 목표나 정리 활동을 거의 하지 않는 남 선생님의 수업은 이런 모호성을 증폭시키고 있다.

둘째로 활동 내용의 구조화 문제이다. 특정한 활동의 목적이 정해졌을 때 교사는 활동을 이러한 목적을 수행하기에 적합하게 구조화해야 한다. 이러한 구조화에는 활동의 목적뿐 아니라 교실의 상황, 학습자의 준비도, 활동 시간 등이 고려되어야 한다. 이 가운데 교실의 상황 맥락은 활동의 구조화에 매우 중요한 요소이다. 교실 안에서 가능한 활동인지, 교실 바깥에서 체험해야 할 활동인지를 교사는 고려해야 하며, 교실 안의 활동이라 하더라도 모든 학생들에게 동일한 활동을 하게 해야 할지 모둠별로 상이한 학습 경험을 제공해야 할지 결정해야 한다. 이런 문제뿐 아니라 다양한 활동 과정에서 발생하는 소란함을 어떻게 통제할 것인가도 사소한 문제가 아니다.

구조화의 문제와 관련해 남 선생님의 수업에서는 배울 점도 있고, 함께 생각해 보아야 할 문제점도 있다. 예를 들어, 남 선생님은 모든 활동에 학생들이 참여하게 하고 있다. 시장놀이라는 연극도 그렇고 알뜰 시장도 그렇고 교실 내의 학생들은 하나도 빠짐없이 활동 과정에 평등하게 참여하도록 한다. 이는 학생들이 소외되지 않고 능동적으로 참여한다는 점에서 바람직한 것이다. 그러나 동시에 동일한 활동이 계속해서 반복됨으로 인해서 수업이 단조롭게 되는 단점도 발생한다.

이 점에서 보면 시장놀이 연극보다는 알뜰 시장이 보다 적절하다는 느낌을 받는다. 알뜰 시장의 경우, 학생 한 명 한 명이 먼저 자기 물건을 소개하고 모둠별로 다른 모둠을 돌아다니면서 물건을 바꾸고 그 이후에 전체 학생들이 교실 전체를 돌아다니면서 물건 교환을 하게 하는 등 일련의 단계화된 순서를 따라서 활동을 전개하고 있다. 교실 공간을 고려한 적절한 활동의 구조화라고 할 수 있다.

반면에 시장놀이는 모든 모둠이 같은 활동을 전개하고 있고, 앞에서 시범을 보이는 학생들의 활동이 뒤에서 잘 관찰되지도 않는다. 같은 활동을 모둠별로 나와서 계속 시범을 보이기보다는 한 모둠이 시범을 보이고 다른 모둠은 각자 모둠에서 하게 한 후에 그 느낌을 나누어 본다든지 하는 식으로 좀 더 다양하게 활동을 구조화했더라면 더 역동적이고 학습 경험도 더 풍부하지 않았을까?

세 번째는 활동의 계열성 문제이다. 남 선생님은 두 번에 걸쳐서 시장을 견학하게 하는 등 다양한 활동을 학생들에게 경험시켰다. 그럼에도 불구하고 교과서 정리 활동을 별다른 수정 없이 학생들에게 다시 부과하고 있다. '시장' 하면 떠오르는 단어를 써 보는 활동이나 물건을 광고하는 교과서의 선택 학습은 다양한 활동 중심으로 수업을 전개하는 남 선생님의 단원 전체 계획에 비추어 보면 다른 활동에 통합시켜서 이미 수행했어야 하는 활동이다. 실제로 남 선생님은 수업의 앞부분에서 이미 '시장' 하면 떠오르는 단어를 학생들에게 쓰게 하는 활동을 한 바 있다. 그렇다면 선택 학습에서 다시 이것을 하는 것은 불필요하다. 만약 같은 활동을 반복해서 수행한다면 앞에서 떠올린 단어와 비교해 무엇이 달라졌으며 왜 달라졌는지를 보다 적극적으로 생각해 보도록 구조화하는 것이 좋았을 것이다.

시장놀이 연극과 알뜰 시장의 계열성 문제도 생각해 볼 점이 있다. 실제로 물건을 교환한다는 점에서 알뜰 시장 활동은 시장놀이 연극보다 심화된 활동이다. 한편, 시장놀이 연극에서는 종이돈이지만 가상의 돈이 개입한다는 점에서 알뜰 시장의 물물교환과는 더 심화된 개념이 매개된다. 따라서 양자의 계열적 구분은 다소 불분명해 보인다.

이상의 지적은 남 선생님이 학급의 학생들과 공유하는 즐거운 사회 수업을 폄하하는 것이 아님을 분명히 밝혀 둔다. 다만 패러다임의 전환이라고까지 불리는 큰 변화의 물결 속에서 우리가 공동으로 생각해야 할 문제들이 아직 많다는 것을 남 선생님의 수업을 빌려서 표현해 본 것이다. 좋은 수업을 보여 준 남 선생님에게 감사의 마음을 전한다.

결론을 대신하여

　　　시장에 한번 가 보라. 화려한 각종 상품들, 호객하는 이들의 낭랑한 목소리, 이것저것 구경하고 흥정하느라고 부산한 손님들……. 이런 모습이 시장의 가시적 모습이라면 이 구체적 모습 뒤로 시장을 구성하는 보이지 않는 원리들도 쉼 없이 작동하고 있다. 눈을 크게 뜨고 시장을 살펴보라. 물건과 사람의 흐름을 형성하는 거대한 네트워크가 보이는가? 아니면 거대한 흐름을 관통하는 수요와 공급 법칙의 단순하면서도 정교한 아름다움이 감지되는가?

　자본주의라는 거대하고 복잡한 현실이 시장경제라는 은유로 표현될 정도로 시장은 구체적이면서도 추상적이고, 단순하면서도 복잡한 우리 삶의 현실이다. 이 가시성과 비가시성의 복잡한 현실 중 대체 어떤 부분을 초등학교 3학년 학생에게 경험시키려고 하는가? 그리고 그것을 어떤 선행 학습과 후행 학습의 계기적 연관 속에 위치시키려고 하는가? 이런 질문에 대한 해답이 명료해질 때까지 시장이란 주제를 다루는 교실과 시장이란 주제를 구성하는 교육과정의 방황은 계속될 수밖에 없을 것이다.

현장에서 구현하기 너무 어려운 사회

남상오 _ 서울 번동초 교사

수업을 하면서 내가 무엇을 하고 있는지 모를 때가 많다. 특히 사회과는 심하다. 교과서대로 가르칠 수 없어서 이렇게 저렇게 재구성을 하고 겨우 한 시간을 때우는 것이 현실이다. 만약 대부분의 초등 교사가 나와 같다고 한다면 지나친 일반화일까?

수업을 공개하는 것은 부담스럽지 않았다. 다른 이의 시선으로 내 수업을 보고 싶었고 그 안에서 내가 어떻게 움직이고 있는지 확인할 수 있을 것이라는 기대가 앞섰기 때문이다. 다만 내가 우려했던 것은 껍데기뿐인 공명심과 가냘픈 자존심을 지키기 위해 잘 만들어진 수업을 보여 주려는 내 안의 외침이었다. 다행히 수업 중 아이들에게 언어만 좀 순화해서 사용했을 뿐, 일상적으로 이루어지는 수업을 보여 주는 데 무리는 없었다.

공개수업을 마치고 한참이 지나서 이혁규 교수의 원고를 받아 보았다. 다른 사람들도 그렇겠지만 수업이 끝나고 일주일만 지나도 내가 뭘 했는지 기억하기가 쉽지 않다. 희미한 기억을 되새기며 원고를 읽었다. 이혁규 교수의 시선은 충분히 객관적·분석적이었고, 내 수업을 좀 더 명확하게 볼 수 있었다. 물론, 어떤 이는 교사가 처한 특수한 상황과 학교 시스템에 대한 이해 없이 세 시간의 수업 참관만으로 수업과 교사를 판단하는 것을 경계하기도 하지만 이러한 수업 비평의 의미를 부정하지는 않을 것이다.

이혁규 교수의 글을 읽으며 되묻고 싶은 것이 전혀 없었던 것은 아니다. 초등 사회과를 연구하는 연구자로서 현재 초등학교 사회과가 현장에서 구현하기에 너무 어려운 것이 아닌가 하는 문제에 대한 의견을 듣고 싶었다. 사회과는 활동과 체험이 수업의 중요한 축을 이루고 있는데도 현실적으로 대부분의 수업을 교실에서 진행할 수밖에 없다. 학급당 학생 수, 활동·체험 장소의 부재, 학교 구성원의 인식 부족이 대표적인 원인일 것이다. 이런 상황에서 어떻게 하면 좋을까? 그저 재구성을 할 수 있다는 면죄부를 이용해 교사들의 개인적 능력으로 치부해 버릴 수는 없지 않은가.

사회과 교육과정의 재구성에 대한 필요성을 느낀 것은 교사 생활을 시작하고 나서였지만 실제로 시작한 것은 2년 전부터이다. 수업을 하면서 교육과정을 재구성한 이유는 간단하다. 아이들에게 거의 기억되지 않고 재미없는 사회 수업에서 최소한의 재미라도 찾아주자는 의미에서였다. 다행히 가끔 사회가 재미있다는 아이도 있다. 그러나 이혁규 교수가 지적했듯이 나는 내 수업의 의도를 교육적인 측면에서 찾지 못하고 있다. 이것이 현재의 내 모습이다. 그 원인이 이혁규 교수가 말한 활동 중심 수업의 한계인지, 아니면 사회과 교육과정의 내재적 모순 때문인지는 확신이 서지 않는다.

이번 수업 공개를 통해서 내 수업의 일부분을 확인할 수 있었다. 이것이 교사로서의 성장에 밑거름이 될 것이다.

03

게임을 통해 배우는 세계무역

이혁규 _ 청주교대 사회과교육과 교수

이 수업은 대학 간 교환 프로그램의 일환으로 캐나다의 예비 교사 콘라드(Conrad)가 2005년에 청주교대 3학년 학생들을 대상으로 실시한 수업이다. 실제 캐나다에서 이 수업은 5~7학년 정도의 학생들을 대상으로 이루어진다고 한다. 수업의 주제는 '세계무역 이해하기'인데 콘라드는 게임 형식으로 이 수업을 설계하였다.

난해한 주제를 게임 형식으로 구성하는 것도 재미있을 뿐 아니라, 우리와 문화적 배경이 다른 외국 교사의 수업을 우리 수업과 비교하여 읽는 재미도 있기 때문에 소개하고자 한다. 특히, 이 수업은 '학생 중심 수업'이나 '개별화 수업' 문제로 고민하는 우리 교사들에게 풍부한 자극과 생각할 거리를 제공해 준다.

캐 나 다   예 비   교 사 와 의   만 남

타자의 경험은 내 경험과 다르다. 그래서 타자와의 만남은 항상 긴장을 수반하는 동시에 배움의 계기도 제공한다. 특히 문화적 배경이 다른 타국인과의 만남은 더 많은 긴장을 수반하는 한편, 좀더 강한 성찰의 기회가 된다. 캐나다인 예비 교사 콘라드(Conrad)와의 만남은 내게 그런 계기를 제공했다. 그를 통해서 나는 우리 수업 문화를 타자의 거울에 비추어 볼 수 있었다. 캐나다 교사의 수업 실천에 비추어 본 우리 수업의 성찰!

2005년 가을, 우리 대학은 캐나다 벤쿠버에 위치한 사이먼 프레이저 대학과 의미 있는 교류 협력 사업을 진행했다. 이 대학은 40여 년의 역사를 가진 비교적 젊은 대학으로, 양질의 교사 양성 프로그램을 운영하고 있는 것으로 잘 알려져 있다. 교사 자격증을 가진 이 대학 졸업생 세 사람이 인턴 자격으로 우리 학교에 초청되었다. 나는 그중 한 사람이 사회교과 전공인 것을 확인하고 팀티칭을 신청했다. 사실

▲ 캐나다 예비 교사 콘라드가 세계무역 수업을 어떻게 진행할 것인지 이야기하고 있다.

팀티칭이라고 해도 한 학기 동안 계속 진행되는 것이 아니라, **15주** 강의 중 단 한 주를 인턴 교사와 공동으로 기획해 진행하는 것이다.

이런 조건이기 때문에 나는 세 시간 강의를 어떻게 진행하는 것이 가장 생산적일지 고민했다. 캐나다의 문화, 교육제도, 교사 양성 과정 등 다양한 주제들이 생각났다. 이런 주제로 콘라드가 수업을 준비해서 우리 교대생들에게 이야기를 해 주면 좋은 간(間)문화적인 체험이 되지 않을까? 콘라드를 만나 대화를 나누면서 나는 내가 생각하는 우리나라 수업 문화의 문제점과 고민에 대해서 이야기했다. 그때 한 이야기의 요지를 약간 각색해 서술하면 다음과 같다.

한국 교사들은 독특한 수업 전문성을 가지고 있다. 만약 교과서 한 권과 분필

한 자루를 주고 교과서 내용을 멋있게 잘 전달하는 세계 교사 대회를 하면 상위 등위를 모두 한국 교사들이 차지할 것이다. 아마 1등에서 50등까지 한국 교사가 차지하지 않을까? 한국 교사들은 어려운 교과서 내용을 잘 요약해 학생들에게 전달해 주는 '전달 전문가들'이다. 그리고 그런 능력에 대해서 자부심을 가지고 있었다. 그런데 교육의 패러다임이 변하면서 교사들에게 요구되는 전문성의 성격도 바뀌었다. '학생 중심', '활동 중심', '개별화 학습' 등 익숙하지 않은 새로운 요구들이 한국 교사들을 괴롭히고 있다. 그리고 이런 새로운 요구 앞에 많은 교사들이 무력감을 느끼고 있다. 대학도, 학교도, 교사도 교사 중심의 전달식 문화 속에 오랫동안 길들여져 왔기 때문에……

필자의 이런 설명에 대해서 콘라드는 흥미를 보이면서 캐나다 사례를 들려주었다. 캐나다는 다민족적인 전통을 가지고 있어서 비교적 일찍부터 개별 학생들이 가진 다양성에 민감하게 반응하는 것이 중요한 교육적 이슈로 부각되었다는 것이다. 예를 들어 캐나다의 어떤 교실은 학생들의 인종 배경이 열 가지도 넘는다. 그런 곳에서 역사 수업을 한다고 가정해 보자. 모든 학생들이 배워야 할 표준적인 역사를 상정하고 가르친다면 여러 가지 문화적 저항을 불러일으킬 것이다. 따라서 교사는 모든 학생들이 배워야 할 표준적인 내용을 교육과정으로 가르치는 대신에 학생들의 흥미와 적성, 문화적 배경에 따라서 다양한 읽을거리와 활동을 제공할 수밖에 없다. 그렇다면 캐나다 교사들은 우리보다 학생 중심의 개별화 수업에 더 능숙할 것이라 생각이 들었다. 이야기를 나누는 동안에 나는 콘라드에게 부탁할 강의의 주제를 자연스럽게 떠올릴 수 있었다. 백문이 불여일견이라고 하지 않던가! 우리 학생들에게 캐나다의 초등학교 수업 장면을 보여 주고 이에 대해서 함께 토론하게 해 보자. 그런데 콘라드는 아쉽게도 준비해 온 수업 비디오가 없다고 했다. 그렇다면 어떻게 캐나다 수업을 체험할 수 있을까? 고심하다가 좋은 아이디어가 떠올랐다. 우리 교대 학생들을 캐나다 초등학생이라고 가정하고 캐나다의 특성이 드러나는 수업을 콘라드가 구안해서 우리 교대생들이 직접 경험하게 하는 것이다!

독 특 한   수 업 안 을   받 다

콘라드는 좋은 제안이라고 동의하고 돌아갔다. 자신감을 보이면서! 그리고 며칠 뒤에 이메일로 수업안을 하나 보내 왔다. 수업안의 주제는 '세계무역'에 관한 것이었다. 제목을 보니 세계무역을 게임을 통해 배우도록 하겠다는 것이다. 순간 내가 학교에서 배웠거나 혹은 가르쳤던 세계무역 수업이 생각났다. 우리 교과서는 일반적으로 세계무역이 발생하는 이유를 각국이 보유하고 있는 자원이나 기술의 차이 때문이라고 설명한다. 이 경우 각국은 국내에서 필요한 모든 것을 다 생산하기보다는 자국이 더 풍부하게 가지고 있는 것을 특화해 생산한 후 서로 교환하면 서로에게 이익이 된다는 것이다. 이런 설명은 학문적 위계에 따라 점차 심화되어서 고등학교 단계에 가면 '절대우위'나 '비교우위'와 같은 개념을 통해 무역의 발생 이유를 좀 더 치밀하게 설명한다. 그리고 이런 설명식 교과서 서술을 따라서 이루어지는 수업들도 대부분 개념을 풀어서 설명하는 교사 위주의 설명식 수업이다. 그런데 세계무역을 게임으로 하겠다니, 어떤 발상일까? 궁금증을 가지고 수업안을 살펴보니 먼저 게임의 목표가 적혀 있었다.

이 게임의 목적은 무역이 한 나라의 발전에 어떤 영향을 미치는지를 이해하도록 돕고, 흥미롭고 비학문적인 방식으로 세계무역에 관한 관심과 논의를 일으키고자 하는 것이다.

게임의 목표 중에서 '비학문적인 방식(non-academic way)'이란 말이 눈에 들어왔다. 이것이 무슨 의미일까? 왜 수업의 목표 부분에 비학문적인 방식이라는 말을 강조해서 표현했을까? 독자들도 이 말에 의문을 가져 보기를 바란다. 필자 나름의 해석은 이 글의 끝부분에 간단히 적어 놓았다.

계속 수업안을 살펴보니 중간 부분에 무역과는 전혀 상관없어 보이는 삼각형, 사각형, 반원, 원과 같은 간단한 도형들이 다음과 같이 그려져 있었다. 규격이 표시된 간단한 삼각형과 사각형, 반원, 그리고 그 도형의 가운데 표시되어 있는 가격이라! 이것들이 세계무역이라는 주제와 무슨 상관이 있을까? 또다시 궁금해지지 않는가?

도형 아래에는 다음과 같은 수업 준비물이 나와 있었다. 간단한 도형에다가 각종 학용품이라! 무슨 게임을 하려는 걸까? 영민한 독자라면 벌써 이 게임의 의도를 눈치 챘을지도 모른다. 아니라면 인내를 가지고 이 글을 계속 읽어 보시라!

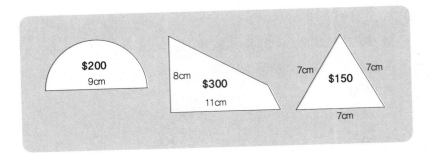

〈준비물〉
• 30장의 하얀색 A4 용지
• 6장의 노란색 A4 용지
• 자 2개
• 가위 4개
• 계산기 2개

• 30장의 100$짜리 지폐
• 풀 2개
• 컴퍼스 4개
• 삼각자 2개
• 연필 20자루

※ 학급 구성원이 30명쯤이라고 가정함.

독자의 상상력을 유발하기 위해서 이 수업안의 전모를 다 드러내지 않고 일부분만을 좀 더 인용해 보겠다. 이 내용을 가지고 이 글을 다 읽기 전에 자기 나름의 세계무역 게임을 한번 구상해 보시라. 아마 쉽게 구상이 된다면 여러분은 학생 중심의 활동형 수업을 기획할 수 있는 자질을 어느 정도 갖추고 있는 셈이다.

지구는 두 부분으로 나누어져 있다. 경제적으로 부유한 북부와 가난한 남부로. 이 양자의 차이를 설명할 수 있는 다양한 방식들이 있다. 그러나 한 가지는 분명하다. 즉, 부자 나라와 가난한 나라의 격차가 점점 커지고 있는데 그것은 부분적으로 가난한 남부의 희생으로 북부가 이익을 얻게 되어 있는 현재의 세계무역 체계 때문이다. 이 게임은 다른 종류의 종이 상품들을 생산하는 것을 통해서 세계무역이 어떻게 작동하는지, 각 나라들이 어떻게 상호 작용하는지, 누가 승리자가 되고 누가 패배자가 되는지를 보여 줄 것이다. 이 활동은 학생 중심이 되도록 숙고해 설계되었으며 초등 고학년이나 중등 저학년에 적합하다.

게임에 몰두하는 초등학생들! 아니 교대생들!

콘라드의 수업은 세 부분으로 나누어 세 시간 동안 진행되었다. 1부는 캐나다의 사회과 교육에 대해서 개관하는 설명을 했고, 2부는 앞에서 소개한 세계무역에 관한 게임을 했다. 그리고 3부에서는 학생들이 경험한 게임의 의미를 나누고 교사의 입장에서 이 경험을 어떻게 정리할 수 있을지 논의했다. 이 가운데 2부를 중심으로 수업 진행 과정을 소개하고자 한다.

먼저 콘라드는 수학에 흥미가 있는 두 명의 학생을 자원자로 뽑아서 세계은행 일을 맡겼다. 그리고 나머지 학급 학생들을 인원 수가 각각 다른 여섯 개의 모둠으로 편성했다. 모둠 배치가 끝나자 콘라드는 모둠별로 다른 분량의 학용품을 나누어 주고 이에 대한 설명을 시작했다.

이것은 5학년이나 6학년 정도의 초등학생들이 할 수 있는 게임입니다. 이 게임은 자원의 개념을 이해하고 이런 자원들이 세계에서 어떻게 거래되는지를 학생들에게 경험시키기 위한 것입니다. 지금 여섯 개 모둠은 지구상의 각기 다른 나라를 상징합니다. 내가 선택한 여섯 나라를 지도를 통해서 확인해 보겠습니다. 모잠비크는 여기에 있습니다. 모잠비크는 적색으로 표시되어 있죠. 매우 가난하다는 뜻입니다. 그리고 인구밀도도 높습니다. 그래서 모잠비크 역할을 맡은 모둠은 모둠원 수는 많고 자원은 적습니다. …… 반면에 캐나다는 적은 인구와 많은 자원을 가지고 있습니다. 한국의 경우는 석유나 다른 자원이 없습니다. 그러나 한국은 풍부한 인적 자원을 가지고 있습니다. 그리고 높은 수준의 기술을 가지고 있습니다. …… 여러분에게 나누어 준 학용품을 활용해 칠판에 예시한 도형들을 똑같은 모양으로 다섯 개씩 만들어서 세계은행에 예치하면 세계은행에서는 10분이 경과할 때마다 10%의 이자를 가산해 줍니다. 다섯 개 모두 정확히 똑같은 모양이어야 합니다. …… 모든 활동이 끝난 다음에 가장 많은 돈을 예치한 모둠이 승리자가 됩니다. 그리고 게임을 할 때 폭력을 행사하거나 다른 수단을 써서는 안 됩니다. 그 경우 유엔 사무총장이 개입해 제재를 가할 것입니다.

자, 이제 이 게임이 무엇을 하도록 의도되었는지 알겠는가? 여섯 개 모둠은 자원, 인구, 기술이 다른 지구상의 여섯 나라를 상징한다. 각기 다른 나라를 상징하기 위해 여섯 모둠은 모둠원의 숫자와 할당받은 자원이 모두 약간씩 다르다. 모둠원과 자원의 차이는 대략 다음 표와 같다(정확한 숫자는 아님).

〈여섯 모둠(나라)의 모둠원 수와 자원의 차이〉

나라 이름	모둠원 수	분배된 자원들
캐나다 (선진국)	4	하얀 종이 6장, 가위 2개, 자 3개, 각도기 1개, 삼각자 1개, 연필 4자루, 100달러짜리 지폐
한국 (선진국)	5	하얀 종이 4장, 가위 2개, 자 3개, 각도기 1개, 삼각자 1개, 연필 4자루, 100달러짜리 지폐

브라질 (중진국)	6	하얀 종이 10장, 노란 종이 1장, 가위 1개, 자 2개, 풀 2개, 10 달러짜리 지폐
멕시코 (중진국)	8	하얀 종이 10장, 노란 종이 1장, 가위 1개, 자 2개, 풀 2개, 10 달러짜리 지폐
캄보디아 (후진국)	7	하얀 종이 6장, 노란 종이 1장, 연필 3자루
모잠비크 (후진국)	7	하얀 종이 6장, 노란 종이 1장, 연필 3자루

이런 조건에서 모둠이 가지고 있는 자원을 활용해 간단한 도형을 정확한 크기로 만들어서 세계은행에 저금하는 게임이다. 이 얼마나 간단한 게임인가! 여기까지 읽고 나서도 이런 게임이 세계무역과 어떻게 관련되어 있는지 아직도 잘 모르겠는가? 그러면 인내를 가지고 이후 어떤 활동이 진행되는지 계속해서 살펴보자.

수업 상황을 살펴보니, 처음 5분 동안 캐나다와 한국, 브라질과 멕시코는 바쁘게 움직였다. 캐나다와 한국은 자와 컴퍼스를 이용해 가장 값나가는 물건(도형)을 계속 만들었다. 이에 비해서 모잠비크와 캄보디아는 아무것도 하지 못하고 멍하니 앉아 있었다. 생산 활동으로 바쁜 선진국과 경제 활동을 하고 싶어도 하기 어려운 후진국의 모습이 잘 대비되는 순간이었다. 그러나 후진국이라고 그냥 가만히 있기만 하겠는가? 아니나 다를까 이들은 가지고 있는 하얀 종이를 가지고 선진국과 거래(무역)를 시도하기 시작했다. 다음은 학생들이 거래를 위해서 대화를 나누는 한 장면이다.

모잠비크인 종이 한 장 줄 테니, 가위 좀 빌려 줘.

한 국 인 1 그래, 한 번만 빌려 줄게.

한 국 인 2 가위를 빌려 주면 어떻게 해?

한 국 인 1 한 번만 빌려 준다니까?

모잠비크인 (불만스러운 표정으로) 한 번만 빌려 주다니.

이처럼 게임 속에서 나라와 나라 사이의 무역은 자연스럽게 발생하기 시작했다. 학생들은 자기에게 남아도는 물건을 가지고 다른 모둠에 가서 필요한 물건을 교환하려고 시도했다. 그 과정에서 자연스럽게 협상이 진행됐다. 어떤 모둠은 처음에는 별 생각 없이 비싼 물건(이 게임에서 원을 만들 경우 500달러를 받는데 이를 위해서는 컴퍼스와 가위가 필요하다.)을 만들 수 있는 컴퍼스나 가위를 다른 모둠에게 빌려 주었다. 그러다가 캄보디아나 모잠비크 같은 나라가 이런 도구를 이용해 비싼 물건을 만들자, 그 모둠은 빌려 주었던 물건을 다시 회수하려고 했다. 이로 인해서 다툼이 일어났다. 무역 마찰로 인해서 정치적 분쟁이 발생하게 된 것이다. 콘라드는 이런 장면들을 주의 깊게 관찰해 그때그때 필요한 개입을 했다. 다음은 콘라드의 말이다.

> 나는 유엔의 대표입니다. 한국이 국제무역 규범을 위반했기 때문에 한국에 무역 제재를 가하고자 합니다. 앞으로 5분 동안 한국은 다른 나라와 무역을 할 수 없습니다. 다른 나라도 마찬가지입니다. 만약 이를 위반하고 거래를 할 경우에 유엔은 세계은행에 예치되어 있는 여러분들의 재산을 몰수할 것입니다.

이로 인해서 한국은 다른 나라와 5분 동안 무역을 할 수 없게 되었다. 그런 가운데서도 다른 모둠들은 물건 만들기와 거래를 계속해서 진행했다. 하얀 종이에 원을 그리는 동료를 보고 중앙에다 원을 그리면 낭비되는 종이가 많아져서 물건을 많이 못 만든다며 훈수를 두는 동료 모둠원의 모습도 눈에 들어왔다. 이 장면을 보고 있으니까 기술 개발을 위해서 분초를 다투어 경쟁하는 기업의 이미지가 자연스럽게 떠올랐다. 생산성 향상과 자원 절감이라!

각 모둠은 그렇게 만든 물건들을 세계은행에 가지고 가서 예치하려고 시도했다. 그러나 세계은행을 맡은 아이들은 엄격하게 치수를 측정해 퇴짜를 놓았다. 퇴짜를 맞은 모둠은 실망하면서 제자리로 돌아와서 물건의 규격을 다시 정확히 맞추기 위한 노력을 계속했다. 이런 세계은행의 모습은 세계적 표준이란 것을 만들어서 후진국 경제를 좌지우지하는 국제 경제 질서를 상징하는 것이 아닐까?

경쟁이 과열되자 재미있는 현상도 볼 수 있었다. 다른 모둠원 하나가 캐나다 모둠으로 다가가서 가위를 뺏어 물건 만들기를 시도했다. 그러자 캐나다 모둠은 흥분했다. 학생들은 "경찰 불러, 경찰 불러!"를 외치면서 도움을 요청했다. 몇몇 아이들은 깔깔거리고 몇몇 아이들은 약간 흥분했다. 대학 강의실이 마치 초등학교 교실처럼 변하는 순간이었다. 그러나 이런 사소한 해프닝도 오늘의 주제와 연결시켜 본다면 선진국의 기술을 훔쳐 내려는 산업 스파이와 그것을 막으려는 노력이 재현되고 있는 셈이다.

학생들이 몰입하고 있는 중간중간에 콘라드는 몇 번의 개입을 통해서 게임의 조건을 변화시켰다. 첫 번째 개입은 새로운 자원이 발견되었다는 것을 선언하는 내용이었다. 콘라드는 "노란 종이는 새롭게 발견된 자원을 의미합니다. 이 노란 종이로 가로세로 3센티미터 크기의 정사각형을 만들어서 기존의 도형에 붙이면 가격이 두 배로 올라갑니다."라고 말했다.

이 말이 있기 전까지 학생들은 노란 종이를 무시하거나 하얀 종이와 똑같이 취급했다. 그러나 이제 노란 종이는 매우 중요한 자원이 되었다. 노란 종이의 용도를 몰라서 그것으로 하얀 종이와 똑같은 물건을 만들었던 모둠은 그것을 다시 잘라서 정사각형으로 만들었다. 노란 종이를 얻기 위해서 거래를 시도하는 모둠도 있었다. "저 모둠은 노란 종이밖에 없어서 되게 비싸게 판대."라고 선진국의 한 모둠원이 이야기했다. 이 모습에서 자원 확보를 위한 경쟁과 자원민족주의를 떠올린다면 지나친 상상일까?

콘라드는 잠시 뒤에 또다시 게임 조건을 변화시켰다. 즉, 국제시장의 가격 변동에 의해서 각 물건의 가격이 변화했다고 선언하고 도형들의 가격을 일제히 조정했다. 예를 들어, 좀 전까지 가장 비쌌던 원 도형의 가격은 하락하고 대신 삼각형의 가격이 상승했다. 이렇게 도형의 상대 가격이 변화하자 학생들이 만드는 물건에도 당연히 변화가 일어났다. 가격의 등락과 그에 따른 생산 전략의 변화를 목격하는 순간이었다.

마지막으로 콘라드는 자원이 다 떨어져서 더 활동을 할 수 없는 모둠에게 새롭게 약간의 자원을 공급하기도 했다. 아마도 이것은 새로운 자원의 발견이나 새로운 기술 개발을 의미하리라.

이렇게 약 40분 정도 시간이 지나고 각 모둠의 자원이 거의 바닥을 드러내자 콘라드는 드디어 게임 종료를 선언했다. 그리고 세계은행 역을 맡은 두 학생이 게임 결과를 계산하는 동안(이 게임의 결과는 당연히 선진국 – 중진국 – 후진국 순이다.) 자신이 게임 중 관찰한 내용을 무역의 개념과 연결지어 설명하기 시작했다. 그 내용의 일부는 다음과 같다.

여러분들은 이 게임이 공평하다고 느꼈습니까? 이 게임은 공평하지 않습니다.

왜냐하면 실제 세계무역은 공평하지 않기 때문입니다. 초등학교 6학년 학생들에게 이 사실을 "세계는 불공평하다."고 말하거나 혹은 책을 읽도록 하는 것으로 이해시킬 수 있습니다. 그러나 머리로 이해하는 것과 가슴으로 느끼는 것은 다릅니다. 가슴으로 느끼도록 하기 위해서는 시뮬레이션이 필요합니다. 아무것도 만들지 못하고 그냥 멍하게 앉아 있었던 모잠비크 모둠은 모잠비크의 현실을 그냥 머리로 이해하는 것이 아니라 마음으로 느꼈을 것입니다. 교육은 이렇게 현실을 가슴으로 느끼게 하는 것이 중요합니다.

그러나 초등학교 6학년 입장에서 생각해 보면 아이들은 세계가 공평하지 않다는 사실을 알고 분노하거나 좌절할 것입니다. 그런데 학생들이 이런 부정적인 생각만을 가지고 교실을 나서게 해서는 안 됩니다. 그래서 교사는 관찰한 몇 장면을 지적하면서 그들이 체험한 것의 의미를 가르쳐야 합니다. 이를 통해서 세상이 어떻게 움직이는지를 알게 해야 합니다.

우선, 게임을 시작할 때 아이들은 거래 조건이 무엇인가 하고 의문을 가질 것입니다. 가격이나 거래 조건을 누가 정했습니까? 내가 정해 주지 않았습니다. 여러분들 스스로가 정했습니다. 우리가 살아가는 세계도 이와 같습니다. 세계무역도 마찬가지입니다. 각국이 스스로 무역 조건을 정하고 협상을 합니다. 다른 누군가가 대신 가르쳐 주지 않습니다. 이것이 학생 중심 학습의 의미입니다. 학생 중심 수업에서는 학습할 내용을 교사가 가르치는 것이 아니라 학생의 활동 속에서 학습해야 할 내용이 자연스럽게 발현됩니다.

더 구체적으로 몇 가지를 더 말해 보겠습니다. 저는 모잠비크 모둠 일곱 사람이 멍하게 계속 앉아 있는 것을 보았습니다. 그들은 아무것도 할 것이 없습니다. 이런 경험을 통해서 모잠비크 모둠은 그 나라의 가난한 현실을 가슴으로 느끼게 됩니다. 또, 모잠비크는 처음에 노란 종이의 용도를 몰라서 그것으로 삼각형을 만들었습니다. 그러다가 내가 노란 종이로 작은 사각형을 만들어서 물건에 붙이면 가격이 두 배로 상승한다고 말하자, 모잠비크 모둠은 '후!' 하고 탄식했습니다. 캄보디아도 마찬가지였지요. 이런 현상은 역사적으로 빈번하게 발생하지요. 기술이 없거나 무지하면 자원은 자원으로서의 가치를 지니지 못합니다. 구리, 석유, 천연가스 등도 마찬가지였습니다. 예를 들어, 천연가스의 경우 1960년대까지도 사용 방법을 몰라서 그냥 태워 없앴습니다.

그리고 캄보디아의 경우에는 노란 종이를 잘라서 다른 물건에 장식을 했습니다. 멋있는 장식이지요! 그러나 무용한 활동입니다. 그런 활동은 물건의 가치를 변화시키지는 않습니다. 그런 미적 활동이 캄보디아인의 가치관에서는 중요할지 모르지만 세계은행이나 다른 나라의 기준에서는 가치가 없는 활동이지요. 그렇다고 모잠비크나 캄보디아가 아둔하다고 생각할 수는 없습니다. 모잠비크 모둠이 캐나다에서 자를 빌려 온 후 돌려주기 전에 종이에 치수를 표시하는 것을 보았습니다. 그러면 자를 돌려준 후에도 치수를 잴 수 있겠지요. 캄보디아 모둠에서는 컴퍼스가 없자 다른 물건을 대고 원을 그리는 모습을 보았습니다. 이처럼 기술이 부족한 후진국은 나름의 지혜로 살아갑니다. …… 이 게임의 결과 학생들은 세상이 불공평하다고 느꼈을 것입니다. 그런데 초등학교 6학년 학생들에게 세상이 불공평하다는 사실을 가르치고 좌절감을 느끼게 하거나 분노에 머물게 하는 것은 교육이 아닙니다. 교사는 이런 불공평한 현실을 고치기 위해서 어떤 일을 할 수 있는지 학생들에게 물어야 합니다. 그러면 학생들은 가위를 다른 모둠에 준다거나 종이를 준다고 말할 것입니다. 이런 정리 활동을 통해서 현실에 긍정적인 어떤 일을 할 수 있는 자세를 가르쳐야 합니다. 세계를 더 공평하게 만들기 위해서는 세계무역 체제를 어떻게 바꿀 수 있을까와 같은 확장된 활동을 과제로 부과할 수도 있겠지요. 교육은 부정적인 것을 심어 주는 것이 아니라 긍정적인 것을 가르치는 것이기 때문입니다.

세 계 무 역 수 업 의 의 미 읽 기

　　　　　　캐나다인 콘라드가 진행한 수업은 몇 가지 점에서 우리
에게 교훈적이다. 여기에는 우리 초등학교 활동형 수업에서 쉽게 관찰
되는 여러 문제들이 별로 나타나지 않는다. 물론 이 수업은 실제 초등
학생을 대상으로 한 것이 아니고 교대생들을 대상으로 한 것이기 때문
에 학생 통제나 수업 실행과 관련된 어려움이 없었다. 따라서 이 수업
아이디어가 초등학교에서 실제 실행될 때 생기는 문제를 논외로 하고
아이디어에 집중해 논의를 해 보고자 한다.

　내가 보기에 이 수업은 우선 학생 중심의 개별화 수업의 취지를 충
분히 반영하고 있다. 학생들은 몇 가지 간단한 게임 규칙 속에서 스스
로 물건을 만들고 거래를 시작하고 협상을 통해 흥정을 했다. 그리고
교사가 제공하는 변화된 조건들을 반영해 활동을 조절했다. 따라서 이
수업이 학생 중심 수업이라는 데 사족을 달 사람은 없을 것이다. 그렇
다면 개별화 수업의 취지는 충분히 반영되고 있는가? 이에 대해서 두
명의 학생이 세계은행을 맡고 한 명의 학생이 유엔 사무총장의 역할을
맡은 것을 제외하고 나머지 학생들은 똑같은 활동을 했기 때문에 개별
화 학습의 취지가 충분히 반영되지 못했다고 주장할 수도 있다.

　그러나 좀 더 곰곰이 생각해 보자! 각 모둠의 학생들은 동일한 경험
을 하고 있는 것이 아니다. 모둠별 인원 배치를 약간 달리하고 나누어
주는 학용품의 분량을 얼마간 조절하는 것만으로 각 모둠 학생들이 경
험하는 체험의 질은 상당히 달라졌다. 쉽게 말하면 캐나다 모둠으로
명명된 학생들은 캐나다의 부유한 현실을 경험하고 모잠비크 모둠 학
생들은 모잠비크의 비참한 현실을 경험한다. 만약 감수성이 풍부하고

감정이입 능력이 강한 학생이라면 이 짧은 게임 활동에 몰입하는 것만으로 부유한 나라와 가난한 나라로 대비되는 지구촌의 현실을 가슴으로 느끼고 개선을 위한 고민을 하게 되었으리라! 서른 명의 학생들에게 서른 가지의 다른 학습 활동을 안내하는 것이 이상적인 개별화 수업이다. 그러나 그것이 불가능한 현실 속에서 약간의 구조화된 차이를 제공하는 것만으로 여섯 개 모둠에게 각자의 고유한 경험을 제공할 수 있다는 점은 주목할 만하지 않은가?

둘째로, 구안된 게임과 실제 현실과의 관련성이다. 나는 이 단순한 게임 속에 복잡한 세계무역의 현실이 거의 완벽하게 재현되는 데 놀라움을 금할 수가 없었다. 시뮬레이션의 완벽에 가까운 현실 재현! 역설적으로 이것은 현실을 완벽하게 모사했기 때문에 가능했던 것이 아니다. 오히려 복잡한 현실을 교실에서 경험 가능하도록 교육적으로 단순화시켰기 때문에 가능했다. 여기에는 자원과 새로운 자원, 국제시장의 가격 변화에 따른 생산 전략의 변화, 무역으로 인한 정치적 갈등, 다른 나라와 무역을 하기 위한 협상 과정, 모조품을 만들거나 선진국의 기술을 복제함으로써 생존을 영위해 가는 후진국의 현실이 놀랍게도 모두 축약되어 있다. 복잡한 현실과 그 현실을 설명하는 추상적인 개념들이 이 단순한 게임 속에 매우 정교하게 설계되어 있다. 이런 정교한 설계로 인해서 학생들은 게임에 참여하는 동안에 자연스럽게 세계무역의 여러 현실을 경험하게 된다.

이 결과 '활동 따로 설명 따로' 식의 이중 구조가 이 수업에서는 나타나지 않는다. 교사가 가르치고 싶은 내용들은 학생들의 활동 속에서 자연스럽게 발현된다. 혹은 그 이상까지도! 예를 들어, 나는 한 모둠 구성원들이 가위가 없어서 도형의 면을 반듯하게 만들 수 없자, 손으

로 잘라서 생긴 울퉁불퉁한 면을 접은 후 뒤쪽에 풀칠을 해 규격에 맞
게 만드는 것을 보았다. 이 장면의 의미가 무엇인가? 국제 시장에서
일명 '짝퉁(모조품)'이 만들어져서 유통되는 장면이 아닌가! 따라서 이
제 교사가 할 일은 그런 활동을 주시하면서 활동 속에서 자연스럽게
발현되는 사태를 파악하고 이 사례에 설명하고자 하는 개념을 연결시
키기만 하면 되는 것이다.

여기서 우리는 왜 이 게임 활동의 목적 속에 '비학문적 방식'이란
용어가 들어 있는지를 어렴풋이 짐작할 수 있다. 학문은 현실을 이해
하기 위한 인간 활동이다. 그러나 현실의 복잡성을 있는 그대로 감당
할 수 있는 학문이란 존재하지 않는다. 개별 학문들은 현실의 복잡성
을 이해 가능한 것으로 만들기 위해 분절하고 단순화시킨다. 그 결과
우리는 정치, 경제, 사회, 문화, 심리, 윤리 등과 같은 학문을 얻게 되
었다. 이렇게 탄생한 개별 학문들은 우리에게 세계를 이해할 수 있는
정교한 지식들을 제공한다.

그러나 이런 지식들은 세상을 비춰 주는 빛만큼 우리에게 그림자도
안겨 준다. 예를 들어, 세상을 정치학적으로 읽는다는 것은 세상을 다
른 시각으로 읽는 것을 유보함을 의미한다. 즉, 정치학자들은 세상을
권력 관계를 중심으로 읽기 위해 다른 방식으로 읽을 수 있는 가능성
을 유보한다. 세상을 경제적으로 읽는다는 것도 같은 문제를 지니고
있다. 우리가 배웠던 경제학 원론에는 대개 수요자와 공급자라는 두
가지 유형의 인간만이 존재한다는 것을 상기해 보라. 마찬가지로 무역
학 개론에는 무역을 둘러싼 정치적 분쟁이나 협상의 요소는 별로 등장
하지 않으며 후진국 민중들의 고단한 현실도 잘 다루어지지 않는다.
그리고 대부분의 학문에는 현실에 대한 소위 객관적 설명만이 존재할

뿐이지 어떻게 행동해야 하는지를 다루는 가치와 관련된 논의가 드물다. 결국 세상을 학문적으로 다룬다는 것은 세상의 한 면을 깊게 이해하기 위해서 다른 것을 배제한다는 것을 의미한다. 왜 과학이나 학문이란 말을 들을 때 사람들로 소란한 저잣거리가 생각나지 않고 폐쇄된 실험실이나 연구실이 떠오르는지 생각해 보라.

이 지점에서 우리는 교육 활동이 학문 활동과 다르다는 것을 이해할 수 있게 된다. 학문적인 내용을 다소 쉽게 풀어서 가르치는 것이 곧 교육이라고 보는 것은 우리 사회에 만연한 편견에 불과하다. 이 말은 학문의 성과가 교육 활동에 무가치하다는 것이 아니다. 학문적 성과들은 교육 활동에서 반드시 다루어야 할 소중한 자산들이다. 그러나 이것들은 교육 활동의 소재가 되기 위해서 새롭게 조직되고 변환되어야 한다. 학문 활동이 깊이를 위해서 현실을 쪼개고 해부하는 현미경적 활동이라면, 교육 활동은 조각난 퍼즐을 다시 맞추어 현실의 총체성을 학생들이 이해할 수 있도록 되돌려 주는 것이다. 특히 초·중등 교육은!

세계무역 게임은 이런 학문과 교육의 복잡한 관계를 성공적으로 소화해 내고 있다. 세계무역 게임 속에는 무역과 관련된 여러 학문의 개념이나 성과들이 들어 있다. 그러나 그것은 추상적이거나 분절적인 형태로 학문의 칸막이를 따라서 가르치지 않는다. 초등학교의 교실 상황에 맞게 새롭게 해석되어 쉽고 단순하면서도 명확한 게임으로 변환되고 있다. 이런 교육적 변환 덕분에 비로소 학생들은 세계무역 현상을 현실에 가깝게 그 총체성 속에서 경험하게 된다. 이 게임 속에는 다양한 학문 영역이, 인간의 무역 활동과 관련해 정련화해 놓은 개념들이 다시 교육 활동을 위해서 변환되고 재결합된 후 통합교육과정으로 되돌아오고 있다.

셋째, 이 세계무역 수업의 이데올로기 문제를 생각해 보자. 최근 우리나라에는 역사나 경제 내용을 둘러싸고 이데올로기 논쟁이 한참 전개되고 있다. 특정 중등 교과서의 역사 서술을 둘러싸고 진보와 보수 진영 간에 대한민국의 정통성을 부정하는 내용이라느니 그렇지 않다느니 하는 논쟁이 계속해서 전개되고 있으며, 경제 교과서의 내용에 대해서는 검정을 통과한 많은 교과서들이 자본주의 기본 질서를 무시하고 있다며 보수주의자들이 공격을 하고 있다.

우리 교과서의 내용 서술을 둘러싸고 이데올로기 논쟁을 벌이고 있는 논객들이 이 세계무역 수업을 본다면 어떤 반응을 보일까? 이 세계무역 수업은 세계무역이 자원의 상대적인 차이에 따라서 자연스럽게 발생해 무역 당사국들이 모두 이익을 본다는 자유주의적 이상을 설파하고 있지 않다. 오히려 세계무역이 승자와 패자가 있는 불공정한 게임이란 면을 부각시키고 있으며 세계가 부정의하다는 것을 학생들에게 보여 주고 있다.

이 간단한 무역 게임의 승자는 한국과 캐나다이다. 이것은 한국과 캐나다의 우수성을 말하는가? 그럴 수도 있을 것이다. 그러나 교사는 이런 국수주의적 결론을 부각시키지 않는다. 오히려 세계무역이 불공평한 '게임'이라는 사실을 부각시키면서 이런 불공평한 세계를 변화시켜서 보다 평등한 사회를 만들기 위해서 무엇을 할 수 있는가를 학생들에게 묻고 있다. 우리보다 먼저 자본주의를 시작한 캐나다의 초등학교 5, 6학년에서 실시된다는 이런 세계무역 수업에 대해서 우리나라의 보수 논객들은 어떤 반응을 보일까? 자본주의의 장밋빛 미래와 자유방임의 보이지 않는 손을 설파하는 것이 나라의 정통성을 수호하고 아이들을 건전한 경제인으로 성장시키는 길이라고 생각하는 사람들은 G7 국가의 하나인 캐나다의 초등학교 수업에서 세계무역이 이런 식으로 다루어질 수 있다는 점에 대해 무슨 말을 할지 궁금하다.

넷째로, 이 수업에서 지식과 가치가 관계 맺는 방식에 대해서도 주목해 보라. 이 게임은 차가운 지식을 가르치지 않는다. 무역을 통해서 관계를 맺고 있는 지구촌 사람들을 가슴으로 느끼도록 하고 있다. 그리고 그 결과는 자연스럽게 사회적 실천으로 연결된다. 나는 특히 무역 속에 나타나는 지구촌 현실에 관한 객관적인 설명이 초등학생들을 좌절, 분노 혹은 현실 안주에 머물게 해서는 안 되며 세상을 따뜻하게 껴안는 민주적 실천으로 연결되어야 한다는 콘라드의 설명에 많은 공감이 갔다. 캐나다에서나 우리나라에서나 사회과 교육의 목적은 민주적 시민을 기르는 것이다. 그렇다면 부조리한 현실을 직시하게 하는 것도 중요하지만 거기서 그쳐서는 안 된다. 우리나라의 진보적 교사들이 시사적인 문제들을 학생들에게 가르칠 때 현실을 드러내고 폭로하는 데 치중해 분노만을 키우고 뒷수습을 못하는 경우가 종종 있다고 나는 생각한다. 그런 점에서 냉철하고 차가운 지식은 현실을 보듬는 따뜻한 가슴으로 균형을 이룰 수 있어야 한다.

수업이 끝나고 학생들에게 반응을 물었더니, 한 학생이 무척 재미있었다면서 그런데 교대를 다니면서 이런 수업을 왜 외국인을 통해서 경험해야 하는지 물었다. 순간 말문이 막혔다. 다양한 학습 내용을 학생 중심으로 조직해 흥미 있게 경험시키는 데 우리의 문화적 경험이 캐나다에 비해 일천하다는 것을 고백할 수밖에……. 캐나다 교사의 한 시간 수업에 내가 너무 과장해서 반응하는 것일까?

너무나 신선했던
캐나다 예비 교사의 수업

이원님 _ 경기 과천 문원초 교사

　나는 《우리교육》 같은 잡지나 인터넷 사이트에서 좋은 기사를
읽거나 고마운 자료를 얻어도 별로 반응을 보인 적이 없는 독자
다. 고마움과 감동을 댓글이라도 달아 표현해야 한다고 생각하
면서도 시간이 없다는 이유로 좋은 자료만 쏙 빼서 쓰고, 그저
속으로만 감탄할 뿐이었다.

　그런 내가 이 글을 쓰게 된 것은 캐나다 예비 교사의 세계무역
에 관한 수업이 충격적일 정도로 신선했기 때문이다. 사실 그 수
업에 대한 이야기는 글을 읽기 전, '우리교육 교사 아카데미' 강
의 동영상을 통해 먼저 접했다. '수업을 보는 안목에서 시작하는
수업 개선' 강의에서 이혁규 교수가 이 수업에 대해 설명했을 때
며칠 동안 그 놀라운 아이디어가 머릿속을 떠나지 않았다.

　교직 경력 10년차! 대학에 다닐 때나 초임 시절에는 경력 5년
차 선배만 보아도 얼마나 커 보이고 대단해 보였는지 모른다. 그
정도 경력이 되면 아이들과 함께하는 학습이나 생활 모두 잘할
것만 같았다. 그런데 벌써 경력 10년이 넘었건만, 학교 생활, 아
이들과 생활 그리고 학습 모든 것에 자신만만해지기는커녕 어떻
게 해야 할지 고민되고 모르는 것이 너무나 많다. 교사는 전문가
여야 하는데도 나 스스로 전문가임을 자처하기가 부끄러울 때가

많았다. 특히, 최근 들어서는 늘 즐거운 수업을 위해 노력하면서도 무언가 같은 방식만을 계속 되풀이하고 있는 것 같아 나 스스로 수업에 조금은 식상한 느낌을 갖고 있기도 했다.

그러던 차에 본 게 바로 캐나다 예비 교사의 세계무역에 관한 수업 이야기였다. 고학년 내용일 텐데, 고학년에 자신이 없어 늘 저학년만 맡았던 나는 실제 이 수업을 적용했을 때 어떤 반응이 나올지 잘 모르겠다. 캐나다 예비 교사와 함께 수업한 교대생들처럼 그렇게 다양하고 적극적인 반응이 나올 수 있을까?

내가 이 수업을 보면서 들었던 생각은 두 가지였다. 하나는 간단한(?) 활동 하나로 그 복잡하고 심오한 세계무역의 원리를 다 설명해 내는 아이디어가 너무나 참신하다는 것이었고, 또 하나는 그러한 수업에 대한 아이디어와 전문 기술을 나는 지금까지 한 번도 배우거나 조언을 받아 본 적이 없다는 것이다. 강의에서 이혁규 교수가 말한 것처럼 너무나 부러운 이런 수업을 난 교대에서 배운 적이 없다. 그리고, 지난 학기 대학원을 다니며 무척이나 속상했던 기억이 다시 떠올랐다.

난 수업을 잘하고 싶은 욕심이 많다. 스스로 자신이 없기 때문에 더 그렇다. 그래서 대학원도 교육 방법(순전히 교수법 중심으로 배우고 싶어서) 학과를 갔고, 드디어 지난 학기 강좌 중에는 무척이나 기대되는 '수업 분석과 평가'라는 강의를 듣게 되었다.

'아! 드디어 수업을 제대로 분석해 보는 기법을 배우겠구나! 수업에 대한 안목이 생기겠지.' 했던 내 기대는 사전에 안내된 교재에서부터 삐걱거리기 시작하더니 첫날 강의에서 완전히 무너졌다. 교수는 평가를 전공한 분이었고, 평가에 관한 교재만 대충 가르치더니 고작 7, 8일 만에 강의를 끝냈다. 속상한 마음에 인터넷 자료를 뒤져 수업 분석에 대한 책을 한 권 사서 혼자 공부했다.

속상한 기억이지만, 어찌 보면 좀 더 적극적으로 공부하게끔 만든 계기가 되기도 했다. 그 뒤 수업에 관한 연수나 자료를 찾아보게 되었고 그러다 〈우리교육〉 동영상 강좌를 만날 수 있었다. 그리고 지금은 이번 여름방학에 다시 열릴 수업 개선 워크숍을 기대에 부풀어 기다리고 있다.

전문가라 자처할 수 있는 교사가 되고 싶어 아직 어린 아이들과 남편에게는 미안해하며 연수를 좇아다니며 살고 있다. 생각 없이 수동적으로 다녔던 대학에서의 공부가 마냥 아쉽고, 대학원에서의 가르침 덕분에 난 요즘 살아 있는 느낌을 갖고 산다. 내가 바라는 수업을 잘하기 위해서는 단순히 수업 기술만 좋아서도 안되고 교육과정이나 수업을 바라보는 안목을 가질 수 있어야 한다. 이런 면에서 난 〈우리교육〉의 기획이 참으로 고맙다. 애벌레가 허물을 벗듯 나 역시 껍질을 벗고 재미있는 학습을 도와줄 수 있는 교사가 되어 훨훨 날고 싶다.

01

'주변의 생물'에 다가서기

이선경 _ 청주교대 과학교육과 교수

이 글은 박은경 교사(서울 면목초)가 2005년 5월 말에 했던 6학년 1학기 〈주변의 생물〉 단원 수업을 보고 쓴 글이다. 필자가 보았던 세 차시 수업 중에 첫 시간에 보았던 '척추동물과 무척추동물의 분류'를 중심으로 이야기해 보려 한다. 교육과정에는 '척추동물과 무척추동물의 구분'과 '척추동물의 분류'가 두 차시 분량으로 나와 있지만 박 교사는 한 차시로 재구성해서 가르쳤다. 필자는 이 글에서 〈주변의 생물〉 단원의 교수학적 쟁점과 수업을 보면서 떠오른 몇 가지 생각을 독자들과 함께 나누고자 한다.

가르치기 어려운 '주변의 생물'

수업을 공개해 줄 교사를 찾는 일은 쉬운 일이 아니었다. 여러 교사들의 의견을 구하던 중 박은경 선생님이 수업을 보여 주겠다며 쉽지 않은 결정을 했다. 함께 활동하는 '환경과생명을지키는전국교사모임'(이하 환생교) 동료 교사가 추천을 하였고, 스스로도 의미가 있다고 생각했기 때문이란다. 환경교육과 생물교육의 중간쯤에 서 있는 필자로서도 반가운 노릇이었다. 현장 답사 등에 기반한 환생교 활동이 실제 과학교육에 어떻게 녹아 들어갈 수 있는지 그 가능성을 볼 수 있다는 기대 때문이었다.

그런데 수업할 단원이 6학년 〈주변의 생물〉이라는 말을 듣고 걱정이 앞섰다. 이 단원은 초등학교 교사들이 생물 영역 중에서 가장 가르치기 어려워하는 단원으로 알려져 있기 때문이다. 이 단원은 흔히 말하는 '분류 단원'이다. 6차 교육과정에서는 중학교 1학년 아이들이 생물 과목에서 일주일에 한 시간씩 약 34주 정도 배웠던 분량이다. 그러던 것이 7차 교육과정에서 초등학교 6학년으로 내려왔고 수업 시수도 10차시 분량으로 줄었다. 가르쳐야 할 분량이 만만치 않은 데다 여러 가지 구체적인 생물에 대한 이해는 물론 생물 분류 체계며 계통에 대한 이해가 필요하다.

더욱이 이 단원은 학생들을 수업에 끌어들이기에도 어려움이 있다. 5학년 〈식물의 잎이 하는 일〉에 나오는 '광합성'처럼 학생들과 함께 실험을 하고 그것을 통해 특정한 개념을 파악하는 내용도 아니고, 4학년 '강낭콩'이나 '초파리'처럼 특정 식물이나 동물을 꾸준히 키우면서 관찰하고 기록하는 활동을 하는 것도 아니기 때문이다. 실제 생물을 관찰할 수도 키워 볼 수도 없는 생물 수업이라면 재미있는 수업이 되기는 애초에 불가능한 일인지 모른다. 그런 의미에서 본다면 이 단원과 환생교의 활동에 기반한 현장성을 연결시키기는 어렵지 않을까?

수업을 보기 전에 찾아본 7차 과학과 교육과정에서는 이 단원에서 가르쳐야 할 내용을 아래와 같이 제시하고 있었다.

> 여러 가지 동물의 생김새와 구조의 차이점을 비교하여 척추동물과 무척추동물로 분류하고, 척추동물을 특징에 따라 다시 분류한다.

수 업 들 여 다 보 기

● 도입 : 무당벌레의 공통점과 차이점 찾기

수업 종이 울리고 학생들이 조용해지자 박은경 선생님은 곧바로 "자, 얘들아, 이 지구상에 있는 생물들을 다 세는 데 얼마만큼의 시간이 걸릴까?"라는 질문으로 수업을 시작했다. 지난 시간 복습도 아니고, 날씨 이야기도 아닌, 박 교사의 질문이 다소 난데없다는 느낌이 들지만 학생들은 개의치 않는 듯 질문에 대답한다. "1억 년." "평생이요." 질문이 가진 분위기로 보아 많은 시간이 걸릴 것 같은지 학생들은 굉장히 긴 시간을 답으로 말한다.

박 선생님은 여기저기서 이런저런 대답을 하는 학생들에게 응대한 후 하고 싶은 말을 천천히 이어 나간다. "알려진 바에 의하면, 밤에 잠도 안 자고 먹지도 않고 셌을 때, 꼬박 석 달이 걸린대." 그러자 학생들은 "어? 그거밖에 안 걸려요?", "세 달이요?"라고 놀라는 반응을 보이고, 선생님은 "지구상에는 지금 알려진 것만 해도 한 3천만 종? 근데 과학자들 사이에도 알려지지 않은 종이 있다는 거야. 그 정도로 지구상에는 많은 생물들이 살고 있거든."이라고 정리한다. (실제로는 2004년 현재 약 1,500만 종 내외가 알려져 있다.)

그런 다음 박 선생님은 미리 준비한 세 장의 무당벌레 그림을 칠판에 붙이고 이야기를 시작한다. "이 지구상에는 무당벌레만 해도 4,500가지가 있다는 거야." 학생들이 "와!" 하고 감탄한다. 아마도 학생들은 그 조그만 무당벌레가 고작해야 너댓 종 있으려니 생각했나 보다. 박 선생님은 세 가지 무당벌레를 가리키면서 같은 점과 다른 점을 학생들에게 찾아보도록 한다.

1번 무당벌레　　　2번 무당벌레　　　3번 무당벌레

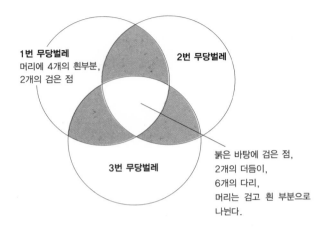

1번 무당벌레
머리에 4개의 흰부분,
2개의 검은 점

2번 무당벌레

3번 무당벌레

붉은 바탕에 검은 점,
2개의 더듬이,
6개의 다리,
머리는 검고 흰 부분으로
나뉜다.

학생들이 여기저기서 손을 들어, "다리가 여섯 개"이고 "무늬, 반점"이 있고, "등이 빨간색이며", "알을 낳고", "날개가 있어 날아다니고", "눈이 있다." 등의 특징을 이야기한다. 박 교사는 일일이 따라 말하면서 확인을 한 다음, 칠판에 원을 세 개 그린 후 가운데 부분에 이들을 써 내려간다. 공통점이 어느 정도 정리되었다고 생각한 박 교사는 이제 학생들이 차이점에 대해서도 관심을 가지도록 주의를 환기한다.

> 좋아. 그래. 여기 이 세 무당벌레를 보자. 그럼, 이번에는 이걸 1번 무당벌레
> 라고 하고 이걸 2번 무당벌레라고 하고, 이걸 3번 무당벌레라고 해 보자. 다
> 른 점은 무얼까?

학생들은 금방 무당벌레의 등딱지 날개에 있는 반점의 수가 다르다는 점에 주목하고, 이들의 수를 세어 말한다. 박 선생님은 3개의 원으로 이루어진 벤다이어그램 중에 겹쳐지지 않은 부분에 무당벌레의 번

호와 2개, 4개, 9개와 같은 반점의 수를 쓴다.

박 선생님은 세 가지 무당벌레의 공통점과 차이점을 찾아보는 활동으로 분류 활동을 도입하는 것은 물론 어느새 생물 '종'에 관한 개념까지도 도입하려고 한다. 즉, 서로 다른 종이지만 같은 점이 있기 때문에 무당벌레 무리에 속할 수 있고, 무당벌레 무리 속에는 여러 종의 무당벌레가 있다는 것을 강조하고 있다. 학생들은 진지하게 듣는다. 사실, 다른 점이 있기 때문에 다른 종이라고 말하는 건 종에 대한 전형적이고 과학적인 정의는 아니다.

하지만 종에 관한 정의는 워낙 다양하고, "생물의 세계에서는 서로 다른 종은 결혼도 하지 않아."라는 표현을 통해 '생식적으로 서로 교잡이 가능'하다는 종에 대한 일반적인 특징도 언급하고 있으니 그리 문제될 것은 없다. 이어서 박 선생님은 "그래서 이번 시간에는, 동물은 서로 다른 여러 종이 있는데, 과학자들이 어떻게 나누고, 어떻게 구분하고, 어떻게 무리 짓는지에 대해서 공부를 해 보자."라고 수업 내용을 소개한다.

● 척추동물과 무척추동물 분류하기

좀 긴 도입을 마친 뒤 박은경 선생님은 본격적으로 수업에 들어갔다. 이 수업의 목표는 '척추동물에 속하는 동물들을 무리 짓고 그 특징을 이해'하는 것이다. 박 선생님은 등을 구부리고 손을 뻗어 등뼈를 만지는 시늉을 하면서 학생들에게 말을 한다. "그러면, 우리 등을 한 번 만져 보자. 얘들아, 뭐가 만져지니?" 학생들이 모두 등을 구부려 등을 만지면서, '등뼈', '척추'라고 대답한다.

박 선생님은 '등 속에서 만져지는 것이 등뼈, 즉 '척추'라는 것과

'우리 인간이 척추를 가지고 있다.'는 것을 확인하고 낙지와 개에 대해 질문함으로써 동물 중에는 등뼈가 있는 것과 없는 것이 있음을 알게 한다. 그리고 학생들에게 나누어 준 카드를 등뼈가 있는 것과 없는 것으로 나누어 보라고 한다. 이 단계에서는 카드에 포함된 동물의 종류가 다양할 필요가 있다. 실제로 박 선생님이 나누어 준 카드는 말미잘에서 사람까지 다양하다.

모둠별로 모여 있던 학생들은 사진을 하나씩 들며 논의를 한다. 그 사이 박 선생님은 다음 활동에 사용할 수 있도록 작은 칠판에 그렸던 벤다이어그램을 지우고 가운데 금을 긋는다. 어떤 것은 구분이 쉽지만, 어떤 것은 좀 어려운가 보다. 학생들의 목소리가 점점 커지면서 '거미', '카멜레온', '거머리' 같은 생물들의 이름이 크게 들린다. 그러자 선생님은 "잘 모르겠다 싶은 것은 물음표 해 보자." 하며 아래 동물 카드들이 붙어 있는 작은 칠판에 가운데 동그라미를 하나 그리더니 학생들이 논쟁하던 '가재'를 거기에 쓴다.

박 선생님은 학생들에게 카드를 다 나누었으면, 나누어 준 학습지 '척추를 찾아라'에서 등뼈가 있는 부분을 색연필로 색칠하라고 한다. 학습지에는 악어, 거북이, 새, 고래로 보이는 동물의 골격 구조가 그려져 있다. 학생들이 모두 다 색칠을 하려고 하자, "등뼈가 꼬리까지 연결"되어 있으니 "등뼈만 칠하라."고 한다. 이 학습지는 여기서 문제가 되는 것이 뼈가 아니라 등뼈라는 것을 좀 더 확인시키고, 척추동물에 속하는 동물들의 종류에 대해 감을 가지게 하기 위함이리라.

박 선생님은 학생들에게 색칠을 하면서 그 동물이 등뼈가 있어서 좋은 점도 생각해 보게 한다. 학생들은 서로 의논해서 등뼈가 있기 때문에 '몸의 균형을 잡을 수' 있고, '몸을 잘 움직일 수' 있으며, '몸을 지탱해 준다.'는 등뼈의 역할을 찾아낸다.

이어서 박 선생님은 "동물의 왕국은 크게 척추가 있는 동물과 없는 동물로 나눌 수 있고, 척추가 있는 동물을 척추동물, 척추가 없는 동물을 무척추동물, '없을 무' 자를 써서 무척추동물이라고 한다."고 용어를 도입한다. 그런 다음 카드 분류 작업을 확인한다.

'말미잘', '참새' 하며 선생님이 동물의 이름을 부를 때마다 학생들은 "(척추가) 있어요." 또는 "없어요."라고 크게 대답하고, 선생님은 학생들의 대답을 듣고 카드를 칠판의 왼쪽 또는 오른쪽에 붙인다. 그러다 '도롱뇽', '오징어', '가재', '거미' 등이 나오자 학생들이 잠시 멈칫한다. 박 선생님은 생각하는 척하며, "이게 (척추가) 있든가? 흐물흐물한데……" 등의 말로 학생들의 생각을 유도한다. 학생들은 '가재', '게', '거미' 등을 분류할 때 어려워했다.

교 사 가재는?

학생 1 (척추가) 없어요.

학생 2 가재가 (척추가) 없나?

학생 1 없어.

학생 3 껍질이잖아.

(다시 또 학생들이 웅성거린다.)

학생 4 사람 같은 거는요, (학생들이 웃는다.) 몸 안에 뼈가 있는데요, 게나 가재 같은 경우는 밖에 뼈 같은 갑옷 같은 것이 있어요.

교 사 그래, 겉에 딱딱한 껍질이 있는 거라서, 딱딱하지만, 부드러운 몸을 보호하기 위해 외부에 껍질이 있는 거지. 그게 척추는 아니야. 그지? 그러니까 (가재는) 무척추동물이지.

학생들과 박 선생님은 여러 차례 논쟁 끝에 딱딱한 껍질은 척추가 아니라는 점을 확인한다. 여기까지가 1차시에 해당하는 내용이다. 그런데, 박 선생님은 이것을 그 다음 차시와 묶어서 한 차시 수업으로 만들었다. 필자는 '여기까지를 좀 더 느슨하게 하면 좋았을 텐데……' 하고 잠시 생각했다. 그렇지만, 아직 20분도 채 되지 않았으니 시간이 모자라지는 않을 것 같다.

● 척추동물 분류하기

박은경 선생님은 이제 척추동물을 다시 분류하기 시작한다. 그러면서, 척추동물과 무척추동물을 어느 정도 구분할 수 있게 됐으니 척추동물 중에서 가장 크다는 코끼리하고 쥐를 비교해 보자고 제안한다. 코끼리가 (척추동물 중에) 가장 크다는 데 이의를 제기하는 목소리가 학생들 사이에서 잠깐 들렸지만 묻혀 버린다. 박 선생님은 "코끼리는 굉장히 크고, 생쥐는 아주 작아. 그런데 같은 점이 뭐가 있을까?" 하고 묻는다. 학생들은 이제 같은 점을 찾아 이야기하는 데에는 어려움이 없다. 끊임없이 학생들은 손을 들고, 전혀 같은 점이 없어 보이는 코끼리와 쥐의 공통점에 대해 말하기 시작한다. '동물이다.' '등뼈가 있다.' '새끼를 낳는다.' '네 발로 다니고 꼬리가 있다.' '(얼굴에) 귀가 있다.' 여러 이야기가 나오지만 선생님이 기대하는 대답은 나오지 않은 모양이다. 박 선생님은 참지 못하고 '새끼' 이야기를 꺼낸다.

> 교 사 새끼를 낳는다고 그랬거든, 코끼리도 그렇고, 생쥐도 그렇고. 새끼를 낳아서 뭘로 키울 것 같니? 새끼를 낳았어. 그럼 뭘 먹여 기르지?
>
> 학생들 젖이요.

교 사 그렇지, 젖을 먹여 기르지.

박 선생님은 이제 특징이 적힌 칠판에 동그라미를 하면서 설명을 한
다.

> 그래, 지금 코끼리와 생쥐 이런 동물들 (동물 카드들을 보면서) 또, 이 중에 뭐
> 가 있을까? 사람, 돼지, 개, 이런 동물들……. 아까 젖을 먹여서 키운다고 그
> 랬지. 젖은 우유할 때 유자지. 젖을 먹이는 걸, 포유라고 해. 그러니까 이런
> 동물들을 포유류라고 하는데, 포유류라는 뜻은 젖을 먹인다는 뜻이야.

학생들이 거의 동시에 "아!" 하고 동감한다. 박 선생님은 "그럼, 박
쥐는 어떨까?"라고 질문한다. 학생들이 "박쥐도 들어가요. 젖 먹여
요."라고 하자, 선생님은 "알고 있었지? 박쥐 젖 먹이는 거. 책에서
읽었지? 박쥐는 젖을 먹어. 그런데 날개가 있네." 하며 학생들에게 의
문을 표시한다. 한 학생이 "근데 그거 손이래요. 손이 변해서 날개가
되었대요."라고 책에서 읽은 것을 알려 준다. 선생님은 안심이라는
듯, "그래. 박쥐는 (날개가 있지만) 새끼를 낳아서 젖을 먹여 기르니까
포유류에 넣자." 하고 마무리를 한다.

이제 포유류에 대한 학습이 끝났다. 박 선생님은 포유류에 이어, 어
류, 양서류, 파충류, 조류의 순서로 각 무리에 속하는 동물들을 두 가
지 정도 컴퓨터 화면에 제시하고 이들 동물들의 공통적인 특징을 아이
들이 찾아내게 한 다음, 각 무리의 이름을 특징과 관련시켜 제시한다.
여전히 각 무리에 속하는 동물들의 특징을 찾아내기 위해 많은 아이들
은 끊임없이 손을 들고 적극적으로 의견을 제시한다.

'분 류 단 원'에 다 가 서 기

이 단원이 가르치기 어려웠을 거라는 필자의 기대와는 달리, 박은경 선생님은 〈주변의 생물〉 단원이 다른 단원에 비해 그리 어렵게 느껴지지는 않는다고 말했다. 암석 등을 다루는 다른 과학 영역에 비해 자신이 좋아하는 생물들로 가득 찬 〈주변의 생물〉 단원은 어떤 구조를 가지고 있더라도 어려운 단원이 아니라는 것이다. 박 선생님은 평소 환생교 활동을 하면서 생물이나 환경에 대한 구체적 지식이나 갯벌 관련 내용들을 많이 알고 있어서 수업에 대해서도 자신감을 보이는 듯하다.

그러나 그런 실제적인 지식을 많이 가지고 있지 않은 일반 교사들의 경우에는 이 문제가 좀 다르게 느껴질 수도 있을 것이고, 수업에 직면해서는 많은 어려움을 가질 수 있을 것이다. 사실 박 선생님도 수업에서 구체적인 어려움이 없었던 것은 아니다. 첫 시간 무당벌레의 특징을 관찰하고 분류하는 과정에서 모든 무당벌레가 진딧물을 먹고 사는지 확신이 서지 않았다고 한다. (이 부분은 사실 필자도 잘 모르겠다.) 또한 무척추동물의 분류에서는 거머리가 어느 동물 무리에 포함될 수 있는지 혼동스럽기도 했다고 한다.

구체적인 생물의 특징에 대한 이해를 돕기 위해 교사들이 택할 수 있는 전략 중 하나는 아이들에게 생물과 관련된 책을 읽히거나 미리 조사를 해서 카드를 만드는 과정에서 이것을 포함하는 것이다. 실제로 박 선생님은 수업에 앞서 학생들에게 생물에 관한 책을 서른 권 정도 골라 한 권씩 나누어 주고 차례로 돌려 읽게 했다. 궁극적으로는 학생들이 서른 권을 모두 다 읽게 하겠다는 생각도 가지고 있었다.

이러한 전략은 수업 시간에 학생들의 참여를 높이는 데 기여했고, 난제가 생겼을 때 이를 해결하는 데 도움이 되었다. 박쥐가 새끼에게 젖을 먹여 기르는지에 대한 부분이 바로 그것이다. 그렇지만 조심해야 할 것은 어떤 경우 학생들이 너무 많이 알고 있어서 오히려 수업에 흥미가 떨어질 수도 있다는 점이다.

박 선생님이 이 단원의 내용을 어렵게 생각하지 않는다고 하더라도 초등학교 생물 영역 내에서 이 단원의 위상은 독특하다. 물론 생물 분류 내용이 꼭 이 단원에서만 다루어지는 것은 아니다. 3학년이나 4학년 단원에서 식물의 잎이나 뿌리, 동물을 분류하는 활동이 있는데, 거기에서는 늘 학생들이 관찰한 것을 토대로 '학생들 스스로의 분류 기준'에 의해 분류를 진행하고 분류학적인 기준에 집착하지 말라고 권고하고 있다.

그러나 이 단원에서는 생물학자들이 오랫동안 연구하고 중시해 온 '분류학적인 기준'에 학생들이 주목하기를 기대하고 있다. 이 단원에서는 '등뼈가 있느냐 없느냐?' 또는 동물들이 '알을 낳느냐?', '새끼를 낳아 젖을 먹여 기르느냐?' 하는 내용이 특히 중요하게 다루어지기 때문이다. 따라서 이 단원을 가르치기 위해서는 생물 각각에 대한 이해뿐만 아니라 생물의 계통과 초등교육 생물 영역 전반에 대한 포괄적인 안목이 필요하다.

● 흥미로운 도입

필자가 박은경 선생님의 수업에서 흥미롭게 생각했던 것 가운데 하나는 동물 분류 수업의 도입 활동 소재로 무당벌레를 가져온 것이었다. 사실 이 도입은 좀 길었지만 재미있었다. 흔히 수업 도입에서 많이 사용하는 감각적인 만화영화 보기나 노래 부르기 등의 활동은 없었지만 학생들을 몰입하게 만들었다. 탐구하고자 하는 문제에 대한 흥미를 끌어낼 수 있도록 적절한 탐구 주제를 매력적인 방법으로 제시하는 것이 도입 활동의 목적 중 하나라고 한다면, 박 교사의 전략은 성공하였다.

성공의 요인을 진단해 보면, 무당벌레라는 구체적인 생물을 가지고 이들의 공통점과 차이점을 찾아보는, 쉽고도 구체적이지만, 흥미로운 과정을 포함하고 있다는 점이다. 특히 딱지 날개나 머리에 있는 반점의 수가 다를 수 있다는 것을 발견하는 과정은 아이들에게 생물을 관찰하는 또 다른 관점을 주기도 했다. 만일 학생들이 '칠성무당벌레'라는 이름에서 볼 수 있듯이 딱지 날개에 있는 반점 수의 차이가 실제로 무당벌레과에 속하는 여러 종을 구분하는 데 중요한 기준이 된다는 것을 알게 되면 얼마나 더 신이 났을까 잠깐 생각했다. 공통점과 차이점을 구분하는 데 벤다이어그램을 이용하는 아이디어도 매력적이다. 사실 이 벤다이어그램 아이디어는 포유류에 속하는 여러 동물들의 공통점과 차이점을 찾는 데도 효과적으로 사용할 수 있을 것이다.

● **분류 방법의 문제 : '귀납' 대 '연역'**

이 단원의 목표는 앞서 언급한 바와 같이 생물을 분류하는 작업을 통해 결국 생물 사이의 멀고 가까운 관계, 즉 유연관계를 파악하고 계통을 파악하며, 각 무리에 속하는 생물들의 특징을 이해하는 것이라고 할 수 있다.

과학의 다른 영역에서도 마찬가지이지만, 생물을 분류하고 그 결과 나타난 각 무리에 속하는 생물들의 공통된 특징을 이해하는 이 수업에서 중요한 두 가지 접근은 귀납적 접근(여러 예를 통한 접근)과 연역적 접근(전형적인 예를 통한 접근)이다.

전자의 예는 여러 가지 유사 사례, 즉 개, 호랑이, 토끼, 쥐 등 여러 포유류에 속하는 생물들을 경험적으로 관찰하고 특징을 찾아서 그 무리가 가지는 특성을 이해하는 것이 될 것이다.

후자는 포유류의 특징을 잘 나타내는 전형적 사례, 예를 들어 토끼가 가지고 있는 특징을 샅샅이 살핌으로써 포유류가 가지고 있는 중요한 특징을 이해하고, 이로부터 포유류, 척추동물에 대한 개념 정의를 학습하는 방법이 있다. 7차 교육과정에 제시된 활동은 전자의 입장을 취하고 있다. 이 경우 여러 가지 생물을 특정한 기준에 의해 나누어 보는 것은 어렵지 않지만 각 생물에 대해 그 특징들을 충분히 알지 않으면 실제로 그 기준을 정하는 것이 억지스러울 수밖에 없고, 따라서 한 시간 한 시간이 교사에게는 큰 부담이 된다.

또한 후자의 접근을 취하고 있는 6차 교육과정의 중학교 교과서 접근 방식에 따르면 토끼 자체에 대한 관찰이나 이해는 쉽지만 이 생물이 가지고 있는 독특한 특성에서 포유류라고 하는 생물 무리가 가지고 있는 특성으로 이끌어 가는 과정에서 약간의 무리가 있을 수 있다.

이런 점에서 본다면 여러 개의 사례가 아니라 코끼리와 생쥐라는 외양적으로 아주 달라 보이는 두 생물을 대비시켜 공통점을 찾고, 이로부터 포유류의 특징을 이해하려고 한 박 선생님의 시도는 상당히 효과적이었다. 특수한 여러 사례들로부터 이들을 일반화하는 과정에서 생기는 억지와 전형적인 사례와 전형적이지 않은 사례 사이의 갈등을 그리 어렵지 않게 해결할 수 있었기 때문이다.

그러나 한편 이러한 효과는 학생들이 기본적으로 각 생물에 대해 잘 알고 있기 때문에 가능했다는 점에 주목할 필요가 있다. 그것이 학생들이 학원에서 미리 배웠기 때문인지, 아니면 박 선생님이 수업에 앞서 각 생물과 관련된 책을 학생들이 돌려 가며 읽을 수 있도록 했기 때문인지는 알 수 없지만 말이다.

사실 박 교사는 수업에서 귀납과 연역을 적절히 사용하고 있다. 척추동물과 무척추동물을 구분하는 '등뼈'라고 하는 분류 기준은 아이들에게 스스로의 등뼈를 만져 보게 함으로써 연역적으로 도입하고, 포유류에 포함된 코끼와 생쥐로부터 포유류의 특징을 찾아내게 하는 것은 귀납적으로, 또 포유류, 조류, 파충류, 양서류, 어류 등의 구분은 아예 전제로 제시하기도 한다. 분류를 가르칠 때 귀납적으로 가르치는 게 적절한지, 또는 연역적으로 가르치는 게 의미가 있는지를 논하는 것은 어찌 보면 의미 없는 논쟁일 수 있다. 그보다는 이들을 어떻게 조합하여 분류와 관련한 의미 있는 학습 경험을 하게 하는가가 더 중요하기 때문이다.

정 답 대 신 발 견 의 기 쁨 을

필자가 주목한 또 다른 하나는 박은경 선생님의 수업 방식이었다. 박 선생님은 교과서의 제시 방식이 마음에 들지 않는다고 했다. 교과서에는 척추동물과 무척추동물이 이미 서로 다른 네모 속에 분류되어 있고, 학생들이 일단 그 정답을 알면 더 이상 구분을 할 필요도, 생각을 할 필요도 없기 때문이다. 그래서 박 선생님은 교과서를 덮고 수업을 했다. 그저 '교과서에는 분류 결과를 제시하지 말고, 여

러 생물들을 흩어 놓아 실제적인 분류를 할 수 있으면 좋겠다.'고 생
각하면서.

박 선생님이 인터넷 웹사이트 '티나라' 같은 데서 얻을 수 있는 자
료를 잘 사용하지 않는 이유도 이런 맥락이다. 학생들이 어떤 내용으
로 응답할지 모르는데, 내용의 순서가 정해져 있는 자료를 쓰면 학생
들의 사고 단계를 고정시킬 수밖에 없기 때문이다. 그래서 박 선생님
은 그런 자료 가운데 사진만 수업 자료로 활용한다.

또한 박 선생님은 수업 시간 내내 먼저 개념을 도입하거나 설명을
하지는 않는다. 물론 사례나 이야깃거리는 풍부하게 제시하지만, 개념
에 대한 학습 과정에서는 끊임없이 질문하고 (서투르더라도) 학생들이
자신의 언어로 그 질문에 대한 응답을 하기를, 그래서 개인적 발견이
이루어지기를 기대한다. 그러다 보니 수업은 늘 열정적이고 때로는 집
요하게 보이기도 한다. 면담에서 박 선생님은 이렇게 이야기했다.

이번 수업에서 보셨겠지만, 애들이 학원에서 많이 배워 가지고 와서 지식적인

것을 아는 애들이 많아요. 수업하다가 막 답이 나오고 그러잖아요. 근데 어떤

현상이 일어나게 된 원인을 보고 그걸 지식으로서, 정리된 결과로서 먼저 그걸

받아들이는 게 아니라, 좀 서투르더라도 애들한테서 끌어내 줘야 한다는 거,

애들이 발견해야 한다는 거……. 그걸 전 중요시하죠.

과학 수업에서 학생들이 발견의 기쁨을 아는 것, 그래서, '아!' 하는
순간을 경험하는 것, 그것이 바로 과학 공부를 하면서 학생들이 얻을
수 있는 가장 큰 선물일 것이다.

그렇지만 필자는 또 한편으론 좀 다른, 느슨한 수업을 동경한다. 수

업을 좀 여유 있게 구성한다면, 모둠별로 생물 카드를 준비해서 학생들이 직접 여러 생물들을 젖을 먹이는 종류, 새 종류, 개구리 종류, 도마뱀 종류, 물고기 종류 등으로 구분하고, 이들의 공통점과 차이점을 의논해서 찾아보도록 할 수 있을 것이다. 그 과정에서 무당벌레의 분류에서 사용했던 벤다이어그램을 사용하는 것도 좋은 전략이 되지 않을까? 수업 말미에서는 활동한 결과를 보고하고 정리하는 시간을 가질 수 있을 것이다.

수업이 이렇게 이루어진다면, 교사와 일부 열심인 학생들이 경쟁적으로 상호 작용하여 정해진 답을 찾아가는 대신, 학생들끼리 의견을 교환하고 논의하는 과정을 통해 여러 개의 다른 답이 찾아지지 않을까 생각한다. 즉, 학생 개인과 개인, 학생 개인과 모둠원들, 학생 개인과 학급 전체, 또는 학생과 교사가 다양한 상호 작용에 기초하여 여러 생물의 특징과 다양성에 대해 논의하고 의사소통하는 기회를 가질 수 있을 것이다. 같은 시간 동안 각 모둠이 분류한 내용에서 차이를 발견할 수도 있을 것이다. 또한 정답은 아니지만 나름대로 설득력을 갖춘 논의도 접할 수 있을 것이다.

이렇게 한다면 학생들이 스스로의 학습 속도와 발견 정도를 조절할 수 있지 않을까? 또 학생들이 얻게 되는 것도 좀 달라지지 않을까? 물론 어떤 것이 과학 수업에서 또는 학교교육에서 더 중요한가에 대한 논의는 여전히 남아 있고, 또 다른 접근에 대한 탐색도 여전히 계속되어야 하지만 말이다.

살아 있는 공부가 되어야

박은경 _ 서울 면목초 교사

　과학교과에서 생물 단원을 가르칠 때면 나는 신이 난다. 들로 산으로 바다로 자연을 찾아다니며, 보고 듣고 알게 된 것, 감동했던 것을 수업에 녹여 내고 싶기 때문이다. 과학 시간이 죽은 지식을 배우는 시간이 아니라 불가사의하면서도 경이로운 자연의 법칙을 몸과 마음과 머리로 체득하는 생생하고도 즐거운 시간이 될 수 있다면 좋겠다.

　〈주변의 생물〉 단원은 총 9차시로 '주변의 생물 조사하기, 동·식물 분류하기, 생물 다양성에 대해 이야기하기'라는 주제로 구성되어 있다. 그래서 6차시에 걸쳐 생물 분류에 중심을 두고 단원이 전개된다. 처음 수업을 공개할 때는 세 차례의 공개수업에서 생물 다양성에 초점을 맞추어 그 의미와 생물종이 다양해야 할 필요성에 대해 알아보고자 하였다. 종 다양성의 위협 요인과 다양성을 유지하기 위한 노력을 찾아보기 위해서 종의 분류는 필수 사항이기 때문에 1차 공개수업 때 '동물의 분류'를 준비하였다. 수업 후에 생각해 보니 이선경 교수가 지적한 것처럼 한 시간에 척추동물과 무척추동물의 분류, 다시 척추동물의 분류를 구성한다는 것은 한정된 시간을 생각할 때 무리였다.

　교과서의 접근 방식은 크게 두 가지 면, 분류의 대상과 분류 방법에서 다소 지루하고 이해하기 어려운 부분이 있다. 교사용 지도서에는 분류할 '대상'을 우리 주변에 살고 있거나 지금까지 배운 모든 생물에서 찾도록 제시하고 있는데, 나는 생물은 생태계 안에서 그 특징과 그것에 영향을 끼치는 요인을 발견해야 한다고 생각한다. 특히, 분류는 생물이 가지고 있는 특징에 의해 무리 짓는 것이고, 그 고유한 특징은 수많은 세월 동안 나름의 사는 방식과 서식 환경에 따른 진화의 결과이다. 따라서 분류에 앞서 다양한 생물이 그들만의 특징을 가지게 된 이치부터 밝히는 것이 바른 순서일 것이다.

그런데 이 생물 분류 단원을 어찌하나? 이선경 교수가 우려한 것처럼 7차 교육과정이 개정되면서 6학년 과학에 도입되었으니 일반 성인들도 분류하기 힘든 생물 분류를 초등학생들에게 가르쳐야 한다. 다행히도 4학년 〈주변의 동물〉 단원에서 초식동물과 육식동물의 분류, 그리고 사는 곳에 따른 동물의 종류와 특징을 간단하게나마 살펴보았다. 그렇다면 이 단원은 식물과 동물의 구조적인 차이점, 식물의 번식 과정, 동물의 번식 방법과 서식 형태와 같은 기본적인 과학 지식을 갖춘다면 그렇게 어려운 것만은 아니라는 생각을 하였다.

내가 생각한 〈주변의 생물〉 단원을 쉽고도 재미있게 접근할 수 있는 방법은 '생물 관련 책 읽기'와 '생물 카드 활용', 그리고 흥미를 유발하기 위해 갯벌 같은 서식 환경에 있는 '무척추 동물 분류 연습'이었다. 아이들은 생물책을 좋아해서 책을 읽으면서 생물 지식을 많이 얻었다. 수업을 마친 뒤에도 생물책 읽기는 계속되었는데, 생물에 대한 계통을 배운 뒤라서 그런지 '이 동물이 이런 특징을 갖고 있으니까 이 무리에 속하겠구나.' 하는 식으로 배운 내용을 적용하는 모습을 볼 수 있었다.

생물 분류에 제시되는 생물의 수는 제한된 수업 시간에 구체적인 생물을 되도록이면 많이 다루는 것이 좋다. 특히 생물 카드는 처음 만들 때는 힘들지만 손으로 직접 조작하며 활동할 수 있어 교사의 일방적인 전달이 아니라 아이들 스스로 사고하는 힘을 키울 수 있는 좋은 교구이다.

아이들에게 새로운 개념을 지도할 때 중요한 것은 어떻게 적절한 예를 들 것인가에 대한 고민이다. 사실 이 부분이 늘 어렵지만 무척추동물이라는 한계에도 불구하고 친숙하며 분명한 분류를 위해 무당벌레를 예로 든다든지, 비교가 안될 정도로 크기가 다른 코끼리와 쥐를 제시한 것은 흥미를 끌고 아이들의 사고를 유도하는 데 도움이 된 것 같다. 한 걸음 더 나아가 나는 이 예시를 통해 생각나는 공통 특징들을 모두 찾아보는 발산적 사고를 유도하고, 아이들이 생물에 대한 사전 지식을 총동원하기를 바랐다. 그 다음 '포유류'라는 용어를 제시하며 대표적인 특징을 정리하는 수렴적 사고를 한 번 더 하려고 했다. 이러한 접근이 동물 분류의 두 가지 방법인 귀납적, 연역적 분류 방법의 어려움을 해결할 수 있을 것이라는 이선경 교수의 지적을 보면서 생물분류학의 이론적 배경을 살필 수 있었다. 동시에 수업을 준비하면서 아이들이 쉽게 받아들일 수 있도록 고민했던 것이 의미를 갖게 된 것 같아 좋은 자극이 되었다.

02

꽃의 마음으로
곤충의 마음으로

이선경 _ 청주교대 과학교육과 교수

이 글은 김정미 교사(서울 삼성초)가 2006년 5월에 했던 5학년 1학기 〈꽃〉 단원 수업을 보고 쓴 글이다. 필자가 직접 가서 본 수업과 촬영해서 본 수업까지 총 4차시 수업 중 처음 두 시간 동안 이루어진 '꽃가루받이 이해하기'를 중심으로 이야기해 보려 한다.

'꽃가루받이 이해하기'는 교과서에는 1차시 분량으로 되어 있지만 김 교사는 이를 2차시에 걸쳐서 가르쳤으며 전체적으로 교육과정을 재구성했다. 필자는 이 글을 통해 '꽃과 열매' 관련 교수-학습에서 몇 가지 시사점을 독자들과 함께 나누고자 한다.

꽃 따로 열매 따로

1998년 겨울, 모 교대 실험실에서 초등학교 과학과 교과서를 만들기 위해 교사와 교수 등 과학교육 전문가들이 회의를 하고 있었다. 교과서를 만드는 작업은 교육과정을 해석하고 이로부터 학습 경험을 조직하는 일부터 시작된다. 이 자리는 과학 교과서를 만들 사람들이 한데 모여 교육과정의 의도를 파악하고, 교과서의 집필 방향, 각 학년의 단원 순서 등을 논의하기 위한 자리였다. 이때, 교육과정에 임의로 배치된 교육 내용 영역과 요소를 단원 형태로 배치하는 일도 하는데, 계절이 결정적으로 영향을 미치는 생물과 지구과학 단원을 가르칠 시기를 먼저 정한 다음 화학이나 물리 영역의 단원을 배치하게 된다.

당시 논의의 초점은 꽃과 열매로 되어 있는 교육과정 내용을 그대로 두는 것이 좋은지, 아니면 따로 떼는 것이 좋은지에 관한 내용이었다. 6차 교육과정에서는 식물의 여러 기관들을 한 단원으로 묶어서 한 달여에 걸쳐 가르치도록 되어 있었다. 학생들은 식물의 잎, 줄기, 뿌리의 구조와 하는 일은 물론이고 꽃과 열매에 대한 것도 식물의 기관으로서 공부를 하게 되는 것이다. 그러나, 7차 교육과정에서는 식물의 여러 기관들을 이리저리 떼어 놓아서, 3학년 2학기에는 '식물의 잎과 줄기'를, 4학년 1학기에는 '식물의 뿌리'를 '강낭콩의 한살이'와 함께 공부하고, 5학년에서 '식물의 잎이 하는 일'과 '꽃과 열매'를 공부하도록 한 것이다. 그걸 또 쪼개어 '꽃' 단원과 '열매' 단원으로 가르치자는 주장 속에는 식물의 생식기관인 꽃과 열매를 학습하면서 꽃이 피고 난 뒤 씨와 열매를 만드는 것으로 이어지는 연계를 파악하는 것도 중요하지만 현상을 중시하는 초등 과학교육 과정을 고려할 때 꽃 관련 내용은 꽃이 많은 봄에, 그리고 열매 관련 내용은 열매가 많은 가을에 가르치도록 분리해야 학생들이 많은 관찰을 통해 학습이 가능하다는 의도를 담고 있었다.

격렬한 논의 끝에 꽃 단원과 열매 단원은 분리되었다. 학생들은 꽃과 열매가 풍부한 계절에 이들을 충분히 관찰할 수 있게 되었지만, 꽃이 지고 난 뒤 그 자리에서 씨와 열매가 만들어진다는 것을 충분히 납득할 수 있도록 하기 위해서 교사는 수업에서 특별히 그 부분을 연계하고 강조하기 위한 전략을 고민하게 되었다.

〈꽃〉 단원에 대한 김 선생님의 생각 목록

조심스럽게 수업을 보여 주길 희망한 김정미 선생님은 이메일로 몇 가지 파일을 미리 보내 주었다. 그중에는 총 8차시 내용

을 간략히 정리한 지도안도 있었지만, 필자의 눈길을 끌었던 것은
〈꽃〉 단원에 들어가기 전 여러 생각들을 정리한 내용과 전체 학습을
재구성한 안이었다. 사실 어떤 단원의 수업을 하기 전에 그 단원과 관
련된 학습자의 오개념 목록이나 학습과 관련된 쟁점을 점검해 보는 것
은 효과적인 전략일 수 있다. 그러나 쉽지 않은 일이다. 김 선생님의
생각 목록에는 다음과 같은 내용들이 포함되어 있었다.

○ 장미, 카네이션 등 꽃가게에서 파는 개량된 꽃에 익숙해 꽃에 대하여 잘 모
  르고 있다.

○ 꽃을 항상 보아 왔지만 '예쁘다'라고만 생각하고 자세히 관찰한 적은 없다.

○ 자연과 멀리 떨어져 있는 아이들, 책은 볼 줄 알지만 실물, 실체와 연관지
  어 생각해 본 적이 많지 않은 아이들……. 아는 꽃 종류가 많지 않아 공통
  점과 차이점을 찾아내기 어렵다.

○ 우선 꽃에 대한 관심을 높이고, 꽃을 많이 보고 익히는 게 중요하다.

○ 자주 화단 산책하기.

○ 일 년 동안 자연에 대한 관심이 이어져야 한다. 봄-꽃, 여름-잎, 작은 생
  물(여름철새 저어새), 가을-열매, 겨울-환경과 생물.

○ 학습이라는 것은 자연을 통한 배움이다. 사회에서 지형·기후와 관련하여
  공부하며 자연을 이루는 식물·동물에 대한 관심을 과학교과에서 확대한다.
  국어에서 시를 공부하며 감수성을 키우고, 보고 듣고 관찰하고, 글쓰기를
  통해 생각과 느낌을 정리한다.

○ 알고 있는 꽃, 가까이에서 관찰한 꽃, 우리 주변에서 쉽게 볼 수 있는 꽃부
  터 관찰 대상으로 삼아 살펴보고 학습한다.

체계적으로 정리되지는 않았지만, 김 선생님의 생각은 다양한 스펙트럼을 이루고 있었다. 꽃을 실제로 관찰하는 일의 중요성부터 배움은 교과로 분리된 것이 아니라는 생각에 이르기까지……. 김 선생님의 생각 목록 가운데 몇 가지는 〈꽃〉 단원에 대한 필자의 생각과도 일치했다. 예를 들어, 많은 아이들이 장미, 백합 등 꽃집에서 파는 꽃과 목련, 개나리, 벚꽃 등 유명한 봄꽃들이 꽃의 전부라고 생각하고 있으며, 실제로 유심히 꽃을 관찰해 본 경험은 거의 없다.

예비 교사들을 대상으로 하는 교대 수업에서 이 단원을 시작하기 전 꽃을 그려 보라고 하면 많은 학생들이 예상하는 순서대로 그림을 그린다. 가운데 동그라미 하나, 꽃잎 4장 또는 5장, 곧은 줄기 하나, 뾰족한 잎 2장……. 왜 초등학생이든, 예비교사든, 나이든 어른이든 꽃을 그리라고 하면 이런 모양의 꽃을 그리는 것일까? 지구상에는 이렇게 생긴 꽃이 그리 많지 않은데……. 이건 아마도 꽃을 지극히 단순화하고 전형화해서 나타낸 그림책의 강력한 교육(?) 효과이기도 하겠지만, 꽃의 다양성에 대해 잘 알지 못하거나 학생들이 꽃을 유심히 관찰해 본 경험이 부족하기 때문일 것이다.

김 선생님의 꽃에 대한 관심은 특별한 것 같았다. 꽃 관찰을 일 년 동안 수업의 연속선상에서 자리 매김 하려 했고 꽃을 주제로 사회, 국어 등 다른 교과와 연계할 수 있다는 생각도 하고 있었다. 이런 통합 교육은 이론으로는 이렇게 하면 좋고 또 그렇게 해야 한다고 주장하지만 실제로는 쉬운 일이 아니다. 과학과 안에서 물리, 화학, 생물, 지구과학도 통합되지 못하고 있는데, 다른 영역과의 통합은 더욱 더 쉽지 않을 것이다. 이런 고민들이 녹아 있는 수업 구성안을 보며 이런저런 기대와 생각을 하고 수업을 보러 갔다.

수 업 들 여 다 보 기

● 이 꽃은 무슨 꽃일까요?

　김정미 선생님이 컴퓨터 화면을 켰다. 화면에는 분홍색의 작은 꽃 여러 개가 보였다. "선생님이 꽃 퀴즈를 냈는데, 자, 아직 꽃 이름은 얘기하지 말고……. 우리 학교에 있는 꽃이에요. 우리 학교 어디에 있을까?" 김 선생님의 질문에 여기저기서 아이들이 손을 든다. 두 눈을 부릅뜨고 손을 든 서정이가 대답한다. "여기서요, 차 다니는 쪽으로 조금만 돌아가면요, 흰색 그거, 진달래, 아니 철쭉 옆에 있는 꽃이에요." 다른 학생들도 모두 그렇다고 한다. 학생들이 위치를 알고 있다는 느낌이 들자, 김 선생님은 이 꽃이 어떻게 생겼는지 질문한다. "다니면서 본 것을 이야기해도 좋구요, 사진으로 보고 이야기해도 좋구요. 어떻게 생겼니? 생긴 거 이야기해 보자." 학생들은 병처럼 생겼다거나 초롱꽃처럼 아래로 내려와 있다거나 꽃이 매달려 있다거나 하는 등 금방 봐서 알 수 있는 특징부터 "암술이 하나, 수술이 다섯 개"라는 유심한 관찰이 필요한 내용을 거쳐, '통꽃'이라거나 '갖춘꽃'이라거나 하는 등의 이론적인 배경을 가진 관찰 내용까지 이야기한다.

　김 선생님은 꽃이 매달려 있다고 응답한 학생의 말에는 "예. 이걸 꽃자루라고 하거든요. 꽃자루가 달려 있어요. 가지에 딱 붙어 있지 않고……."라고 하면서 꽃자루가 길게 붙어 있는 모습을 볼 수 있도록 관점을 제시하기도 하고, 갖춘꽃이라고 한 학생의 말에는 꽃잎, 꽃받침, 암술, 수술을 짚으며 갖춘꽃임을 함께 확인했다. 교사용 지도서에는 가능하면 생물학적인 용어를 도입하지 말라고 되어 있지만, 김 선생님은 아주 자연스럽게 통꽃, 갖춘꽃 등의 용어를 사용하였다. 실제로 생물학적인 용어는 그 용어가 의미하는 바를 학생들이 이해하기만 한다면 학습을 위한 의사소통에 도움을 줄 수 있으니 굳이 피할 필요는 없다고 생각한다. 다만 용어를 통해 단순 암기식 학습이 일어난다면 그건 피해야 할 일이다.

한 학생이 '꽃잎이 다섯 장'이라고 하자, 김 선생님은 놀라는 시늉을 하며 꽃잎의 윗부분은 다섯 장으로 갈라져 있지만, 아래쪽은 이어져 있고 따라서 이건 통꽃이라고 다시 한 번 강조한다. 그러다 김 선생님은 통꽃 이야기가 나왔으니, 잠시 옆으로 새서 어제 있었던 논란을 해결해야 한다며 교실 구석에 미리 준비해 둔 백합을 가져왔다. 아마도 백합을 공부하다 학생들은 백합이 통꽃이라고 주장하고, 선생님은 갈래꽃이라고 해서 결론을 내지 못했나 보다. 김 선생님은 학생들과 함께 확인하기 위해 백합을 사 왔고, 그 백합을 학생들 앞에서 찢어 보여 주었다. 뒤에서 "아, 불쌍해요."라고 조그맣게 이야기하는 학생들에게 관찰하기 위해서 그러는 거니까 괜찮다고 한다.

김 선생님은 백합을 직접 보여 주는 활동으로 백합이 통꽃임을 확인하고, '선생님이 졌다.'는 걸 인정했다. 백합을 꺼내 오면서 "선생님이 드디어 이걸 또 사 왔어요."라고 하는 걸 보면 아마 김 선생님은 궁금한 걸 해결하기 위해서 종종 이렇게 꽃을 사 와서라도 확인하는 모양이다. 어쩌면 김 선생님은 어제 백합이 통꽃이 아니라고 일부러 우겼는지도 모르겠다. 다시 김 선생님은 화면으로 돌아와 그 꽃이 갈래꽃인지 통꽃인지 알아보기 위해서는 떨어져 있는 꽃잎이 낱장으로 갈라져 떨어져 있는지 통으로 떨어지는지 유심히 관찰하라고 한다.

자, 이제 꽃 퀴즈의 정답을 이야기할 시간이다. 김 선생님은 학생들에게 이 퀴즈를 미리 내주고 정답자에게는 상품을 주기로 한 모양이다. 사각 상자 속에는 학생들의 응모지가 들어 있고 김 선생님은 세 사람을 뽑기로 한다. 이 꽃의 이름이 병꽃나무임을 확인한 뒤 세 사람을 뽑는다.

아이들이 충분히 수업에 열중한다고 생각한 김 선생님은 이제 또 다른 질문을 한다. "그런데, 병꽃나무의 꽃은 왜 피었을까요?" 학생들은 '열매를 맺기 위해서'라거나 '씨앗을 남겨서 씨앗이 다시 싹이 터서 자라게 하기 위해서'라고 대답한다. "그렇다면, 어떻게 해서 꽃은 씨를 만들 수 있을까?" 김 선생님의 질문이 이어진다. 많은 학생들이 자신 없어 하는데, 한 학생이 수분 수정의 과정을 수분 후 형성되는 꽃가루관의 개념까지 도입하며 아주 자세하고 복잡하게 이야기한다. 김 선생님은 더 이상 공부 안 해도 되겠다며, 칠판에 그림을 그린다. 꽃의 구조로부터 힌트를 얻게 할 계획인가 보다. 꽃잎, 꽃받침, 암술, 수술을 그리고, 이 중 어느 부분이 씨를 만드는 데 관여하는지 질문하고, 아이들의 대답에 근거해 암술, 수술이 씨를 만드는 데 관여하며, 수술의 꽃가루가 암술머리에 옮겨 붙어야, 즉 꽃가루받이가 일어나야 씨가 만들어진다는 것을 강조한다. 그러고는 이 차시에서 먼저 식물의 다양한 꽃가루받이 방법을 알아보고, 꽃가루받이가 된 뒤 나타나는 꽃의 변화를 관찰하게 될 것임을 이야기한다.

● **식물들의 다양한 꽃가루받이 방법 알아보기**

본격적인 수업은 꽃가루받이, 즉 수분이 무엇인지를 확인하는 것부터 시작했다. 수술에 있는 꽃가루가 암술머리로 옮겨 붙는 것. 그렇다면 어떻게 해야 할까? 김 선생님은 질문을 하고 아이들은 칠판에 그려 놓은 꽃의 구조도에서 암술이 수술보다 키가 큰 것에 주목한다.

학생 1 수술의 키가 자라야 해요.

교　사 키가 자라야 돼? 키가 안 자라는데……. 쟤는 저기서 끝났는데.

학생 2 사람이 막 떼서…….

학생 3 벌들이나 나비 같은 게 수술이 키가 작으니까 수술의 꽃가루를 암술머리에 옮겨 줘야 해요.

학생 4 벌들이 꿀을 먹으려고 왔다 갔다 하면서 수술을 밟아서 꽃가루가 묻은 발로 계속 걸어다니다가 암술머리에 붙여서요…….

　수술이 위로 올라와 있으면 다른 꽃의 꽃가루를 받는 데 유리할 수 있지만, 사실 수술의 키가 작거나 큰 것은 식물의 수분에서 그리 큰 문제는 아닐 수 있다. 자연에서 같은 꽃에 있는 꽃가루가 수분 수정되어(자가수분) 씨나 열매로 이어지는 경우는 그리 많지 않기 때문이다. 많은 경우 식물은 같은 꽃의 꽃가루를 수분하면 꽃가루관이 형성되지 않거나 암술과 수술이 성숙하는 시기를 달리하는 등의 메커니즘을 통해 자가수분으로는 번식을 하지 않게 된다. 식물에도 근친상간을 피하는 전략이 있는 셈이다. 그래서, 만일 멘델이 자가수분으로 번식이 가능한 완두를 재료로 택하지 않았다면 멘델의 유전법칙은 쉽게 발견되지 못했을 거라고 말하는 사람들도 있다.

　김 선생님은 보다 적극적으로 아이들의 생각을 키워 나가기로 결심한다. 수술, 암술이 있지만 발이 안 달렸기 때문에 선생님이 붓으로 백합의 수술에 있는 꽃가루를 암술머리로 옮겨 주겠다는 것이다. 그러면서 꽃가루받이의 개념을 적극적으로 도입하고, 학생들은 백합의 암술머리 위에 꽃가루가 달라붙어 노랗게 변한 모습을 보면서 "와! 와!" 소리를 지른다. 김 선생님은 암술머리가 끈적거려서 쉽게 꽃가루가 달라붙을 수 있다고 강조하는 걸 빠트리지 않는다. 그러면서 자연에서는 누가 이런 역할을 할 수 있는지 질문하고, 학생들은 벌, 나비, 곤충, 바람, 물, 새, 장수말벌 등이라고 대답한다. 이 대답에 기초해 김 선생님은 이들 수분 전략과 관련 있는 사진을 제시하며 각각을 자세히 설명한다.

김 선생님의 설명은 질문과 응답으로 이어지는 쌍방향 교수 형태로, 단순히 사실이 그렇다는 것을 알려 주기보다는 학생들이 납득할 수 있도록 유도한다. 자주달개비꽃에 붙어 있는 벌의 모습을 보여 주면서 꽃가루를 옮겨 주기 위해서는 움직일 수 있거나 덩치가 작거나(기어 올라가는 곤충들도 있지만) 날개가 있는 등의 조건이 도움이 될 수 있다는 점을 강조한다. 그러면서 꽃을 찾는 곤충들이 꽃을 찾게 되는 이유는 꿀을 먹기 위해서이고 이와 관련된 꽃의 특징도 도입한다. 김 선생님과 학생들이 주고받는 질문과 답들을 들으며 교실을 돌아보니 학생들의 책상이 'ㄷ자'로 배치되어 있다. 그걸 보니 새삼 김 선생님의 수업이 학생들과의 소통을 전제로 한 수업임을 읽을 수 있다. 김 선생님은 벌이나 나비들이 몰려 있는 꽃들은 모두 다 곤충이 꽃가루를 옮겨 주는 것이라고 말하면서 곤충과 식물과의 관계를 마무리했다.

이제 풍매화이다. 김 선생님은 곤충의 도움을 받아 꽃가루받이를 하지 않는 꽃, 소나무꽃을 사진으로 보면서 꽃잎과 꽃받침은 물론 꿀도 없는 꽃이라는 점을 강조하면서 다른 매개체, '바람'을 도입한다. 김 선생님은 실제로 바람에 날리는 모습을 보지는 못했겠지만, 물웅덩이에 떨어져 있는 모습은 보았을 거라고 하며, 교실 한쪽에 미리 준비해 둔 둥근 수조를 하나 가져온다. 그 수조 속에는 노란 꽃가루가 많이 떠 있는 물이 담겨져 있다. 어제 비가 와서 생긴 물웅덩이에 노란 꽃가루가 떠 있는 것을 보고 이 수업을 위해 떠 온 것이다. 학생들은 어제 길을 다니면서도 봤을 텐데, 이렇게 보니 더 새로운지 연신 "와!"를 연발한다.

학생들에게 직접 소나무꽃을 관찰하게 한 뒤, 선생님은 소나무꽃이 우리가 흔히 보던 꽃과는 다르게 생겼고, 따라서 꽃을 유심히 관찰하면 꽃가루를 옮기는 방법을 알 수 있다는 것을 강조한다. 사실 이 부분, 그러니까 꽃의 생김새와 특징을 수분 방법과 관련시키고 또 씨나 열매의 생김새와 특징을 이들의 산포 방식과 관련시키는 것은 〈꽃〉 단원과 〈열매〉 단원에서 정말 중요하게 다루어야 할 내용이다. 김 선생님은 사진과 질문과 노란 물웅덩이와 실제 꽃을 관찰하는 경험을 통해 학생들이 이에 대해 생각해 볼 수 있는 여지를 마련해 주었다.

이어 이른 봄 동박새의 도움을 받아 꽃가루받이를 하는 동백꽃 같은 조매화와 물을 통해 꽃가루받이를 하는 나사말 같은 수매화를 이야기하며 꽃가루받이 방법의 다양성에 대한 학습을 마무리했다.

● 꽃과 곤충의 마음으로 '사탕꽃' 만들기

이제 꽃과 곤충이 되어 보는 시간이다. 김 선생님은 학생들에게 꽃의 마음이 되어서 곤충이 날아와 꽃가루받이를 도와줄 수 있도록 꽃을 만들고, 또 곤충의 마음으로 꽃을 찾을 수 있도록 하겠다면서 빨간 바구니를 들고 나온다. 그 속에는 막대사탕,

색주름지, 철사 같은 것이 많이 들어 있다. 꿀을 대신해서 막대사탕을 쓰고, 막대사탕의 막대를 암술로 생각해서 주름지로 꽃잎을 만들어 철사로 고정시키고 꽃잎을 치장하는 것이다. 꽃잎은 통꽃이나 갈래꽃 둘 다 좋고, 색깔이나 무늬도 만들 수 있다. 중요한 건 곤충이 찾아오기를 정말 바라는 마음이라는 점을 강조하며, 선생님은 꽃을 만들면서 주름지 꽃잎 속에 종이 하나를 숨기라고 한다. 보물찾기에서 단순히 사탕만 찾고 끝나는 것만은 아닌가 보다. 학생들은 웅성거리며 사탕꽃을 만들었다. 필자가 보기에는 쉬워 보이는데 학생들에게는 그리 쉬운 일이 아닌지 생각보다 더디다. 어떤 학생은 꽃잎을 조금만 남겨 조그만 꽃을 만들었다. 김 선생님은 이를 놓치지 않고 조그만 꽃들은 대부분 한데 모여 있어 꽃이 작아도 쉽게 눈에 띄게 된다고 설명한다. 학생들은 꽃을 만들면서 벌써 신이 나 있다.

다 만든 꽃을 모두 걷은 후 김 선생님이 밖으로 나가라고 하자 학생들은 "와!" 함성을 지르며 달려나갔다.

● **보물 찾고 지령 수행하기**

꿈동산은 'ㄷ자'로 배치된 학교 건물 사이에 있는 중정 같은 곳이다. 그리 넓지 않은 곳인데 언뜻 보기에도 다양한 식물들이 자라고 있다. 학교에 이 정도만 있어도 꽃이나 식물 공부는 물론이고 학생들 마음속에 자연이 들어오는 게 가능하지 않을까 생각했다. 자연 경관이 마음의 경관을 만든다는 말도 있지 않은가.

김 선생님은 보물 숨기기에 대해 몇 마디 이야기를 하고 학생들은 보물을 숨기러 뛰어갔다. 필자는 보물찾기라는 말을 들으면서 '보물찾기의 매력은 숨어 있는 걸 찾는 것인데, 꽃을 너무 깊이 숨기면 안 될

텐데…….' 하는 생각을 했다. 역시 김 선생님도 이 점을 우려했나 보
다. 수업 후 나눈 대화에서 김 선생님은 이렇게 말했다.

> **필 자** 선생님이 아이들한테 이 꽃을 숨기라고 하시면서 특별히 무슨 주의 사
>   항을 주었어요?
> **교 사** 아, 네. 숨길 때, 자연에 나갈 때는 조심해서 하자고 했어요.
> **필 자** 숨기는 애들한테요?
> **교 사** 네, 그 숨기는 애들한테요. 숨기느라고 식물을 밟을까 봐 그런 얘기를
>   했구요. 또 한 가지는 어쩌면 너무 애매한 발언인데요, 완전히 꽃이라
>   고 하기도 그렇고 또 완전히 꽃이 아니라고 하기도 그렇고……. 그러
>   니까 보물찾기 성격과 꽃의 성격이 둘 다 섞여 있는 게 문제예요. 보
>   물찾기 성격이 강하다면 못 찾게 숨겨야 되는데, 또 꽃이라면 못 찾으
>   면 안되잖아요. 벌을 불러야 되기 때문에. 아이들한테 그런 걸 얘기한
>   거죠. 꽃은 꼭꼭 숨겨 놓으면 벌을 만나야 되는데 못 만나니까 꽃을
>   만날 수 있게 너무 구석에 숨겨 두지 말라고요.

　밖으로 나온 학생들은 꽃 퀴즈로 나왔던 병꽃나무를 다시 한 번 관
찰하고, 꿈동산으로 돌아오는 길에 땅에 떨어져 있는 은행나무 수꽃도
관찰한다. 학생들 대부분은 은행나무 꽃을 처음 봤고, 또 예전에 봤어
도 그게 은행나무 꽃이라는 걸 생각 못했다는 반응이다. 그런데 학생들
은 그것도 신기하지만 마음은 이미 꿈동산에 가 있다. 김 선생님은 꽃
을 숨기는 학생들을 고려해 자꾸 시간을 끈다. "자, 이제 찾으러 가자."
라고 김 선생님이 말하자, 학생들은 환호하며 꿈동산으로 뛰어갔다.
　꿈동산에는 철쭉, 영산홍, 구상나무, 덩굴장미, 애기똥풀, 앵두나

무, 배나무, 모과나무, 수수꽃다리 등이 있다. 꿈동산으로 돌아온 학생들은 뛰어다니면서 꽃사탕 보물을 찾기 시작한다. 학생들 중에는 못 찾은 학생들도 있고, 금방 세 개나 찾은 학생도 있다. 김 선생님은 두 개나 세 개를 찾은 학생들에게는 사탕과 꽃사탕 속에 들어 있는 지령을 못 찾은 학생들에게 나누어 주라고 한다.

지령은 대개 이런 식이다. '철쭉꽃을 찾아서 꽃이 지는 모습을 자세히 관찰해 기록하세요.' '꽃이 지고 난 뒤 앵두나무에는 어떤 변화가 일어났는지 관찰한 것을 자세하게 기록하세요.' 학생들은 꽃을 찾는 데도 시간이 많이 걸렸다. 김 선생님은 못 찾은 아이들을 데리고 다니며 앵두나무와 배나무, 애기똥풀 등을 알려 주었다. 아직 꽃이 피어 있는 것도 있고, 꽃이 지기 시작해 일부만 남은 것도 있어서 지령을 수행하기에 무리가 없어 보였다. 잘 관찰하지 못하는 경우에는 꽃이 지고 난 자리에 둥그렇게 열매가 맺혀 있는 걸 직접 보여 주기도 했다. 김 선생님이 모이라고 하자, 학생들 중에 여학생 둘은 꿈동산을 떠나기가 아쉬운 듯 "학교 끝나고 여기 다시 와 봐야겠다."고 이야기한다. 자신들과 전혀 상관없이 그저 거기에 존재한다고 생각했던 꿈동산에 갑자기 중요한 보물들이 숨겨져 있고, 계속 그걸 찾아야 할 것 같은 느낌이 드나 보다.

교실로 올라가는 계단에 앉아서 김 선생님은 관찰한 내용을 이야기하게 했다. 철쭉꽃을 관찰한 학생들이 말했다. "철쭉의 예쁜 색깔이 점점 황토색으로 변하면서 축 늘어지면서 나중에는 꽃이 떨어지고 암술이 있던 자리에 뭐가 생겼어요." "꽃이 쳐져 있는 모습이 만두 같아요." 김 선생님은 이어서 꽃이 활짝 펴 있는 모습과 또 지는 모습을 봤는데, 꽃이 지는 건 슬픈 일인지, 꽃이 지고 난 자리에 어떤 변화가 생겼는지 등을 질문했다. 그리고 '씨방이 동그랗게 부풀어 있다.'거나 '작은 열매 같은 것이 있다.'거나 '빨간색의 앵두가 생기기 시작한다.'는 등 학생들이 응답한 내용에 근거해 꽃이 지고 나면 그 결과 열매나 씨를 만들기 시작한다는 것을 설명했다.

이제 두 시간의 수업이 다 끝났다.

수 업   이 야 기 하 기

● 꽃 따로 열매 따로?

꽃은 식물의 생식기관이다. 즉, 식물이 자손을 번식시키는 데 기여하는 부분이다. 이런 수업을 하기 전에 학생들에게 꽃이 이 세상에 존재하는 이유에 대해 질문을 해 보면, 적지 않은 수의 학생들이 꽃이 세상을 아름답게 해 주거나 인간을 위해 존재한다고 대답한다. 이런 생각은 꽃에 대한 학습이 추상적이거나 편의에 따라 바뀌어 실시되거나 열매에 대한 학습과 연계되지 않으면 더욱 굳어질 수 있다. 교과서에는 〈열매〉 단원을 시작할 때 꽃에서 열매가 형성되는 과정을 분꽃, 토마토, 민들레 등 식물 사진을 통해서 관찰하도록 되어 있으며, 가능하다면 학생들에게 과제를 통해서 이를 관찰하는 과정을 거치도록 권유하고 있다.

이를 적극적으로 재구성해서 봄에 많은 꽃들이 피었다가 지고 난 후 어떤 변화가 일어나는지를 즉시, 구체적으로 관찰할 기회를 제공하는 김 선생님의 수업은 꽃과 열매 부분에 대한 교과서 구성과 수업에 대한 아이디어를 제공하고 있다. 모든 식물이 실제로 꽃이 피고 난 뒤 열매가 형성되기까지 그렇게 많은 시간이 걸리지 않고, 또 늦은 봄에는 봄꽃들의 열매를 볼 수 있기 때문이다. 이렇게 꽃이 지고 난 뒤 열매나 씨를 형성하는 것을 관찰하는 경험은 이 영역의 학습에서 중요하게 고려되어야 할 사항이다.

이 문제는 단지 꽃과 열매에 국한되는 것만은 아니다. 이 글 도입에서도 이야기했듯 식물의 여러 부분을 한 달여에 걸쳐서 학습하도록 되어 있던 6차 교육과정 내용은 7차 교육과정에서 여기저기로 흩어졌다. 따라서 학생들은 3학년 2학기에 식물의 잎과 줄기를, 4학년에서는 뿌리를, 5학년에서는 꽃과 열매를 배우게 되며, 잎이 하는 일도 따로 공부하게 된다. 물론 이렇게 하면 각각의 내용이 좀 더 풍부해지고 재미있는 내용들도 많이 포함되지만, 생물의 각 부분의 구조와 기능을 전체와 관련시켜 파악하는 데에는 어려움이 있다. 전반적으로 고민을 해야 할 부분이다.

● **이론 따로 실제 따로?**

김 선생님의 수업은 참 구체적이고 다양하다. 컴퓨터로 다양한 꽃 사진을 보여 주는 것은 물론 백합을 찢어 보기도 하고, 학교에 있는 병꽃나무를 소재로 퀴즈를 내기도 한다. 소나무 꽃가루가 물에 고인 것을 보여 주기도 하고, 소나무꽃을 관찰하기도 한다. 여기에 더해 화단에 나가서 사탕꽃을 숨겨서 보물찾기도 하고 실제로 야외에 나가 관점을 가지고 꽃의 변화를 관찰하기도 한다. 특히, 김 선생님은 야외 관찰 활동에 대한 애착이 강해서 가능하면 학생들을 데리고 나가서 수업을 하려고 한다. 필자가 본 수업 이전에도 김 선생님은 학생들을 근처 산으로 데리고 나가 꽃을 관찰했고, 다음 수업에서는 꽃 분류하기를 했다고 한다. 먼저 교실에서 사진을 가지고 분류를 한 다음 실제로 꽃이 많이 있는 교재원에서 꽃을 관찰하면서 분류하는 활동을 했다. 예상대로 학생들은 아주 집중을 잘했다고 한다.

김 선생님이 관찰 활동을 중시하는 이유는 관찰을 통해 아는 것과 실제가 연결되는 경험을 해 볼 수 있기 때문이다. 학생들은 책에서는 많이 봤더라도 실제 관찰에서 잘 모르는 경우도 있고, 또 관찰을 하다 보면 책에 없는 것도 발견할 수 있다는 것이다. 이것은 김 선생님 자신이 교사모임을 하면서 직접 경험한 것이라고 한다. 그러다 보니 과정 없이 지식을 전달하거나 함부로 결론짓는 것을 피하고 학생들이 스스로 관찰하고 발견할 수 있도록 수업을 진행한다는 것이다.

과학 학습에서 관찰의 중요성에 대해서는 새삼 강조할 필요가 없겠지만, 다시 한 번 이야기하자면 관찰은 단순히 이론과 실제를 연결해 주는 것뿐만 아니라 세심한 특징에 주목하게 하거나 스스로 탐구할 수 있는 힘을 길러 준다. 관찰하면서 탐구의 기쁨과 힘을 경험한 김 선생님 반 학생들은 스스로를 '꼬마 과학자'라고 부른다. 뿐만 아니라 생물 영역에서 생물에 대한 관심이나 흥미는 거창하고 일반적인 이론에 의해서가 아니라 구체적인 생물들의 신기하고 아름다운 특징을 관찰하고 이에 매료되는 것에서 시작된다는 점을 고려한다면 이는 더욱더 장려되어야 할 것이다.

● **과학 따로 국어 따로?**

한 가지 더, 김 선생님의 수업 설계에서 돋보이는 점은 꽃에 대한 학습을 다른 교과와 연계하는 통합교육이다. 앞서 보여 준 수업에서도 이미 보물찾기 활동으로 꽃이 되어 보고 곤충이 되어 보는 드라마틱한 상황을 연출하기도 했지만, 김 선생님은 5차시 동안 가르치도록 되어 있는 〈꽃〉 단원을 재구성해 8차시로 구성함과 동시에 다양한 통합교육을 실시했다. '재량활동으로 화단 산책하기', '화단 꽃 사진 찍기', '꽃 퀴즈', '국어 시간에 시에 곡을 붙여 만든 꽃노래 배우기', '실과 시간에 꽃과 채소 심고 가꾸기', '사회 시간에 진달래 화전 만들어 먹기', '국어 시간에 꽃의 구조 분석해 글쓰기', '국어 시간에 꽃 분류해 글쓰기', '미술 시간에 꽃 달력과 화단 식물지도 만들기' 등 일일이 열거하기 힘들 정도다. '꽃'을 소재로 교과를 연결하고 세상을 연결하는 것이다. 이것은 '환경'이 모든 교과와 연결된다는 김 선생님의 생각과 닿아 있다.

> 과목에서 환경 분야가 참 많아요. 작년에 5학년을 하고 나니까, 과학도 그렇고, 사회도 그렇고 환경과 관련된 내용이 참 많았어요. 특히 사회는 옛날 우리나라 자연환경이나 촌락과 도시로 구별되면서 생기는 환경문제 등 다 환경 이야기예요. 그래서 작년에 가르쳐 보고 나니까 너무 재밌는 거예요. 저 나름대로도 깊이가 깊어지면서 재량활동(의 주제로 환경)을 잡긴 했지만, 거의 모든 교과와의 연장선으로 생각하고 있거든요. 교과별로 갈래갈래 공부했다면 또 그걸 합칠 수 있는 뭔가가 있어야지요. 과학만 고집하는 게 아니라 그걸 통해서 본 게 있으면 사회 시간에도 저절로 이야기가 나오고 국어 시간에 시를 쓸 때도 경험한 게 있어서 막 시를 써요. 그런 것들을 경험하면서, 자연 속에 나가는 게 정말 큰 경험과 배움을 주는 것 같다는 생각이 들어요.

● 꽃의 마음으로 곤충의 마음으로

김 선생님의 수업에서 재미있는 또 하나의 관점은 꽃의 마음으로 꽃

사탕을 만들고, 곤충의 마음으로 꽃사탕을 찾아보는 활동에서 드러난다. 꽃에 대한 학습을 하면서 실제로 꽃이 되어 보고 곤충과의 관계를 고민한다. 실제 수업에서 꽃사탕을 만드는 것은 그리 탐구적이지는 않았다. 오히려 학생들이 김 선생님이 시키는 대로 막대사탕에 주름지 꽃잎을 붙여 만드는 것이 아니라 학생들에게 '꽃사탕에 정말 곤충이 오게 하려면 어떻게 만들면 좋을지' 모둠에서 함께 탐구하고 이에 근거해서 꽃사탕을 만들게 했다면 좋았겠다는 생각을 했다. 아마 아이들은 향수를 가져와 뿌리거나 치장하는 등 나름대로 꽃의 전략을 흉내 내고 훨씬 더 잘 이해할 수 있었을 것이다. 아마 이 세상에 왜 다양한 꽃이 존재하는지에 대해서도 이해가 가능했을 것이다. 그리고 또 하나, 꽃의 생김새가 꽃의 목적에 따라 만들어지고, 생물의 의지가 진화의 방향에 적극적으로 기여한다는 목적론적인 사고도 문제가 될 수 있다. 실제 자연에서 꽃의 생김새는 꽃 자체의 의지보다는 환경에 대한 적응과 자연 선택으로 설명하는 것이 더 적합하기 때문이다.

그러나, 실제 생물에 대한 이해를 할 때 그 생물의 입장이 되어 보는 것은 중요한 일이다. 이와 관련해 환경철학자들은 그 생물을 배려하고 보살피는 것의 출발이며, 인간이 이런 배려와 보살핌의 철학을 가질 수 있을 때 현재의 환경 위기는 극복될 수 있다고 말한다. 물론 김 선생님이 꽃사탕 만들기를 하면서 이런 거창한 철학적 배경을 생각했던 것은 아닐 것이다. 그런데도 내가 아닌 다른 개체의 입장에 서 보는 것, 특히 곤충이나 꽃의 마음이 어떠할지 꽃과 곤충의 관계를 학습하면서 경험해 보는 것은 이 세상을 보는 눈에 큰 영향을 미칠 것이다. 다음에는 김 선생님이 아이들에게 뭐가 되어 보라고 할까?

얼굴에 노란 꽃가루를
묻히고 다니는 아이들

김정미 _ 서울 삼성초 교사

사람들은 목련이나 개나리가 하얀 꽃잎이나 노오란 꽃망울을 터뜨릴 때가 되어야 완연한 봄기운을 느낀다. 자연의 변화를 가장 쉽게 느끼게 하는 대상이 바로 꽃이기 때문이다. 자연을 알아 나가는 첫걸음으로 5학년 아이들은 꽃을 본다. 우리가 그동안 보아 온 꽃을 자세하게 공부할 즈음, 이선경 교수와 《우리교육》 기자들을 우리 반 교실로 초대했다.

평소 정리되지 않은 아이디어로 하루하루 바삐 수업을 하는 터라 이번 계기를 통해 내 생각을 다듬어 보고자 했으나 준비를 하는 건 쉽지 않았다. 내가 알고 있는 것들이 맞는지 갑작스럽게 의문도 생기고 자유롭게 떠오른 수업 발상이 우스꽝스러운 것은 아닌지 두려움도 생겼다. 지식을 주입하기보다는 개념 이해를 돕는 사고를 이끌어 내려다 보니 수업이 길어져서 2차시 수업이 3차시가 되기도 했다. 수업 시간이 늘어나면서 다소 집중력이 떨어지는 아이들도 있었고, 수업 시간과 상관없이 진지하게 참여하는 아이들도 있었다. 그렇게 수업을 끝내고 나서 보니 아이들을 화장실도 보내지 않고 수업을 한 나의 뻗치는 열의가 어찌나 미안했는지 모른다. 그동안 학교 화단을 산책하며 많이 살펴봤으니 당연히 알 거라고 생각했는데, 꽃이 폈을 때와 졌을 때가 달라 찾지 못하고 헤매는 아이들을 보면서 나의 생각이 기대에 불과했음을 알았다. 변화무쌍한 자연 앞에 2개월밖에 되지 않은 학교 화단 산책은 무색하기 짝이 없었다.

그러나 수업을 하면서 꽃이 왜 다양한 모습을 가지고 있는지, 교과서에서 배운 꽃의 구조를 똑같이 적용할 수 없게 서로 다른 모습을 가지고 있는지 조금씩 깨닫게 되었다. 꿀 외에도 서로 다른 꽃의 색깔, 크기, 꽃잎의 모양, 무늬, 향기 등 수분을 위한 다양한 꽃의 전략을 살피며, 꽃마다 특유의 전략을 관찰하는 재미가 쏠쏠했다. 어느 책에서도 쉽게 찾아볼 수 없는 새로운 사실을 알아내는 아이들이 기특했다.

관찰한 것을 바탕으로 짐작해 보고 몇 가지 근거를 가지고 추리해 보는 과정에서 아이들은 스스로 과학자가 된 기분을 즐기기도 했다. 벌이 오면 침에 쏘일까 무서워하기 일쑤였는데, 꽃무더기 속으로 파고들어 가며 보이지도 않는 꿀샘을 찾는 모습이 신기하고, 몸에 노란 꽃가루를 묻히고 다니는 모습은 참으로 귀여웠다. 그리고 수분을 돕는 게 벌과 나비라고만 생각했는데, 꽃 안 깊숙이 암술과 수술 사이를 헤집고 다니는 개미를 심심치 않게 발견할 수 있었다. 어릴 때 자주 불렀던 '나비야 나비야 이리 날아 오너라. 호랑나비 흰나비 어서어서 오너라.'라는 노래는 그야말로 나비를 불러들이고 싶은 꽃의 바람을 담은 노래임을 저절로 깨달았다.

꽃 수업을 하고 나니 아이들에게 어떤 과정으로 자연에 한 발짝 다가가게 도와줄지 정리가 되고, 또 새로운 구상을 하게 된

 다. 우선, 3월에는 일찍부터 흔히 볼 수 있는 한해살이 풀꽃의 어린 싹을 옮겨 심어 교실에서 키워 보고, 4월에는 학교 화단 나들이를 하며 종이끈으로 꽃 이름을 붙여 주고(이렇게 하면 작은 풀꽃도 자기만의 이름표를 가지게 될 것이다.) 학교에서 볼 수 있는 꽃 사진을 퀴즈로 내서 식물도감을 찾으며 스스로 공부하며 이름을 익히게 하고 싶다.

 그리고 5월, 교과서 〈꽃〉 단원에 들어갈 때는 동네를 한 바퀴 돌며 관악산과 가까이 있는 야생화 학습장에 가서 다양한 식물들을 관찰하며, 특히 꽃잎이 없어서 꽃처럼 보이지 않는 꽃들을 더 찾아보고 싶다. 6월에는 과학 교과서에 나오는 식물의 잎 공부를 할 것이고, 7월에는 잎 사이로 뛰어다니는 곤충을 비롯하여 작은 생물들을 공부하게 될 것이다. 이렇게 경험한 것, 관찰한 것을 바탕으로 글을 쓰고 그림을 그리고 자연과 함께 살아가야 하는 우리 사회와 생활에 대해 공부할 것이다. 생물들이 생태계 안에서 얽히고설키며 서로 연결되어 있듯 여러 개의 교과가 연결되고 통합되는 실마리가 자연을 알아 나가는 것에서 비롯되는 것 같다.

 아직 부족함이 많지만 〈꽃〉 단원 수업을 준비하면서 자연에 다가가려는 노력이 또 한 발자국 앞으로 나아간 것 같아 뿌듯하다. 기회가 된다면 올해의 경험을 바탕으로 우리 학교 화단을 동료 선생님들에게 소개하고 싶다. 돌보지 않아도 어지러이 제스스로 질서를 지키며 살아가는 식물들의 다양한 모습을 보여줄 생각에 벌써부터 가슴이 설렌다.

01

전통음악교육
학교에 들여놓기

이경언 _ 한국교육과정평가원 음악과 연구원

이 글은 김영미 교사(서울 창신초)가 2006년 4월 초에 했던 국악 수업을 대상으로 했다. 김 교사는 4학년 교과서에 감상곡으로만 나와 있는 〈호랑장군〉 노래를 세 차시 분량으로 재구성해 수업했다. 필자가 직접 참관해서 본 수업은 그 가운데 앞 두 차시이다. 이 수업은 교과서의 제재를 교사가 어떻게 재구성할 수 있는지를 보여 주는 좋은 사례이기도 하고, 교사의 전통음악교육에 대한 철학을 그대로 드러내 주는 수업이기도 했다. 교사가 선택한 소재와 활동들, 그리고 그것을 학생들과 나누는 방식들은 전통적인 음악교육 방식 그대로였다. 필자는 김영미 교사의 수업을 통해서 전통음악교육이 전통적인 내용과 방식으로 학교에서 자리 잡는다는 것이 어떤 의미인지, 그리고 이를 위해서는 무엇이 필요한지 독자들과 함께 생각해 보고 싶다.

수 업 읽 기 를 시 작 하 는 마 음 가 짐

몇 번의 공식적, 비공식적 만남으로 안면이 있는 김영미 선생님은 내가 알기로 노래면 노래, 악기면 악기, 춤이면 춤, 못하는 것이 없는 국악 재주꾼이다. 옛부터 우리나라는 근대에 일본에서 수입된 '음악'이라는 용어 대신 '악'이라는 용어를 사용해 왔다. '악'이라는 용어는 형태상으로는 '노래와 연주와 춤의 결합'을, 내용상으로는 '우주 만물의 조화'를 상징한다. 이 뜻에 비추어 보면 김 선생님은 교육을 통해 '악'을 실현할 만한 기본적인 능력을 가지고 있는 교사라할 수 있다. 이것만이 아니다. 김 선생님이 수업 내내 가르치던 방법또한 옛부터 우리의 전통음악교육에 사용한 '구전심수(口傳心授)' 혹은 '구전신수(口傳身授)'(이 부분에 대해서는 글에서 다시 설명하겠다.) 방법이니, 우리 음악을 제대로 가르칠 방법까지 이미 터득하고 있는 '우리 음악교육자'인 셈이다.

이런 마당에 선생님의 수업을 이리저리 뜯어보고 나름대로 토를 달아야 한다는 것은 실로 난감한 일이 아닐 수 없다. 내가 이 지면을 빌려 말로 늘어놓는 것보다는 먼저 김 선생님의 수업을 보며 다른 교사들과 함께 나누는 것이 순서가 아닐까 하는 생각도 해 보았다. 그래서 그냥 이렇게 마음먹기로 했다. 이번 기회를 국악교육에 대한 서로의 경험을 나누는 자리로 만들자고. 그러니 이 지면은 먼저 나의 경험을 드러내 보이는 자리인 셈이다.

수 업   내 용   훑 어 보 기

수업의 전체적인 내용은 〈호랑장군〉 노래를 익히고, 이에 맞는 신체 표현을 만들며, 소고로 어울리는 장단을 쳐 보는 것이다. 4학년 음악 교과서에서 〈호랑장군〉은 창작 동요인 〈그네〉를 배우며 이와 연관하여 〈산도깨비〉와 함께 듣고 불러 보는 감상곡으로 제시된 곡이다. 따라서 교사용 지도서에도 〈호랑장군〉과 〈산도깨비〉를 배우는 시간은 반 차시 분량으로 제시되어 있을 뿐이다. 하지만 김 선생님은 전 시간에 〈산도깨비〉를 제재로 수업을 하고, 〈호랑장군〉도 3차시 분량으로 수업을 계획하고 있었다. 이 중 필자가 본 수업은 1차시와 2차시 수업이다. 두 차시에 걸쳐 진행된 수업 내용을 활동을 중심으로 간단하게 정리하면 다음과 같다.

전체적인 평을 먼저 밝히자면 제재곡의 선택이나 그에 따른 활동이 돋보이는 수업이었다. 〈호랑장군〉은 교과서에 제시된 '국적 불명'의 어정쩡한 어떤 창작 국악동요보다 가창 제재곡으로 손색없는 곡이다. 경기민요조의 전형적인 선율, 자진모리장단의 흐름을 제대로 살린 리

차시		활동
1	지난 시간에 배운 내용 복습하기	1. 〈산도깨비〉 부르기
	〈호랑장군〉 배우기	2. 호랑이의 특성 알기
		3. '호랑이와 토끼' 전래동화 듣기
		4. 노랫말 읽고 가사의 의미 알기
		5. 호랑이 사진 보기
		6. 노래 배우기
		7. 자진모리장단 배우기
		8. 노래 배우기
2	노래하면서 신체 표현하기	9. 노랫말에 어울리는 동작 만들고, 노래하면서 표현하기
	소고로 장단 치며 노래하기	10. 소고 치는 방법 배우기
		11. 제재곡에 맞는 소고 치기, 노래 부르며 소고 치기

듬형과 노랫말의 운율, 그리고 전래동화의 내용을 되새기게 하는 노랫말로, 4학년에 막 들어선 아이들에게 가르치면 적합할 그런 곡이다. 김 선생님은 장구로 장단을 치는 데 익숙하지 않은 아이들과 구음에서 시작해 '책상 치기', '몸 치기'를 거쳐 '소고 치기'로 나아갔다. 서두르지 않고 장단을 반복적으로 익히면서 심화시켜 나갈 수 있도록 배려한 수업이었다.

이러한 수업 구성은 김 선생님의 치밀한 계획이라기보다 국악을 국악답게 가르쳐야 한다는 나름대로의 식견과 경험에서 우러나온 것이라 자연스럽고 익숙해 보였다.

사실 앞으로 제기할 문제는 이러한 전체적인 짜임새에 비하면 매우 지엽적이거나 아주 엉뚱한 것일 수 있다. 그래서 다시 한 번 이 자리는 국악교육에 대한 내 경험을 먼저 풀어 보는 자리라는 점을 말하고 싶다.

경 험   나 누 기

● 내용에서 상징성 살리기

수업은 지난 시간에 배운 〈산도깨비〉를 불러 보는 것으로 시작되었
다. 반주가 나오는 플래시 애니메이션 화면을 보며 아이들이 노래를
부르자, 김영미 선생님은 굿거리장단에 맞추어 몸을 움직이도록 했다.
처음에는 노래에 집중하여 몸을 움직이는 아이가 없었지만 간주 부분
에서 선생님이 장단에 맞추어 마음대로 몸을 움직이라고 하니 저마다
자유롭게 움직였다. 아이들은 앉아 있는 상태였기 때문에 주로 팔 동
작을 했다. 대부분 우리 춤사위의 기본 팔 동작과 비슷한 것들이었는
데 평소에 많이 해 본 모양인지 어색해 보이지 않았다.

본격적으로 〈호랑장군〉 노래를 배우기에 앞서 김 선생님은 아이들에
게 호랑이와 관련된 이야기를 해 주었다. 우리 옛날이야기에 호랑이가
많이 등장한다는 이야기, 옛날에는 실제로 우리나라에 호랑이가 많이
살았지만 일제시대 이후로는 호랑이를 찾아볼 수 없게 되었다는 이야
기, 용맹하고, 의리 있고, 효성이 지극한 호랑이의 특성과 그래서 옛
이야기에 용맹하고 효성스러운 호랑이가 많이 등장한다는 이야기, 반
대로 덩치 크고 어리석은 것을 비유할 때 호랑이를 들기도 한다는 점
을 이야기했다. 그리고 이와 관련된 옛이야기를 플래시 애니메이션으
로 보여 주었다. '호랑이와 토끼'라는 제목의 이 이야기는 토끼의 얕
은꾀에 속아 넘어간 어리석은 호랑이를 그린 것으로, 어린 시절 누구
나 한번쯤 전래동화책에서 읽었을 법한 이야기였다. 화면이 끝나자 김
선생님은 〈호랑장군〉 노래 가사의 의미를 설명한 뒤에 다시 한 번 화
면으로 다양한 호랑이의 모습을 보여 주며 설명을 마쳤다.

지난 시간에 배운 것을 복습한 후부터 여기까지 수업을 진행하는 데 15분 정도가 흘렀다. 그런데 호랑이와 관련된 선생님의 교수 활동을 보며 약간의 아쉬움이 생겼다.

먼저, 호랑이에 대한 설명이나 활동 내용에서 상징적 내용이 좀 더 확실히 부각되었으면 좋았을 것이다. 교사용 지도서를 살펴보면 이 노래의 가사는 '힘세고 정의로운 호랑장군에게 마을 사람을 괴롭히는 못된 양반을 혼내 달라고 부탁하는 내용'이라고 되어 있다. 이는 작곡자가 우리나라에서 호랑이가 가지는 상징성을 토대로 제재를 선택하고 가사를 만들었음을 의미하는 것이다. 따라서 제재곡을 불러 보기에 앞서 배워야 할 내용은 호랑이를 제재로 한 곡이 나오고, 작곡자가 이러한 가사를 만들게 된 배경을 호랑이가 가진 상징성에 초점을 맞추어 탐색하는 것이다. 즉, 이 곡의 가사처럼 왜 우리나라에서는 호랑이를 사람들의 소망을 실현시켜 주는 영물로 인식하게 되었는지, 그리고 왜 호랑이를 효성스런 동물로 그리게 되었는지, 그래서 가사의 의미가 구체적으로 무엇인지까지 이야기해 주는 것이 필요하다. 이러한 점에서 호랑이가 덩치만 크고 어리석은 이를 비유할 때 활용되기도 한다는 설명과 이에 대한 부연으로 전래동화 〈호랑이와 토끼〉를 들려준 것은 호랑이가 가지는 상징성, 그리고 제재곡의 가사 내용과 큰 연관성이 없어 보였다.

호랑이는 건국신화인 단군신화에도 등장할 정도로 우리 민족과는 밀접한 관계가 있는 상징적 동물이다. 옛날부터 호랑이는 산신으로, 또는 산신의 사자나 심부름꾼으로, 지금까지도 마을의 산신제나 성황제에서 마을을 수호하는 신으로 받들어질 정도로 영물로 여겨지는 동물이다. 이와 같이 호랑이가 신격화되면서 조선시대에는 유교적 덕목인

효를 전파하는 방편으로 호랑이를 등장시켜 이야기를 만들기도 했고, 지금까지도 이 이야기들이 전해 내려오면서 호랑이를 효성스런 동물로 인식하게 된 것이다. 물론 호랑이가 영물로만 취급되었던 것은 아니다. 사람을 괴롭히는 맹수나 〈호랑이와 토끼〉 이야기처럼 토끼나 여우에게 희롱당하는 어리석은 존재로 표현되기도 한다. 이때의 호랑이는 위정자를 상징하여 폭군이나 간신의 솔깃한 말에 넘어가는 무능력한 왕의 이미지를 나타낸다.

따라서 호랑이에 대한 전체적인 설명이나 전래동화의 내용이 우리나라에서 호랑이가 가지는 상징성과 결부된 것으로 일관되게 제시되었다면 제재곡의 배경을 이해하는 데 더 효과적이었을 것 같다.

이러한 아쉬움은 다양한 활동들 속에서도 나타났다. 본격적으로 수업에 들어가기 전까지 탐색 과정은 네 가지 활동으로 이루어졌다. 탐색 과정으로만 이루어진 **15**분은 길다고 할 수도 있지만 활동의 종류로 보면 조금 바쁜 시간이었다. 호랑이에 대한 설명, 전래동화 보기, 가사 읽기, 사진 보기 등의 활동이 분절된 느낌이었고, 각각의 활동이 너무 빨리 지나가 버려 활동 하나하나가 연관성을 갖고 의미를 키워 간다는 느낌을 갖기 힘들었다. 이 활동들에 조금 더 여유를 준다면 많은 활동을 하지 않더라도 의미 있는 시간으로 만들 수 있을 것이다.

예를 들어, 제재곡의 호랑이와 관련해 우리나라 호랑이가 갖는 상징성을 설명해 주고, 그와 관련된 그림을 보면서 좀 더 구체적으로 설명해 주는 것만으로도 충분할 수 있을 것이다. 실제로 선생님이 아이들에게 보여 준 사진 중에는 민화도 있었는데 우리나라의 민화에 등장하는 호랑이는 호랑이가 가진 상징성 그 자체여서 그림 한 장만으로도 이야깃거리가 무궁무진하다. 또, 선생님이 "이런 얘기 들어봤지?" 하고 간단하게 나열하고 지나간 전래동화 중에서 가사의 내용과 가장 근접한 전래동화를 실감 나게 들려주고, 가사의 의미를 아이들과 함께 풀어 가는 것도 좋았을 것이다. 아이들의 얘기를 들어 주느라 시간은 좀 걸리겠지만 아이들에게는 하나의 창작동화를 만들어 가는 시간이 될 수도 있을 것이다.

그래서 나는 분리되지 않은 이 두 가지 문제를 해결하기 위한 방법으로 수업의 앞부분을 차지하는 탐색 과정에서 상징성을 활용하도록 제안하고자 한다.

상징성을 활용한다는 것은 두가지 의미가 있다. 크게는 국악을 그 겉모습(음악적 형식)만이 아닌 본질(철학적 내용)까지 가르치자는 것이다. 국악은 특정한 음악적 형태로 존재해야만 하는 이유를 가지고 있으며, 그것이 상징으로 표현되고 있다. 예를 들어, 왜 각기 다른 재료와 모양의 악기를 사용하는지, 왜 12율을 사용하며 그중에서도 다섯 음을 취하는지, 왜 강강술래를 보름달 아래에서 여자들이 추었는지, 왜 남생이, 청어, 고사리 등을 흉내 내는 놀이를 하는지 등 노래와 놀이에 등장하는 동물, 식물, 사물들은 제각각 그 의미를 지니고 있다.

그런데 음악 수업에서는 그러한 것들이 노래와 놀이로만 제시될 뿐 그 의미까지 살피지는 않는다. 국악을 온전하게 가르친다 함은 내용과 형식을 결합해 가르친다는 것을 의미한다. 작게는 수업 전체에 일관성을 부여한다는 의미가 있다. 이 수업에서 〈호랑장군〉을 부르기 전에 노래와 관련된 제재나 가사에 대해 탐색해 보는 과정은 전체 수업 활동에 영향을 줄 수 있는 매우 중요한 과정이다. 실제 김영미 선생님이 진행한 수업도 1차시에는 호랑이의 특성을 그려 낸 가사의 의미를 잘 살려 부르는 것이고, 2차시는 그러한 가사에 알맞은 신체 표현을 하는 것이다. 결국 아이들이 표현하는 노래와 동작은 그들이 품은 호랑이에 대한 모습과 느낌을 통해 나타난다. 따라서 탐색 과정에서 일관되게 적용되는 상징적 내용은 다양한 활동 속에서 점점 더 풍부해질 수 있는 것이다.

● '구전심수' 진화시키기

노래 가사와 호랑이에 대한 설명이 끝난 이후 남은 1차시 수업과 바로 이어진 2차시 수업에서는 노랫말을 이해하고, 제재곡을 배우고, 장단을 배우고, 그리고 노랫말에 어울리는 동작을 만들고, 소고로 장단을 치며 노래하는 순서로 이루어졌다. 이 과정은 모두 선생님이 불러 주는 말이나 노래를 듣고 아이들이 따라 하는 방식으로 이루어졌다.

노랫말을 익히는 과정에서는 단순히 노랫말을 읽는 데 그치는 것이 아니라 그것이 가지고 있는 리듬과 강세를 살려 읽어 주고, 아이들도 선생님의 소리를 따라 바르게 읽었다. 이는 뒤이어 가락에 얹어 제재곡을 익히고, 장단의 느낌을 살려 부르는 데도 큰 도움이 되었다.

제재곡과 장단을 익힐 때에도 선생님이 한 장단씩 불러 주는 것을 아이들이 듣고 따라 불렀는데, 좀 더 자세히 기술하면 이렇다.

○ 제재곡의 노랫말을 리듬과 강세를 살려 읽는다.

○ 제재곡의 처음부터 끝까지 한 장단씩 따라 부르며 전체를 익힌다.

○ 정간보를 보며 한 장단씩 따라 부르며 익힌다. 이때 정간보 보는 법, 노래 부르는 법을 함께 익힌다.

○ 제재곡의 장단을 익힌다. 구음 → 구음과 함께 책상 치기 → 구음과 함께 몸 치기 등 다양한 방법으로 반복해서 익힌다.

○ 장단의 느낌을 살려 제재곡을 다시 익힌다.

장단을 불러 주고, 몸을 이용해 표현하는 선생님의 소리와 동작 하나하나가 이미 몸과 마음에 충분히 녹아 있어 어색함이나 주저함 없이 흘러나왔다. 그런 노련함과 편안함 때문에 상당한 기술과 노력이 필요한 이런 활동이 얼핏 보기에는 전혀 힘든 일이 아닌 것처럼 보이기도 했다.

노랫말에 어울리는 동작은 선생님과 아이들이 서로 의견을 교환하면서 하나하나 완성했다. 그 과정의 일부분을 제시한다.

교 사 '앞산에서 어흥' 하면 어떤 동작을 하면 좋을까?

학생들 (손을 앞으로 뻗치며) 어흥.

교　사 (학생들의 손동작을 따라 하며) '어흥?' '어흥' 시-작!

학생들 (교사의 동작을 따라 하며) 어흥.

교　사 근데 제자리에서 '어흥' 이러면 재미없잖아.

학생들 (이런저런 동작을 해 보며) 어흥.

교　사 (동작을 해 보이며) '어흥' 하면 장단에 안 맞으니까 움츠렸다가 '어
　　　흥' 시-작!

학생들 (교사의 동작을 따라 하며) 어흥.

교　사 그럼 '앞산' 은 어떻게 표현하면 좋을까?

학생들 (얼굴 앞에서 산 모양을 만들어 보인다.)

교　사 (학생들 동작 흉내 내며) 이렇게 '앞산'? 그럼 '뒷산' 은? (머리 뒤에서
　　　산 모양을 만들며) '뒷산' 은 이렇게?

학생들 (교사의 동작을 흉내 내며 웃는다.)

교　사 좋아, 그것도 괜찮아. 그럼 다 같이 해 보자.

학생들 (얼굴 앞뒤로 산 모양을 만들며) 앞산에서 어흥. 뒷산에서 어흥.

교　사 (얼굴 뒤에서 산 모양을 만들며) 이렇게 하니까 그 다음 동작이 안 들
　　　어가네. 그럼 똑같이 (왼쪽에서 산 모양 만들며) 앞산에서 어흥. (오른
　　　쪽에서 산 모양 만들며) 뒷산에서 어흥.

　노랫말 중 '앞산에서 어흥 뒷산에서 어흥' 하는 첫 대목에 어울리는
신체 표현을 만드는 과정을 그대로 제시한 것이다. 선생님이 어떻게
해야 할지를 묻고 아이들의 의견을 들어서 해 보고, 또 선생님 의견을
얘기해 수정한다. 이런 과정에서 아이들은 선생님의 능청스러운 몸짓
에 비명을 지르기도 하고 그것을 흉내 내기도 하며 신체 표현에 대한
부담을 허물어 갔다.

그런데 남자 아이들이 너무 흥이 넘쳐 분위기가 소란스러워지면서 선생님의 제재가 점점 빈번해지고 그 강도도 세졌다. 특히 소고 치는 활동을 하기 위해 소고를 나누어 준 뒤에는 설명하는 중간중간 제재를 해야 했고, 언성도 높아졌다.

하지만 이 정도로 질서가 유지되는 것은 신체 표현을 하는 보통의 교실에서는 기대하기 힘들 정도로 높은 수준이다. 돌출 발언이나 행동을 하는 아이가 한두 명 있었으나 통제가 불가능할 정도는 아니었고, 전체적으로 아이들이 선생님에게 집중하는 시간도 길었다. 김 선생님이 아이들을 능숙하게 다루고 있음을 알 수 있었다.

그런데 이러한 모습을 지켜보면서 아이들이 소란스러운 원인이 선생님이 사용하는 교수법과 관련된 것은 아닐까 하는 생각이 들었다. 김 선생님이 아이들을 가르칠 때 자연스럽게 흘러나오는 소리와 몸짓은 '구전심수' 방법 그 자체이다.

'구전심수(口傳心授)' 또는 '구전신수(口傳身授)'는 '말로 전하고 마음 또는 몸으로 전한다.'는 뜻이다. 아니면 '수'를 '받을 수(受)'로 해석하여 '말로 전하고 마음 또는 몸으로 받는다.'고 풀이하기도 한다. 둘 중 어떤 것으로든 해석 가능한 말이다. 이 방법은 전악서, 아악서 등과 같은 과거의 왕립 음악 기관에서나 민간 예능인들의 전수 과정에서 활용된 전통적인 음악 교수 방법이다. 이 방법의 기본은 선생이 구음과 함께 시범을 보이면 학생이 그대로 반복해서 따라 하는 서

양의 청창법(聽唱法)과 같은 방식이다. 이 방법의 특징은 구음이 가창이나 기악을 가리지 않고 모든 교수 과정에서 일차적으로 사용된다는 점이다. 따라서 악기마다 구음이 악보를 대신하게 된다. 이때의 구음은 단순히 리듬과 가락뿐만 아니라 음색, 시김새(떠는 음, 꺽는 음 등), 창법 등 선생의 음악적 경험을 고스란히 전수받는 것이었고, 이 때문에 마음 또는 몸으로 전하거나 받는다는 말이 유래하게 된 것이다.

이 방법의 장점은, 미분음(반음보다 좁은 음)이 있는 데다 부르는 사람이나 지역에 따라 음의 높이가 유동적일 수 있는 국악을 가르치는 데 적합하다는 것이다. 또 다른 장점은 선생과 학생이 일 대 일로 만나거나 또는 소수 정예의 학생들을 상대로 하는 수업 형태를 전제로 하기 때문에 수준별 수업이 가능하다. 따라서 선생은 같은 내용을 가르치더라도 학생에 따라 가락을 덜거나 보태는 등 그 양과 수준을 달리해서 가르쳤다.

그런데 이 방법이 현재의 초등학교 교실에 들어오면 정반대의 결과를 가져온다. 우선, 한 반에 아이가 10명만 넘어도 교사의 구음이나 시범을 따라 할 때, 아이들 각자의 소리나 동작을 확인하기 힘들다. 그리고, 듣고 따라 하는 과정이 반복되면 아이들이 쉽게 지치거나 산만해질 수 있다. 듣고 따라 하는 활동이 대부분이기 때문에 악보를 보고 표현하는 지도는 소홀해질 수 있다. 실제로 장단을 배우는 과정에서 많은 아이들이 선생님과 반대로 장단을 쳤지만 선생님이 그것을 일일이 확인하기 힘들었다. 그리고 동작을 만들고 남자 아이들에게 시켜 보았을 때에도 많은 아이들이 제대로 하지 못했다. 또한 정간보를 통해 자진모리장단의 구조를 정확히 설명해 주었지만 아이들이 정말 악보를 보면서 노래하고 연주하는지는 확실히 알 수 없었다.

　　이러한 문제는 시간을 들여 반복하여 연습하고 설명하면 해결될 수 있을 것이다. 하지만 시간은 제한돼 있고 가르쳐야 할 내용은 많다. 게다가 초등학교 교사가 음악 수업에만 전문가가 되는 것도 힘들다. 이런 조건이 변하지 않는 초등학교 교실에서 김 선생님과 같은 열정과 능력을 다른 교사들에게도 요구할 수는 없다.

　　그래서 김 선생님에게 '구전심수'를 21세기 초등학교 교실에서 진화시킬 수 있는 방법은 없을지 조언을 구하고 싶다. '듣고 따라 하기' 과정이 기계적인 단순 반복이 아닌 효과적이면서 재미있는 연습 과정이 될 수 있는 방법은 없는지, 아이들의 습득 과정을 좀 더 질적으로 확인할 수 있는 방법은 없는지, 악보를 보고 표현하는 것은 구전심수와 어떻게 결합되며 심화시켜 나가야 하는지 등. 내가 풀지 못한 숙제들, 내가 현장에 있지 않다는 핑계로 미뤄 두었던 숙제들을 김 선생님에게 슬쩍 떠넘겨 본다.

글 을   마 치 며

　　　　　　쉬는 시간이나 국악실로 이동하는 시간 짬짬이 아이들에게 물어보았다. "무슨 수업이 제일 재밌어?" 한 명도 빠짐없이 망설이지 않고 "음악이요!" 하고 대답한다. 남자 아이들은 "체육이요!" 하고 말할 법도 한데 남자 아이들도 예외가 없다. 아이들이 그렇게 대답하는 이유를 2차시 수업이 끝난 뒤에 알게 되었다. 음악 시간이라고는 하지만 신체 활동이 절반이다. 아마 음악 시간에 신체 활동을 충분히 하기 때문에 아이들이 음악 수업을 즐겁게 생각하는 모양이다. 지나치게 즐거워했다는 이유로 선생님께 꾸중을 듣기도 했지만. 하지만 이런 음악 시간을 기획하고 연출하고 진행해야 하는 선생님은 매우 힘들어 보였다. 그래서 선생님께 부탁드리고 싶다. "김 선생님, 아이들의 행복만 챙기지 마시고 선생님도 음악 수업 때문에 행복했으면 좋겠어요."

김영미 선생님께

저는 선생님의 수업을 보고, 또 나름대로 읽어 가면서 선생님과 많이 친해졌습니다. 선생님의 수업 동영상을 하루에도 몇 번씩 돌려 보니 눈을 감고도 선생님의 모습(얼굴, 몸매 모두)을 그릴 수 있을 정도입니다. 창신초등학교 4학년 9반 아이들이 노래 부를 때의 귀여운 목소리도 생생하고, 장난꾸러기 남자 아이들, 새침데기 여자 아이들 모습도 어른거립니다.

처음에는 수업을 읽는 사람이 얼마만큼의 거리에서 수업하는 사람을 바라봐야 하는지 고민이었는데 이제는 손을 잡고 나란히 앉아 있는 것처럼 느껴집니다. 물론 저보다 선생님이 훨씬 더 힘든 시간이었겠지만 저에게는 '공감'이라는 말의 의미를 '공감'하게 하는 시간이었습니다. 감사합니다.

교사가 먼저 즐거워야 할 국악 수업

김영미 _ 서울 창신초 교사

수업을 공개해 달라는 제안을 받고서 준비(연구) 시간이 충분하지 않음을 알면서도 "그러지요."라고 대답했다. 국악교육 전문가가 수업을 비평하는 자리이고 평가 대상으로 서야 함을 알면서도 너무 선뜻 대답을 한 것 같아 이내 후회를 했다. 아직 학기 초라 4학년 우리 반 친구들과 친숙해지지 않은 터이고 학급 운영도 자리 잡히지 않은 상황이니 음악 수업이 매끄럽게 이루어지겠는가 하는 고민이 계속 되었다. 하지만 다른 교과보다 음악 수업, 특히 국악 수업은 나름의 연구 결과를 적용할 수 있고 또 학년 초에 4학년 음악 교육과정을 재구성해 두었기에 "그래, 하자!" 하면서 마음을 다독였다. 언제든 교사는 자신의 수업을 열 수 있어야 한다는 것이 평소의 소신이므로.

초등학교 음악 수업에 대한 나의 지론은 아이들과 함께 열심히 노는 것이다. 아이들과 함께 마음을 열고 노래 부르고, 흥이 나면 노래에 맞춰 춤도 추고 놀이도 한다. 그리고 그런 활동들을 생활 속에서 즐길 수 있도록 자주 판을 깔아 준다. 더 나아가 아이들 자신의 이야기를 담은 노래들, 즉 소리언어를 만들어 가도록 안내한다.

수업을 준비하고 〈호랑장군〉 노랫말을 분석하면서 이경언 선생님의 지적을 이미 예상하고 있었다. 실제로 수업 준비 과정에서 해결하지 못한 문제였기 때문이다. 작곡자가 우리나라에서 호랑이가 가지는 상징성을 토대로 제재를 선택하고 노랫말을 만들었음을 어느 정도 알고 있었다. 여기서 나의 고민은 초등학교 4학년 아이들이 이러한 상징성을 얼마나 이해할 수 있는가라는 것이었다. 즉, 이 곡의 노랫말처럼 '우리나라에서 왜 호랑이를 사람들의 소망을 실현시켜 주는 영물로 인식하게 되었는가?' 그리고 '양반이 못된 짓을 하는 사회상을 어디까지 설명해야 하는가?' 하는 점이다.

우리 아이들에게 호랑이는 신격화된 상징성보다는 야생의 맹수 또는 동물원의 우리 안에 갇힌 구경거리 동물 정도일 텐데, 어떻게 상징성의 산물인 민화를 통해 재미있고 어렵지 않게 이해시킬 수 있을까? 그리고 양반과 일반 백성(마을 사람)의 사회적 관계를 어떻게 설명해야 할까? 이는 수업 도입 단계에서 동기 유발로 다루어야 할 문제가 아니라 통합수업 차원에서 고민해야 하는 부분이라고 생각한다. 국어교과 또는 사회교과나 미술교과와 통합해서 1차시 이상 할애해야만 이러한 설명이 가능할 것이다. 이경언 선생님의 제언대로 애니메이션 동화를 들려준 것이나 수업 진행이 산만한 것은 풀지 못한 숙제를 온전히 드러낸 셈이다.

나 역시 간단한 설화나 전래동화를 찾아보려고 했으나 적절한 자료를 확보하지 못했다. 궁여지책으로 동기 유발 수준의 소극적인 설명을 하면서 호랑이의 겉모습을 흥미 위주로 설명하고 바로 표현 활동으로 넘어갔다. 핑계를 대자면 아쉽게도 교사용 지도서에서조차 아무런 도움을 받을 수 없었다. 앞으로는 교사들에게 본질(철학적 내용)을 이해하며 연구할 수 있는 기초 자료들을 풍부하게 제공해 주기를 간절히 바란다.

이경언 선생님이 함께 풀어 갈 과제로 내준 구전심수의 진화 방법에 대해 간단히 대답을 하면, 학급 발표회나 실기평가 등을 통해 아이들의 습득 정도를 파악할 수 있으며, 협동학습이나 놀이와 접목하는 등의 다양한 적용이 가능하다. 악보를 보고 표현하는 것이 구전심수와 어떻게 결합되며 심화시켜 나갈 수 있는가에 대한 과제는 나 역시 앞으로 풀어 가야 할 큰 숙제이다. 그러나 원칙은 원칙이어야 한다. 전래동요든 민요든 악보(특히 서양 악보) 그대로 노래 부르는 것으로 그치는 것은 본질까지도 왜곡할 수 있다고 본다. 가장 중요한 것은 교사 스스로 국악을 즐기며 몸으로, 호흡으로, 소리로 드러낼 수 있어야 하며, 아이들에 의해 재해석되는 현장 자체를 존중하는 것이 반드시 전제되어야 한다. 이 속에서 과제를 풀 수 있는 그 무언가가 나올 수 있으리라.

이번 수업을 하며 국악 수업은 어려운 것이 아니며, 이 정도의 수업 전개는 초등 교사 누구나 할 수 있다는 보편성을 찾으려 했다. 이번 수업 공개를 통해 좀 더 깊이 연구해 가야 한다는 과제를 안게 되었고, 또 스스로를 돌아보는 기회가 되었다. 부족한 수업에 '공감' 해 주신 이경언 선생님께 감사드린다.

01
미술 수업, 재미와 실력
두 마리 토끼 잡기

안금희 _ 경인교대 미술교육과 교수

이 수업은 2005년 9월 서울 문창초등학교 5학년 교실에서 이루어졌다. 이윤선 교사는 미술대학을 나와 미술 전담교사로 초등학교에 몸을 담게 되었다. 5년 만에 처음으로 담임을 맡았다. 이 교사의 수업 지도안의 제재명은 '사실적인 표현(인물의 중첩과 원근 표현)'이다. 5학년의 〈사람들〉이라는 단원은 교과서에서 총 4차시로 다루고 있지만 이 교사는 1차시 안에 감상 활동으로 인물의 중첩과 원근 표현을 이해하도록 하고, 간단한 표현 활동으로 원근 표현에 대해 이해하는 수업으로 재구성했다. 이 글에서 필자는 이 교사가 자신의 의도에 따라 학습 내용을 어떻게 재해석하고 수업을 진행하는지 살펴보고 이 교사가 선택한 '귀납적 사고 수업 모형'이라는 비교적 새로운 수업 모형의 시도가 어떻게 이루어졌는지 이야기해 보고자 한다.

교 육 과 정 (교 과 서) 살 펴 보 기

　　　　이윤선 선생님을 만나게 된 것은 한 연구기관의 교수-학습 자료 개발을 위한 수업에서였다. 시간이 촉박해 미술 수업을 보여 줄 교사를 찾는 데 어려움을 겪는 중에 마침 이 선생님의 수업을 볼 수 있는 기회가 생긴 것이다.

　이 선생님이 수업에서 다루고 있는 제재는 '인물의 중첩과 원근 표현'이다. 이 제재는 초등학교 미술과 수업에서 가르치기에 그다지 어려운 제재는 아닐 것이다. 어쩌면 교사보다는 학생들의 표현 활동이 중요하게 다루어지기 때문에 교사가 설명을 많이 해야 하는 감상 수업에 비해 오히려 쉽게 느껴질 수 있는 제재이기도 하다.

　원근 표현은 아이들의 미술 표현 발달 단계상으로도 매우 중요한 내용이다. 초등학교 고학년 학생들은 사실적으로 사물을 바라보고, 그렇게 표현하려는 의지는 높지만 실제 표현력은 크게 못 미친다. 게다가 이 선생님이 강조한 바와 같이 여러 명의 인물을 그릴 때, 특히 난감해하는 모습을 많이 볼 수 있다. 아마도 그 어려움의 원인은 화면을 공간으로 보지 않고 평면으로 보기 때문일 것이다. 이 수업은 인물 표현에서 학생들이 겪는 실제적인 어려움에 대한 지도 방안으로 중첩과 원근 표현 방법을 다루고 있다는 점에서 의의가 있다.

6차 교육과정까지 원근감의 표현 지도는 대부분 고학년 과정에서 다루어 왔다. 주로 풍경화를 소재로 하여 사실적인 표현을 위한 중요한 방법으로 제시되었다. 원근법의 구체적인 설명은 교과서보다는 대부분 교사용 지도서에 제시하고 있는데, 그 내용으로 선원근법(1점 소실 원근법, 2점 소실 원근법), 풍경화의 지도에서 근경, 중경, 원경에 따라 강한 색채에서 옅은 색채로 표현하도록 하는 공기(색채)원근법이 있다. 그런데 7차 교육과정에서는 원근의 개념을 5학년과 6학년에 걸쳐서 다루고 있으며, 그 가운데 5학년 〈사람들〉이라는 단원은 원근 표현을 인물과 연관짓고 있다는 점이 새롭다.

이 선생님은 수업을 표현 활동을 중심으로 전개하기보다는 표현에 앞서 원근 표현에 대한 학생들의 이해를 도모하기 위해, 작품 감상이 중심이 된 활동으로 계획했다. 그래서 수업의 전개 방식도 '귀납적 사고 수업 모형'을 따르고 있다. 이를 바탕으로 이 선생님은 간단한 표현 활동을 활용해 학생들이 원근 개념을 이해하고 표현해 낼 수 있는지를 알아보고자 했다.

이 선생님은 학생들이 미술을 재미있으면서도 진지하게 생각하기를 바란다. 자칫 지나친 자유방임적 미술 지도로 미술을 단순히 재미로만 생각하도록 하기보다는 진지하게 학습 개념을 가르치고 배우는 수업을 계획한다. 이러한 이 선생님의 의도는 미술 수업 구석구석에서 찾을 수 있다. 필자는 이 선생님의 의도에 따라 원근 표현이라는 학습 내용을 어떻게 재해석하고 수업을 진행해 나가는지를 이야기해 보고자 한다. 또한 수업 지도안의 귀납적 사고 수업 모형에서 제시하는 단계에 따라 구성된 수업을 살피며, 새로운 수업 모형의 시도가 어떻게 이루어졌는지 살펴보고자 한다.

교실 수업 들여다보기

수업이 시작되기 전 이 선생님은 수업 준비를 하면서, 학생들에게 조용히, 바르게 앉으라고 주의를 주었다. 학생들은 대체로 조용히 모둠별로 앉아 수업이 시작되기를 기다렸다. 수업 종이 울리자 선생님은 다시 한 번 학생들에게 조용히 하라는 당부를 하면서 수업을 시작했다.

● 문제 인식 : 우리 반 아이들의 위치

교　사　자, 이제부터 오늘 수업은 여러 사람이 함께 있는 표현을 보고 중첩, 겹쳐 있는 것과 멀리 있는 것, 원근, 멀고 가까운 것을 표현하는 데 대해서 알아보는 건데, 먼저 사진을 봅시다. 화면을 보면 누가 가장 앞에 있어요?

학생들　정기현.

교　사　정기현, 또?

학생들　고현정.

교　사　고현정, 누가 맨 뒤에 있어요?

학생들 김소희.

교 사 김소희, 또.

학생들 김상희.

교 사 김상희. 자, 좋습니다. 그 다음 누가 앞에 있어요?

학생들 이재혁.

교 사 이재혁. 자, 누가 뒤에 있어요? 우리 반 아이들 중에서.

학생들 박창진.

교 사 박창진. 네, 박창진이 가장 뒤에 있죠. 자, 봅시다. (다른 사진을 보며)
　　　　 달리기하는 아이들이 있는데, 맨 앞의 아이와 뒤에 있는 아이를 봅시다.

　이 선생님의 수업은 원근 표현에 대해서 알아볼 거라는 간단한 언급과 함께 바로 교실 화면에 제시된 참고 사진을 보는 것으로 시작되었다. 사진을 보면서 화면에서 가장 앞에 있는 사람과 뒤에 있는 사람을 찾아보라는 교사의 질문에 따라 전체 학생들은 앞에 있거나 뒤에 있는 친구들의 이름을 불렀다. 자신들의 모습이 화면에 등장하니 매우 흥미있어 했다. 운동회, 월드컵 응원, 연주하는 일상적인 모습을 담은 사진을 보면서 앞에 있는 사람과 뒤에 있는 사람이 누구인지 찾아보는 활동이 3분 정도 이어졌다.

　그리고 나서 오늘 배울 학습 문제(여러 사람을 주제로 표현한 평면 작품을 감상하고, 중첩과 원근감의 표현을 이해해 보자.)를 화면에 제시하고 아이들이 큰 목소리로 함께 읽도록 했다.

● 관계 탐색 : 원근법의 세 가지 표현

　이 선생님은 학생들에게 나누어 준 감상 학습지를 꺼내도록 하고,

화면에 감상 학습지의 첫 번째 질문과 관련된 미술 작품을 제시했다. 감상 학습지는 총 세 개의 미술 작품에 대한 질문으로 구성되어 있다. 첫 번째 작품은 쇠라의 〈그랑자트 섬의 일요일 오후〉, 두 번째 작품은 호모의 〈채찍을 둘러라〉, 세 번째 작품은 김홍도의 〈서당〉이다.

감상 학습지 활동에 앞서 이 선생님은 다음과 같이 이야기하며 작품 에서 보아야 할 학습 내용을 지속적으로 주지시켰다.

> 이 작품은 〈그랑자트 섬의 일요일 오후〉라는 작품인데, 사람을 볼 때는 앞에 있는 사람과 뒤에 있는 사람의 차이점이 뭘까, 이것을 계속 염두에 두고 보셔 야 돼요.

학생들은 조용히 첫 번째 작품과 관련된 문제에 대해 답을 작성했 다. 잠시 후 첫 번째 작품을 화면으로 보며, 감상 학습지의 문제를 이 선생님이 읽고 학생들이 발표하도록 했다.

이어서 두 번째 작품을 화면으로 보며 감상 학습지를 작성하고 위와 같은 방식으로 수업을 진행했다. 이때 제시된 세 가지 미술 작품은 각 각 한 가지의 원근 표현 방법과 연결하도록 했다. 정리해 보면 다음과 같다.

① 〈그랑자트 섬의 일요일 오후〉, 쇠라, 1886

② 〈채찍을 둘러라〉, 호모, 1872

③ 〈서당〉, 김홍도, 조선

○ 첫 번째 작품 〈그랑자트 섬의 일요일 오후〉는 앞뒤 사람의 크기 차이

○ 두 번째 작품 〈채찍을 둘러라〉는 사람을 화면에 배치한 위치 차이

○ 세 번째 작품 〈서당〉은 사람을 겹치게 표현한 중첩

감상 학습지를 다한 후 이러한 원근 표현의 방법을 이 선생님은 다시 한 번 정리했다.

그럼 세 가지 방법 이해됐어요? 앞에 있는 사람은 크게, 뒤에 있는 사람은 작게. 두 번째, 크기가 비슷할 때 앞에 있는 사람은 조금 앞에, 뒤에 있는 사람은 조금 뒷부분에 그렸죠. 위에. 네. 좋습니다. 그 다음에 〈서당〉을 보면 크기가 거의 비슷하고, 화면에서 어떻게 그렸어요? 서로 네 명을 중첩, 겹쳐서 그렸죠. 네. 겹쳐서 그렸죠.

〈미술 감상 학습지〉

곧이어 이 선생님은 두 번째 감상 학습지를 작성하도록 했다. 학습지에는 전에 감상한 세 작품과 함께, 자동차를 이용해 원근법의 세 가지 방법을 도식적으로 표현한 그림을 제시하고, 가장 관련 있는 것끼리 연결하라는 문제가 나왔다.

학생들은 전체적으로 조용히 학습지를 작성했다. 이 선생님은 학생들의 학습지를 작성하는 것을 천천히 살펴보면서 간혹 몇몇 학생을 도와주었다.

잠시 뒤 이 선생님은 전체 학생들과 함께 학습지의 문제를 맞히기 시작했다. 학습지에서 두 번째 작품 〈채찍을 둘러라〉를 보면서 교사는

다음과 같이 자세하게 설명하였다. 그런데 이 작품의 원근 표현 방법에 대한 설명이 아까와 달라졌다.

> **교 사** 자, 그 다음. 두 번째 작품을 보니까 선생님이 얘기한 거랑 조금 다르게 자동차가 나왔죠? 그래도 어렵지 않게 찾을 수 있어요. 자, 여기 작품에 세 사람을 중심으로 보면요, 선생님이 아까 얘기할 때 앞에 있는 거는 도화지의 조금 아랫부분, 뒤에 있는 거는 도화지의 조금 뒷부분에 그린다고 얘기했죠? 그러면서 이 그림에서는 인물들이 어떻게 되어 있어요?
>
> **학생들** 똑같이.
>
> **교 사** 거의 다 비슷하죠. 그런데 크기가 거의 비슷한데 어떤 면이 있어요? 이 앞에 있는 사람하고 뒤에 있는 사람하고 어떻게 되어 있어요?
>
> **학생들** 겹쳐서⋯⋯.
>
> **교 사** 겹쳐져 있죠? 크기를 비교해 볼 때, 크기 차이가 많이 없고 서로 겹쳐져 있는 것, 그러면서도 앞에 있는 것과 뒤에 있는 걸 표현할 수 있죠. 그러면 이것은 몇 번째 거예요?
>
> **학생들** 1번.
>
> **교 사** 네. 첫 번째 거. 잘 찾으셨어요.

이 선생님은 학습지의 두 번째 작품 〈채찍을 둘러라〉에 대한 설명에서 이전과는 다른 원근 표현 방법을 이야기하고 있다. 처음에는 이 작품이 화면의 위치 변화에 따른 원근 표현이라고 한 반면, 학습지에서는 겹치는 중첩 표현(첫 번째 자동차 그림)과 관련짓고 있다. 또한 이전에 중첩으로 이야기했던 〈서당〉은 학습지 활동에서는 중첩과 더불어 화면의 위치 배치에 따른 원근 표현(세 번째 자동차 그림)과 관련지었다.

● **개념 발견 : 학습지 정리**
  학습지 활동에 이어 바로 학습 내용을 간단하게 정리했다.

> 자, 다시 한 번 정리. 선생님이 아까 미리 정리를 좀 해 줬는데 다시 한 번 보
> 면, 앞에 있는 사람은 크게, 뒤에 있는 사람은 작게. 자, 그 다음에 앞에 있는
> 사람은 도화지의 아랫부분, 작게 있는 사람은 뒷부분, 자, 이렇게 아랫부분과
> 윗부분에. 그리고, 자동차를 보면 겹쳐서도……, 같은 위치에 이렇게 겹쳐서도
> 표현할 수 있죠?
> 자, 그 다음에 〈서당〉에 있는 오른쪽 인물 네 명을 보면 같은 크기가 위로 이렇
> 게 겹쳐져 있죠? 그래서 앞에 있는 것과 뒤에 있는 것을 표현할 수 있습니다.

● **개념 적용 : 다른 작품 살펴보기**
  이 선생님은 학생들이 원근 개념을 적용해 보도록 하기 위해 또 다
른 두 작품 〈놀이 하는 아이들〉과 〈스케이트 타는 사람들〉을 감상하면
서 세 가지 원근 방법을 찾아보도록 했다. 개념 적용의 일환으로 이
선생님은 학생들이 확실히 원근 방법을 이해했는지, 표현 학습지를 활
용해 간단한 표현 활동을 해 보게 했다. 이 선생님은 8~9명의 학생들
이 서 있는 모습을 디지털 카메라로 찍어 크기를 다르게 프린트해서
학생들에게 미리 나누어 주었다. 표현 학습지에 학생들은 사진의 크기
와 위치를 고려해 적절히 배치하고 풀로 붙이는 활동을 했다. 대체로
조용히 활동하였다. 이 선생님은 학생들이 표현 활동을 하는 것을 둘
러보았다.

이 선생님이 학생들 옆을 지날 때, 학생들은 간간이 "(사진을) 놓을 때가 없어요.", "접어도 돼요?", "잘라도 돼요?"라고 질문을 했다. 친구들의 모습을 작은 화지(A4 크기 용지)에 모두 배치하는 데 어려움을 호소하는 목소리들이 간혹 들렸다.

〈표현 학습지〉

● 정리 및 발전

마지막으로 이 선생님은 학생들이 눈을 감고 머릿속에서 오늘 배운 내용을 정리하도록 하면서, 원근 표현의 세 가지 방법을 또다시 이야기했다. 또한 오늘 다루지 않은 색원근법에 대해서도 잠깐 언급을 하면서 수업을 정리했다.

재 미 있 으 면 서 도   진 지 하 게   미 술 을   가 르 친 다 는   것

60여 분에 달하는 수업이 모두 끝났다. 이 선생님의 수업에서 함께 생각해 보았으면 하는 몇 가지를 이야기해 보려 한다.

● 귀납적 사고 수업 모형

미술과에서 귀납적 사고 수업 모형에 대한 논의는 꽤 최근에 제기된 것이다. 귀납적 사고법은 교사가 일련의 자료나 문제 상황을 제시하고, 학생들이 스스로 자료를 수집하고 검증하는 절차를 거쳐 결론을 추론하는 교수–학습 방법이라고 정의한다.

그러면 실제 수업 활동에서 귀납적 사고 수업 모형의 단계가 얼마나 달성되었을까? 이 수업 모형에서 가장 강조하는 것은 학생들이 사실들을 탐색하고, 비교하고, 분류해 봄으로써, 개념을 귀납적으로 이끌어 내는 과정일 것이다. 그렇다면 실제 수업에서 학생들은 구체적인 미술 작품에서 원근 표현의 여러 가지 방법을 스스로 탐색하고, 비교하고 분류하는 과정을 거쳐 원근 표현 방법을 발견했는가? 이와 같은 수업 모형의 기준으로 볼 때, 이 선생님의 수업에서는 학생의 주도적인 탐색과 추론 과정이 그다지 활발히 이루어지지 않았다는 점에서 낮은 평가를 받을 수도 있다. 대신 이 수업은 각각의 활동에서 교사가 주된 역할을 한다. 이 수업은 어떻게 보면 학습 개념을 명료하게 구성하고, 이를 학생들에게 효과적으로 전달한 수업이라는 점에서 의미 있는 수업이라고 할 만하다. 이 선생님은 이 수업을 통해 가르치고자 하는 학습 내용, 즉 원근 표현의 세 가지 방법을 지속적으로 감상하도록 하고, 도식적인 그림과 연관 짓거나 간단한 표현 활동을 하도록 함으로써, 원근 표현을 이해시키는 데 다양한 유형의 활동을 전개해 나간다. 이 선생님은 수업에 대해 다음과 같이 이야기했다.

> 한 차시 갖고 그걸(귀납적 사고력) 키우긴 힘든 것 같아요. 첫 차시라서 어떻게 보면 정말 주입식 수업같이 이루어졌다고 봐요. 감상과 달리 단답형으로 나올 수 있게 많은 답이 나오지 않도록 질문을 제시했어요.

이 선생님은 끊임없이 아이들이 작품에서 무엇을 봐야 할지, 그것이 무엇인지를 가르치고 있다. 즉, 이 선생님은 학생들의 시선을 교사가 가르치고자 하는 내용을 찾을 수 있도록 이끌고 있다. 이러한 점에서

이 선생님의 수업은 교사의 주도면밀한 지도가 전개되는 장이라는 특징을 더 잘 보여 주고 있다.

한편, 이 수업에서 한 가지 아쉬운 점은 수업의 첫 장면을 보면서 문제 인식 혹은 일반적으로 이야기하는 동기 유발 과정이 미흡했다는 것이다. 이 선생님이 오늘 배울 내용에 대해 간단히 언급하고 바로 화면에 담긴 사진을 보며 앞뒤에 누가 있는지 찾아보는 활동으로 수업을 전개했던 것을 생각해 보자. 학생들이 화면의 사진 자료을 보며 앞뒤 사람을 구분하는 활동으로 과연 수업에 대한 기대와 동기를 충분히 높였을까? 아니면 문제 인식을 하게 되었을까? 낱낱의 사실이나 정보를 본다는 것은 단순히 (쳐다)본다는 행위라기보다는 어떠한 관점에서 본다는 것이며, 이러한 행위의 이면에는 무엇을 볼지에 대한 적극적인 동기가 필요하다. 마치 자신이 눈에 보이는 세계를 그대로 화면에 옮기고자 원근법을 개발한 화가처럼 세상을 새롭게 바라보고 표현하려는 적극적인 의지와 동기가 필요하다고 생각한다. 아마도 이를 위해서 교사는 학생들로 하여금 교사가 가치 있다고 여기는 것만큼 학생들도 원근법에 대한 가치와 의미를 인식할 수 있도록 하기 위해서 학생의 기대와 동기를 더 높일 필요가 있다. 기대와 동기 없이, 즉 무엇을 왜 바라보려고 하는지에 대한 목적 없이는 낱낱의 사실이나 정보는 무의미해지기 때문이다.

어떻게 기대와 동기를 높일 수 있을까? 그리고 문제의식을 갖도록 할까? 아마도 이것은 교사에게 가장 어려운 과제이며 이러한 과제를 해결하는 노하우가 바로 교사의 전문성일 것이다. 이 점과 관련하여 이야기(storytelling)로서 교수(teaching)를 바라보는 관점은 이 수업에도 시사하는 바가 크다. 좋은 이야기는 재미있으며 잊혀지지 않는다. 따라서 학생

▲ 〈성 삼위일체〉, 마사치오, 1427

들에게 원근법이 개발된 시기의 화가들의 노력과 의지를 스토리텔링으로 전개시켜 나가는 것도 한 방법이다. 예를 들면, 화가 마사치오가 피렌체의 교회 벽화로 그린 〈성 삼위일체〉를 보고 사람들이 벽에 구멍이 났다고 하여 떠들썩했던 일화나 알베르티나 뒤러와 같은 화가들이 세상을 보여 주는 창으로 그림을 인식했다는 이야기도 재미있는 소재가 될 수 있다.

● **도식적 그림의 활용**

이 선생님이 활용한 학습지에서 눈길을 끈 것은 자동차 세 대를 이용해 여러 가지 원근 표현 방법을 도식적으로 표현한 그림이다. 선생님은 이 그림을 다른 나라 미술 교과서에서 찾았는데, 비교적 원근 표현 방법을 간단히 알려 주는 그림이라 생각돼 사용했다고 한다.

과연 이 선생님이 사용한 도식적 그림은 인물의 원근 표현을 이해하는 데 얼마나 효과적인가? 선생님은 먼저 세 작품을 감상하면서 인물의 원근 표현 방법을 세 가지로 제시하고 있다. 이때 한 작품을 하나의 원근 표현 방법과 연결해 설명했다. 그렇지만 문제는 이러한 원근 표현 방법이 실제 그림에서 표현될 때, 한 가지만 사용되기보다는 대부분 혼합되어 나타난다는 점이다. 물론 학습지에서 제시한 바와 같이 가장 관계 있는 원근 표현이 무엇인지 생각해 보는 것도 중요하지만, 어떤 경우에는 가장 관계 있는 것과 그렇지 않은 것을 구분하는 기준이 모호한 경우도 있다.

두 번째 감상 작품인 〈채찍을 둘러라〉가 이 경우에 해당할 것이다. 〈채찍을 둘러라〉를 자세히 살펴보면, 선생님이 먼저 감상을 하면서 설명한 바와 같이 사람을 화면에 배치한 위치 차이에 따른 원근 표현을 찾을 수 있다. 그렇지만 이 밖에도 아이들을 겹쳐서 표현한 것이나 앞의 아이와 뒤의 아이의 크기 차이에서도 원근 표현을 찾을 수 있다. 따라서 〈채찍을 둘러라〉와 가장 관계 있는 자동차 그림을 선택하는 것이 쉽지 않다. 더욱이 이 선생님은 학습지에서 앞서 설명한 것(위치의 변화에 따른 원근)과는 달리 이 작품을 중첩을 나타낸 첫 번째 자동차 그림과 연결지었다. 이 경우 학생들은 다른 확실한 작품들을 먼저 연결해 보고 나서 남은 작품을 연결하는 식으로 문제를 해결할지도 모른다.

많은 경우 도식적인 그림은 복잡한 개념의 이해를 도와주는 데 매우 유용하다. 이 수업에서도 도식적인 그림은 학생들이 각각의 원근 개념을 구별하여 이해하는 데 도움을 주었다. 그렇지만 실제 주변을 관찰해 보거나 미술 작품을 보면 원근 표현이 다양하게 나타난다. 따라서 도식적인 그림을 활용하는 방식을 다르게 접근해 볼 필요가 있다. 즉, 도식적인 그림과 특정 미술 작품을 한 가지씩 짝짓는 방식이 아니라 미술 작품에서 찾을 수 있는 원근 표현을 모두 찾아보고, 도식적인 그림과 관계 짓도록 하는 것은 어떨까? 이렇게 함으로써 학생들은 특정 미술 작품에서 한 가지의 원근 표현만이 아니라 다양한 원근 표현 방법이 사용되었다는 것을 자연스럽게 터득할 수 있을 것이다.

● 재미있고 진지한 미술

이 선생님은 학생들이 자신감을 가지고 재미있으면서 진지하게 미술을 생각하기 바란다. 이 선생님은 이번 수업에서 다른 감상 수업에서

하듯이 다양한 이야기를 해 주지 못해서 재미가 없었던 것 같다고 말했다. 그렇지만 이 선생님의 수업에서 학생들의 흥미를 충분히 불러일으킬 만한 요소를 쉽게 찾을 수 있었다. 그것은 바로 반 학생들의 모습을 담은 이미지의 활용이다. 학생들의 모습을 찍은 사진은 수업의 전반부의 감상 활동에서 그리고 표현 활동에서도 사용되었다.

이 선생님은 예전에 학생들의 이미지를 사용해 재미있었던 수업 이야기를 했다.

> (예전에) 애들 얼굴을 디지털 카메라로 찍어서 (사진의) 반쪽을 잘라서 다른 반쪽 부분을 마저 그리도록 했어요. 자기 것에 대해 애착이 있으니까 효과가 좋더라구요. 자기 얼굴을 그리려고 굉장히 노력하고 집중하니까.

이 선생님의 수업은 교실에 앉아 있는 학생들의 모습을 찍은 사진에서 멀고 가까운 학생들을 찾아보는 활동으로 시작되었는데, 이 활동에서 학생들은 친구들과 자신의 모습을 보면서 교사의 질문에 적극적으로 답하는 모습을 보였다.

수업 후반부에서도 학생들의 모습을 크기가 다르게 프린트해 원근 개념을 적용해 보는 표현 활동을 했다. 이러한 활동은 학생들이 인물 표현에서 인물의 동작이나 비례 등을 사실적으로 표현해야 하는 어려움을 덜어 줄 수 있는 효과적인 방법이다. 이 밖에도 이 선생님은 이전 수업에서 잡지의 인물 사진을 활용해 보기도 했다. 잡지에 나온 다양한 자세 그리고 크기가 다른 인물의 사진을 잘라 이리저리 배치해 보면서 인물의 원근 표현을 간단하게 나타내 볼 수 있었다.

이 선생님은 잡지 사진을 활용한 것과 학생들의 모습을 직접 찍은 사진 자료를 활용한 것을 비교해 보면, 단연코 후자를 활용할 때 흥미가 높았다고 평가한다. 다만, 이 표현 활동에서 아쉬운 점이 있다면 잡지 사진처럼 다양하고 자연스러운 자세의 학생 사진을 찍기 어려웠기 때문에, 표현한 결과물에서 인물의 다양하고 자연스러운 자세를 담아 내지 못했다는 점이다. 어쨌든 자신과 친구들의 모습을 담은 사진 자료를 표현 학습지에 배치해 보게 한 활동은 학생들이 표현 활동을 재미있게 그리고 진지하게 하기에 충분했다.

이 선생님은 학생들이 미술에 대해 자신 없어 하는 모습이 가장 안타깝게 느껴진다고 한다. 미술에 대해 자신감을 높이려면 어떻게 해야 할까? 이 선생님은 자신 있게 미술을 대하도록 하기 위해 학생들에게 미술을 쉽게 가르쳐야 한다고 생각한다. 이 수업에서도 원근 표현과 관련하여, 공기원근법, 소실점 등의 내용이 많이 있지만, 원근 표현의 세 가지 방법, 즉 앞뒤 사람의 크기 차이에 따른 원근 표현, 사람을 화면에 배치한 위치 차이에 따른 원근 표현, 중첩에 따른 원근을 가장 기본적이며 알아야 할 내용으로 재구성했다.

이 선생님도 말했듯이 학생들의 주도적인 참여를 이끌어 내지 못하고 주입식이 된 것은 아쉬운 부분이다. 하지만 다른 몇 가지 시도는 학생들이 미술에 자신감을 갖도록 해 주려는 의지를 잘 드러낸다. 미술 수업을 재미있으면서도 진지하게 접근하게 하려고 했던 이 선생님의 모습 속에서 많은 초등 교사들이 미술교육에 가지고 있는 고민을 엿볼 수 있었다.

끝으로 자신의 수업을 기꺼이 보여 주고 시간을 내어 수업에 대해 많은 이야기를 들려준 이 선생님에게 감사한다.

원근법 수업 후 아이들의 변화

이윤선 _ 서울 문창초 교사

미술 수업을 구상할 때 가장 먼저 고려하는 것이 있다. 바로 단원의 목표를 정하고 이에 적합한 내용을 선정하는 것, 그리고 아이들의 흥미를 고려해 내용을 재구성하는 일이다. 이번에 공개한 수업은 〈사람들〉이라는 단원의 1차시를 '인물의 중첩과 원근 표현'이라는 제재로 재구성한 것이다. 아이들이 평소에 어렵게 느끼는 원근 표현을 재미있게 익힐 수 있기를 바랐다.

아이들은 미술 수업을 통해 자신의 표현 욕구를 충분히 발휘하려는 모습을 보인다. 특히 고학년이 되면 사실적인 표현 의지는 높지만 표현력이 따라 주지 않아 인물 표현에서부터 흥미를 잃는다. 특히 여러 명의 인물을 그리거나 공간을 인식하는 데 많이 어려워한다. 인물 표현이 포함되는 주제를 제시하면 아이들은 "사람을 꼭 그려야 하나요?", "사람을 빼고 그리면 안 되나요?"라는 질문을 한다. 아이들이 평면의 화면을 대할 때 어려움을 느끼는 것을 알 수 있다. 그래서 하나의 공간에 여러 명의 인물을 그릴 수 있도록 하기 위해서는 원근법에 대한 이해가 선행되어야 한다고 생각했다.

원근은 대상을 사실적으로 표현하는 단원에서 다루는 개념이다. 사실적인 표현에 앞서 원리보다는 실제 장면들을 바탕으로 간단한 표현을 통해 체득할 수 있도록 수업을 구성했다. 아이들 자신의 모습, 다른 사람들의 모습이 담긴 사진을 통해 '멀고 가까움'이 일상적인 공간에서 평면적인 면으로 변환되었을 때의 차이점을 인식하도록 했다. 이어서 평면 공간에 표현한 미술 작품들을 살펴본 후 도식화된 그림과 작품을 연결하는 활동과 좁은 평면 공간에 인물을 배치하는 활동을 통해 원근과 중첩의 개념을 학습해 보도록 했다.

미술 개념 이해를 강조하는 수업에서 매개로 이용하는 사진과 미술 작품은 흥미와 관심을 끌어야 한다. 한 차시 동안 유사한 내용을 반복하기 때문에 아이들이 지루해하지 않게 다양한 활동으로 구성할 필요도 있다. 이 수업을 구상하면서 귀납적 사고 수업 모형을 활용했지만 한 차시 수업에서 그 특성을 충분히 살리지 못했다. 대신 아이들이 자신의 사진을 활용해 원근을 표현하는 과정에는 높은 집중도를 보이며 열심히 했다. 하지만 안금희 교수가 지적했듯이 수업 과정 중 미술 개념에 대한 이해만을 강조한 점, 도식화된 그림의 표현을 연결하는 과정에서 그림 중 한 가지가 모호하게 표현되어 있는 점은 아쉬움으로 남는다.

아이들은 이 수업 후, 인물 표현에 대해 많은 자신감을 갖게 되었다. 아이들 작품에서 중첩 표현이 자주 등장하고 인물의 표현에서 앞에 있는 인물을 크게 표현하고 뒤에 있는 인물은 작게 표현하려고 노력하는 모습이 보이기 시작했다. 이 수업이 아이들의 표현에서 멈추어 있던 한 지점을 끌어내 계속적인 성장을 가능하게 해 주었다고 생각한다.

01

전통적인
육상 수업의 전환

류태호 _ 고려대 체육교육과 교수

이 글은 이상훈 교사(서울 창경초)가 2005년 10월 말에 했던 육상 수업을 보고 쓴 글이다. 2차시 수업 중 첫 시간에 보았던 '릴레이 게임'을 중심으로 이야기해 보고자 한다.

교육과정에는 육상 활동과 게임 활동이 분리되어 제시되어 있으나 이 교사는 육상을 릴레이 게임으로 재구성해 가르쳤다. 그래서 나는 이 비평문의 부제를 '육상과 게임의 만남-릴레이 게임'이라고 명명하고자 한다.

이제부터 전통적인 기능 중심의 육상 수업을 이해 중심 게임 수업으로 전환하는 이 교사의 수업이 갖는 교육적 의미를 살펴보고 수업에서 느낀 몇 가지 생각을 독자와 나누려 한다.

초등 체육교육의 현주소

우리나라 초등 체육 수업은 '아나공 수업'과 '기능적 수업'이 주류를 이루고 있다. '아나공 수업'(아나, 여기 공 있다.)은 학생들이 주로 원하는 구기 활동(축구, 농구, 피구, 발야구 등)을 중심으로 하고 싶은 활동을 하도록 풀어 주는 수업을 말한다. 학생들은 학습 내용을 배우기보다는 한 시간을 그냥 재미있게 논다. 가르침이 없기에 학습은 있을 수 없다. 계획된 수업이 아니기 때문에 교육과정, 목표, 수업 조직도 없고 학습 결과도 존재하지 않는다.

학생의 의도된 학습 동기가 빠져 있고 교사의 체계적인 지도도 이루어지지 않는다. 즐거운 시간이 될 수는 있지만 배우는 시간이 되지는 못한다. 단순히 놀이 그 자체가 체육 수업일 수는 없다. 하지만 초등학교의 체육 수업에서 이러한 풍경은 지금도 계속되고 있다.

그 다음으로 전통적인 수업 방식인 '기능적 수업'이 있다. 체육 – 종목(단원) – 기본 기능 – 하위 기능 – 세부 기능과 같은 방식으로 기술을 분할하고, 분할된 개별 기능을 하나씩 숙련시켜 축적하면 운동을 잘할 수 있다는 전제로 이루어지는 체육 수업이다. 어떤 운동 종목을 배울 때 기초 기술(기능) 또는 폼에 대한 교사의 설명과 시범을 듣고 본 다음, 그 동작을 숙련시키는 반복 연습으로 수업이 진행된다. 그 동작이 숙련되면 다른 동작의 설명, 시범 그리고 반복 연습으로 이어진다.

세부 기능의 숙달에 관심이 집중되기 때문에 그 종목을 통해서 얻고자 하는 교육 본연의 목적 의식이 없어진다. 즉, 분할된 기능의 숙달(기능 숙달의 목표도 실제는 달성하지 못하는 경우가 대부분이다.)에 관심이 있지만 실제 경기에 대한 안목에 대해서는 무관심해지는 것이다. 또한 세부적인 기능 숙달이 실제 경기 수행 능력의 향상을 가져오지도 못한다. 우리가 12년간 배운 운동 중 하나라도 제대로 할 수 있는 종목이 있는가 생각해 보면 알 수 있다.

나는 이러한 초등 체육 수업의 한계를 극복하는 대안으로 이상훈 선생님의 수업을 보고 비평하면서 느낀 생각을 독자와 나누고자 한다.

수 업 들 여 다 보 기

처음 만난 이상훈 선생님은 운동복 차림이었다. 운동복이 낯설지 않은 것은 대학에서 체육교육을 전공했기 때문일까? 빛 바랜 운동복과 검게 탄 얼굴을 보면서 이 교사의 열정적인 체육 수업이 자연스럽게 연상되었다.

5교시가 시작되기 10분 전, 아이들은 교실에 들어갈 생각조차 않는다. 체육 수업을 할 아이들과 노는 아이들이 섞여 운동장의 인구밀도는 높아 간다. 이번 5교시는 6개 학급이 체육 수업을 한다. 교사들 간에 아무런 약속도 없지만 자연스럽게 각 반의 수업 공간이 분할되고, 그 공간에서 체육 수업을 준비하는 교사들은 바쁘다. 수업 기구를 설치하는 교사들과 운동장을 캔버스 삼아 줄을 긋는 교사들이 눈에 보인다. 이상훈 선생님은 아이들이 가지고 온 고깔을 설치하고 라인기로 운동장에 백선을 긋는다. 방금 그려진 백선은 금세 먼지로 날리고 만다. 잘 보이지 않는 백선에 만족해야 할 판이다.

여느 초·중등 체육 수업과 마찬가지로 수업 도입은 운동장 돌기부터 시작했다. 2열 횡대 또는 4열 횡대로 줄을 지어 운동장을 도는 방식과 다르게 운동장 양 끝에 있는 축구 골대를 두 바퀴 돌았다. 학생들은 입고 있는 옷 색깔만큼이나 다양한 속도와 폼으로 운동장을 돌았다. 이후 팀별로 체조를 했다. 각 팀의 동작을 보니 국민체조를 변형하여 단순화한 체조다. 이미 팀별로 준비운동에 적합한 '창작체조 만들기' 수업을 했고 스스로 만든 창작체조를 한다는 것을 나중에 알았다. 연구에 따르면 학생들은 준비운동으로 하는 운동장 돌기와 체조를 매우 싫어한다고 한다. 날씨와 무관하고 수업 전 활동(점심시간의 자율놀이 등)과 상관없이 일상화된 준비운동을 지겨워한다는 것이다. 준비운동이 왜 필요하고 중요한가에 대한 관심은 없는 것 같다. 이 수업에서도 반복된 동작의 지겨움과 본 활동에 빨리 들어가고 싶은 생각에서 학생들은 '빨리빨리'와 '대충대충'의 전략을 사용하고 있었다.

● **수업 활동 하나 : 사이클 릴레이**

준비운동이 끝나고 '사이클 릴레이'에 대한 설명과 함께 본 활동이 이어졌다. 이 선생님은 사이클 릴레이 경기 규칙과 조건에 대한 구체적인 설명을 생략하고 질서우선권의 규칙을 적용한다는 말과 함께 바로 경기에 들어갔다.

> 오늘 첫 번째 경기는 사이클 릴레이인데, 팀별로…… 질서를 잘 지킨 팀은 뭐가 있지? 질서우선권이 주어지는데, 팀의 처음 시작 장소를 한 번 옮길 수 있는 권리……. (팀별로 위치를 정해 주고) 첫 번째 조건은 남자 세 명 먼저, 여자 셋 나중.

첫 경기는 남자 세 명과 여자 세 명으로 남자가 먼저 뛰고 다음으로 여자가 뛰는 방식으로 이루어졌다. 1위(1팀), 2위(3팀), 3위 (4팀), 4위 (2팀)로 순위가 결정되었다. 첫 번째 경기에서 질서우선권을 갖게 된 2팀에게 출발 지역을 선택할 수 있는 기회가 주어졌다. 3팀과 출발 장소를 바꾸었다.

'질서우선권'은 이상훈 선생님만의 독특한 수업 규칙인데, 게임을 하면서 생기는 무질서를 관리하는 수업 규칙이다. 학생들을 잘 관리해 수업에 참여하는 시간을 높이는 '수업 관리 전략'인 셈이다. 수업 참여 시간을 늘리고 질서를 유지하기 위한 규칙으로 만든 질서우선권은 게임 중 질서 유지를 잘한 팀에게 주는 쿠폰과 같은 것이다. 사이클 릴레이에서 출발 지점 선택은 팀의 승패에 매우 중요한 요인이다. 못하는 팀을 앞에 두면 추월할 수 있는 가능성이 높기 때문에 선택권을 갖는다는 것은 게임에서 이길 확률이 높아진다는 것을 의미한다. 이 선생님은 수업을 효과적으로 관리하고 게임의 역동성을 높이는 전략으로 질서우선권을 이용하였다.

이어서 두 번째 경기는 남자 네 명, 여자 두 명이 뛰었다. 첫 번째 경기 결과를 보고 상대팀 전력을 판단한 후 자유롭게 출발 순서를 정하도록 했다. 작전 시간은 30초가 주어졌다. 두 번째 경기가 끝난 뒤 이 선생님은 팀별 전략에 대한 피드백을 하지 않은 채 세 번째 게임(여자 3, 남자 2, 무순서)을 진행했다. 작전과 상관없이 세 번째 경기도 팀별 순위가 동일하게 나오자 이 선생님은 네 번째 경기 조건(남자 5, 여자 2, 무순서)을 제시한 후 계속 꼴찌를 하고 있는 2팀에게 다가갔다.

애들아……, 선생님이 보니까 너네는 지원이가 먼저 뛰는 것이 유리해! 너네 뒤에 있는 팀에서 여자가 뛰는 순서에 지원이를 넣으면 좋잖아. 앞뒤를 보고 예상하고 순서를 짜야지. 그리고 1번은 잘 뛰는 애가 뛰어야 돼. 상대편 애들 한테 겁을 좀 줘야지.

이 선생님은 계속 꼴찌를 하고 있는 2팀에게 달리기 능력이 떨어지

▲ 첫 번째 활동인 사이클 릴레이. 뛰는 순서를 정하는 작전이 중요하다.

는 아이는 다른 팀 여학생이 뛸 때 같이 뛰게 하는 작전을 세울 것을 제안했다. 결과는 어떻게 되었을까? 여전히 2팀이 꼴찌였다.

내가 보기에 작전 시간 30초는 팀원 간의 순서를 정하는 전략을 짜는 데 부족한 시간이었다. 가위바위보로 순서를 정하는 팀도 있고, 팀장이 순서를 정해 주는 팀도 있었다. 게임의 승패가 전략이 부실해서인지, 상대팀 전략을 잘못 분석해서인지, 달리기 능력의 차이인지, 바통 전달의 문제인지 분명하게 판단할 수 없었다. 충분한 작전 시간이 주어지고 순위를 정하게 되는 과정과 이유를 기록하는 팀별 작전 상황판을 만들어 사용했으면 하는 아쉬움이 남는다. 또한 작전 실패 원인을 분석해 새롭게 작전을 짜는 과정이 있었다면 수업의 효과는 더욱 커졌을 것이다.

사이클 릴레이 수행 방법과 규칙

① 고깔 4개를 이용하여 각각 5미터 길이의 정사각형을 만든다.

② 팀은 모두 넷, 각 팀은 9명씩이다. 팀별로 육상 능력을 고려해 균등하게 구성한다. 팀별로 같은 색깔의 조끼를 입는다.

③ 네 곳의 출발선에 각각의 팀이 대기한다. (첫 번째 주자를 제외하고는 트랙 안쪽에 한 줄로 앉아서 대기한다.)

④ 출발 신호와 함께 한 사람이 한 바퀴씩 뛰고 돌아와서 다음 사람에게 바통을 준다.

⑤ 팀원이 다 뛰기도 전에 다른 팀이 추월하면(혹은 손으로 몸을 치면) 그 팀은

탈락한다. (탈락한 팀은 제자리에 앉아서 경기가 끝날 때까지 기다린다.)

⑥ 매 경기 시작 전에 30초 작전 시간을 준다. 이 시간에는 뛰는 순서를 정해야 하며, 출발 신호와 함께 게임이 시작되면 뛰는 순서를 바꾸어서는 안 된다.

⑦ 첫 번째 경기는 교사가 각 팀의 출발 장소를 지정해 준다. 이후 경기부터는 팀의 위치를 바꾸어 준다. 따라 잡는 팀과 따라 잡히는 팀이 바뀌면 그에 따라 작전도 달라진다. '질서우선권'을 가진 팀이 우선적으로 출발 장소를 선택할 수 있다.

⑧ 트랙이 작기 때문에 출발선에서 바통을 받은 즉시 출발해야만 한다. (미리 나가서 받으면 반칙이다.)

● **수업 활동 둘 : 십자달리기(지그재그달리기)**

사이클 릴레이가 끝나고 좀 더 넓은 장소로 옮겼다. 이번에 하는 경기는 십자달리기(지그재그달리기)이다.

십자달리기는 모양은 십자(+)이고, 달리는 방향은 지그재그이며, 게임 방식은 릴레이 성격이 강한 과제이다. 네 방향을 모두 돌아야 하기 때문에 집중력이 높아야 하고, 빨리 달리면서 방향을 전환하는 능력이 필요하다.

또한 개별적으로 달리는 것이 아니라 1명→2명→3명→4명 전체의 순서로 함께 달리는 특징이 있다. 기능과 체력 수준을 고려하여 순서를 정해야 하기 때문에 전략이 필요하고 팀원 간의 협동이 필요한 경기이다. 사이클 릴레이의 과제가 확대 변형된 경기인 셈이다. 릴레이 방식의 변형을 통해 반복에서 오는 지루함을 없애고 릴레이 게임의 다

▲ 두 번째 게임인 십자달리기. 사이클 릴레이를 확대 변형한 경기이다.

양함을 경험하도록 구성된 것이다.

이 선생님은 학생들을 등나무 밑으로 모이게 해 십자달리기에 대한 간단한 규칙을 설명하고 병렬로 된 두 개의 공간에서 경기를 하도록 했다. 사이클 릴레이 순위를 따라 1-2위와 3-4위 간의 토너먼트 방식으로 게임을 했다. 릴레이 방향을 학생들에게 확인시키기 위해서 먼저 팀원 전체가 달리는 방향을 따라 돌았다.

경기를 모두 마치고 나니 수업이 끝날 때가 돼 있었다. 십자달리기 경기에 대한 이 선생님의 평가는 다음과 같았다.

교 사 네 명 뛰기의 맨 마지막 주자는 누구를 넣어야 되지? 체력이 좋고 제일 빠른 사람이야. 2팀의 문제가 뭐냐면 네 명 뛰기를 세종이와 여자 세 명이 뛰었어. 그래도 남자 애들이 체력이 좋은데……. 그리고 또 하나, 수정이가 맨 뒷사람이었어. 끝에 들어오는 사람이 승패를 가르는데 수정이가 지쳐 가지고 거의 걸어 들어오잖아. 그러니까 작전 실패야.

학생들 팀장이 머리가 딸려서 그래요.

교 사 선생님이 아까 그랬잖아. 이건 작전이 필요하다고……. 자기 역할이 있니, 없니?

학생들 ……. (조용)

십자달리기 역시 사이클 릴레이 때와 마찬가지로 팀별 작전의 중요성을 설명하고 있다. 이 수업은 육상 기술(기능)보다는 게임을 잘할 수 있는 요령을 인지하고 실천하는 데 초점을 두고 있다. 즉, 순서를 정하는 전략을 통해 릴레이에 대한 이해와 안목을 키우고 나아가 팀별로 협동해 게임에서 승리하기 위한 전략을 세우는 것을 핵심으로 하고 있다. 그러나 이 선생님의 설명과 학생들과의 대화에서 보듯이 이러한 수업 의도가 학생들의 게임 과정에 잘 드러나지 않았다.

이는 학생들에게 작전을 짜는 데 필요한 시간과 작전 수립 방법에 대한 설명, 작전 수립 과정 기록지 작성 그리고 실제 작전에 따른 연습 기회 등을 가질 만큼 충분하고 적절한 시간이 제공되지 않았다는 데 원인을 찾을 수 있다. 또한 이 선생님이 '이해 중심 게임 수업 모형'을 알고 수업을 진행했다면 원래 의도한 수업 목표를 달성하는 데 많은 도움이 되었을 것이다. 이 모형은 게임의 이해→게임 전략 인지→의사 결정→기능 연습→게임 수행의 단계로 진행된다. 이 모형과 이 교사의 수업을 비교하면, 무엇을 어떻게 할 것인가를 결정하는 단계와 기능 연습의 단계가 생략되었고, 게임 전략을 인지하는 데 필요한 시간이 부족했다. 생략되거나 축소된 단계가 추가되거나 보완되었다면 더 좋은 학습 결과를 얻을 수 있을 것이라 생각한다.

십자달리기 수행 방법과 규칙

① 반환점 5개를 이용하여 다음 그림과 같이 두 곳에서 동시에 경기를 할 수 있도록 십자를 2개 만든다. (간격은 6m)

② 다음 그림은 뛰는 방향을 제시한 선의 방향이다.

제1 경기장

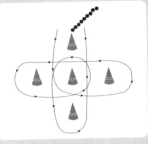

제2 경기장

③ 출발 반환점의 오른쪽에서 출발했을 경우 반환점 왼쪽으로 도착하며, 출발 반환점 왼쪽에서 출발했을 경우 출발 반환점 오른쪽으로 도착한다.

④ 시합 전에 팀별로 한 번씩 반환점을 돌면서 코스를 익힌다.

⑤ 출발 신호와 함께 뛰기 시작하고 한 바퀴를 뛰고 출발선에 돌아오는 순간 다음 학생이 뛰기 시작한다.

⑥ 맨 먼저 한 명이 뛰고 들어오면 두 명이 짝이 되어 뛰고 그 다음에는 세 명이 짝을 이루어 뛴다. 1명 뛰기 → 2명 뛰기 → 3명 뛰기 → 4명 뛰기 전체 뛰기 순으로 실시한다.

⑦ 매 경기 시작 전에 2분간 작전 시간을 준다. 이 시간에는 뛰는 순서를 정해야 하며, 출발 신호와 함께 게임이 시작되면 절대 뛰는 순서를 바꾸어서는 안 된다.

● **육상과 게임의 만남**

실제 초등학교 체육 수업은 교육과정과는 무관하게 이루어지고 있다. 교육과정 운영의 측면에서 보면 '파행적'이라 할 만큼 심각하다.

체육에서 잘 가르치는 것^(good teaching)과 못 가르치는 것^(bad teaching)이 중요한 것이 아니라 안 가르치는 것^(non-teaching)이 더 문제라는 어느 학자의 지적이 이를 증명하고 있다. 체육은 잘 가르치려는 교사에게는 가장 어려운 교과이며, 대충 가르치는 교사에게는 가장 쉬운 교과이다.

이상훈 선생님과 같이 잘 가르치려는 교사는 독립군과 같은 역할을 해야 한다. 여름이면 강렬한 햇빛과 먼지 자욱한 운동장에서, 겨울이 되면 칼바람 부는 운동장에서 후세의 교육을 위한 영토(수업 공간)를 확보하고 공간 장식(라인기와 물주전자로 선긋기 등)과 전투 장비(교구와 기구)의 확보에 많은 시간과 노력 그리고 열정을 기울여야 한다. 10개 교과를 가르치는 초등 교사에게 체육 수업은 가르치는 즐거움보다는 일하는 괴로움이 더한 것이 사실이다.

이상훈 선생님의 체육 수업은 몇 가지 점에서 잘 가르치는 것이 무엇이며, 잘 가르치는 수업은 어떠한 특징을 가지고 있는가를 찾아내는 단초를 제공하고 있다.

우선, 이 선생님은 릴레이라는 과제를 독특하고 기발한 방식의 교육 활동으로 재구성했다. 기존의 릴레이 과제와 비교하면 파격이다.

사이클 릴레이는 전통적인 릴레이 방식과 트랙의 구조와 승패의 기준이 다르다. 우선 트랙의 구조는 400m(또는 200m)와 같은 긴 원형 트랙과는 다르게 네 곳에 고깔로 표시된 좁은 공간이다. 출발선도 하나만 있는 것이 아니다. 팀별 출발선이 다르다. 승패의 기준도 최종 주자가 결승선을 통과하는 것으로 끝나지 않는다. 앞 팀이 뒤 팀에게 추월당하면 그 팀은 탈락이다. 탈락하지 않은 팀은 최종 주자가 자기 팀의 출발선을 통과하는 순서로 순위가 결정된다. 이렇듯 릴레이를 역동적인 게임 방식으로 재구성했다. 십자달리기는 사이클 릴레이의 변형

확대 과제로 기존의 릴레이 방식과는 매우 다른 특성을 가지고 있다.

둘째, 실제 수업 과정은 학생들에게 다양한 인지 전략을 이용하게 함으로써 협동과 경쟁의 양면을 동시에 경험하게 했다. 단순한 신체적 기량만으로 경기의 승패가 결정되는 방식이 아니라 팀 구성원 각자의 능력과 수준에 맞게 역할이 주어지고 그 역할을 수행해 게임에 참여하도록 했다. 또한 다양한 게임 조건을 변형시켜 상황에 적합한 게임 전략을 수립하도록 했다. 릴레이에 필요한 기술(기능)을 가르치기보다는 릴레이 게임을 잘할 수 있는 방법을 인지하고 실천하는 데 초점을 두었다.

즉, 게임 수행 과정에서 요구되는 협동심과 적절한 순서를 정하는 등의 다양한 인지 전략을 이용해 협동과 경쟁의 즐거움을 동시에 달성하려고 했다.

마지막으로, 체육 시간을 '모두가 참여하는 즐거운 수업'으로 만들려고 노력했다. 수업 지도안과 면담에서 밝힌 이 교사의 수업 방향과 목표는 다음과 같다.

> 체육 시간은 아이들 모두가 가장 좋아하는 시간 그리고 유일하게 마음 놓고 뛰어놀 수 있는 시간이기도 합니다. 그런데 가장 즐거운 시간이 가장 지겹고 따분한 시간으로 되어 버린다면 아이들 마음이 어떨까요? …… 체육 시간이 상대방과의 경쟁이 아닌 자기 자신에 대한 발전의 시간이 되었으면 합니다. 체육 활동만이라도 혼자가 아닌 여럿이라는 느낌을 전해 주고 싶습니다. 능력이 뛰어난 아이는 모자란 아이를 위해서 기다려 주는 마음을, 반대로 능력이 모자란 아이는 기다려 주는 아이를 위해서 더욱더 노력하는 모습을 느끼게 해 주고 싶습니다.

앞의 글에서 볼 수 있듯이 이 선생님은 학생들이 체육 활동은 좋아하지만 체육 수업은 지겹고 따분한 시간이 되는 현실에 대한 대안을 찾으려는 마음이 간절하다.

이 선생님은 목표 없는 수업, 재미없는 내용, 통제 중심의 수업 방법이 체육을 단순 놀이로, 아이들의 생활과 무관한 내용으로, 고된 훈련으로 인식하게 하는 원인으로 분석하고 있다. 좋은 수업은 '즐거움(재미)'과 유의미한 활동과 그리고 교사-학생의 적극적인 상호 작용이 필요하다는 점을 인식하고 있다.

그리고 또 '자기 도전'과 '협동과 배려' 그리고 '노력'의 정의적 덕목을 수업을 통해 실천하려는 목표의식을 드러내고 있다. 자신이 싫어하는 종목에는 '자기 도전'의 교육적 의도가 있으며, 자신이 하고 싶은 종목임에도 능력이 모자라 기회가 적어지는 학생들에게 개인의 수준에 맞추어 역할을 수행하게 하는 배려가 숨어 있다.

이상훈 선생님은 자신이 이른바 '중초임용교사'로 체육을 전공한 교사라는 점이 언제나 부담이라고 한다. 일반 초등 교사들이 자신이 하는 체육 수업을 표본으로 생각하고 모방하는 경우를 보면서 더 잘해야 한다는 부담감과 조급함까지 느낀다고 한다. 부담은 책임이며 반성이다. 교육은 타자에 대한 교육자의 책임감과 자신에 대한 반성에서 새로워지는 것이 아닐까.

아쉬움이 남는 공개수업

이상훈 _ 서울 창경초 교사

체육 수업을 공개하고 난 뒤 반성을 했다. 평소 공개수업의 문제점을 느끼고 있었는데 이번에 수업을 공개하면서도 역시 몇 가지 아쉬운 부분들이 생겼기 때문이다. 물론 이번 공개수업은 기존의 '보여 주기식' 공개수업과는 다르다. 하지만 주어진 짧은 시간 동안 많은 걸 보여 주고 싶은 욕심은 어쩔 수가 없었다. 한두 시간 안에 수업의 목표부터 교육철학까지 전달하고 싶다는 생각에 평소와는 다른 수업이 돼 버렸다.

이번 수업에서 보여 준 '십자달리기'와 '사이클 릴레이'는 본래 4, 5차시 분량의 수업이다. 하지만 짧은 시간 안에 보여 주기 위해 전 단계(차시)를 모두 생략하고 수업 방식, 게임 방법, 수업에 내포된 교육적 의미를 보여 주는 데 역점을 두었다. 이미 1학기에 한 번 해 보았기 때문에 아이들이 다 알아서 잘할 거라는 생각도 했다. 류태호 교수가 지적했듯이 충분한 작전 시간이 부족했다는 부분과 팀별 상황판을 만드는 것은 아주 중요한 부분이다. 내가 체육 수업에서 추구하는 교육적인 목표는 두 가지이다. 하나는 잘하든 못하든 팀원 모두가 각자 역할이 있어 능력에 맞게 적절한 자리에 배치되어야 한다는 것이고, 또 하나는 나 하나만 잘하면 된다는 생각을 버리고 다 같이 협동해야 된다는 것이다. 그런데 이 점을 제대로 보여 주지 못하고 수업 내용만을 보여 주게 되었다.

1학기 때는 기록판을 만들어 자기 기록과 팀원들의 협동 기록 등을 스스로 측정하게 했다. 각자 자기에게 맞는 역할을 맡을 수 있게 하기 위해서였다. 물론 이 단계에서 나는 기록을 줄일 수 있는 방법(곡선을 돌 때 빨리 도는 방법이나 직선에서 방향을 바꿀 때 필요한 기술 등)과 적절한 역할 배치에 대해서 조언을 해 주었다. 원인 해결을 위한 일방적인 지시를 하는 것이 아니라 먼저 문제점을 분석하고 아이들과 함께 나누었다.

'중초임용' 교사인 나는 처음 초등학교에서 체육 수업을 하면서 고민에 빠졌다. 초등 현장에서 체육 수업을 하기에는 체육 시설, 교과 내용, 수업 자료 등 현실적인 문제들이 많았다. 그중에서도 초등 체육이 나아가야 하는 방향에 대해서 많은 고민을 했다. 자라나는 아이들에게 좌절이라는 단어보다는 희망을 느끼게 해 주고 싶었다. 경쟁이 아닌 자기 발전의 시간이 필요하다고 생각했고, 잘하거나 못하거나 서로의 능력을 인정해 줄 수 있는 마음을 느끼게 해 주고 싶었다. 왜 즐거워야 하는 체육 시간에 잘 못하고 부족하다는 이유 하나만으로 좌절하고, 이후 모든 체육 시간이 지옥 같은 시간이 되어야 하는지 안타까웠다.

인간은 누구나 능력에 차이가 있고, 실수도 하고 실패도 한다. 그런 부분에 우리는 좀 더 관대해지는 마음을 가져야 한다고 생각한다. 바로 이 부분이 체육 수업을 할 때 우리가 가져야 할 마음이 아닐까.